知识与知者

教育社会学的现实主义构建

KNOWLEDGE AND KNOWERS
Towards a Realist Sociology of Education

[澳] 卡尔·梅顿（Karl Maton） ◎ 著

王振华　田华静　方硕瑜　石春煦 ◎ 译

外语教学与研究出版社
FOREIGN LANGUAGE TEACHING AND RESEARCH PRESS
北京 BEIJING

京权图字：01-2021-4295

Knowledge and Knowers: Towards a Realist Sociology of Education by Karl Maton
ISBN: 9780415479998
©2014 Karl Maton

图书在版编目（CIP）数据

知识与知者：教育社会学的现实主义构建／（澳）卡尔·梅顿（Karl Maton）著；
王振华等译. —— 北京：外语教学与研究出版社，2021.9（2024.5 重印）
ISBN 978-7-5213-3013-7

Ⅰ. ①知… Ⅱ. ①卡… ②王… Ⅲ. ①教育社会学－研究 Ⅳ. ①G40-052

中国版本图书馆 CIP 数据核字 (2021) 第 186247 号

出 版 人　王　芳
责任编辑　付分钗
责任校对　闫　璟
封面设计　彩奇风
出版发行　外语教学与研究出版社
社　　址　北京市西三环北路 19 号（100089）
网　　址　https://www.fltrp.com
印　　刷　北京九州迅驰传媒文化有限公司
开　　本　650×980　1/16
印　　张　18.25
版　　次　2021 年 10 月第 1 版 2024 年 5 月第 4 次印刷
书　　号　ISBN 978-7-5213-3013-7
定　　价　76.90 元

如有图书采购需求，图书内容或印刷装订等问题，侵权、盗版书籍等线索，请拨打以下电话或关注官方服务号：
客服电话：400 898 7008
官方服务号：微信搜索并关注公众号"外研社官方服务号"
外研社购书网址：https://fltrp.tmall.com

物料号：330130001

致　谢

本书观点由经年积累而成，我的感激也随之贮积厚重。伯恩斯坦
(Basil Bernstein) 的建议、激励和鼓舞一路伴随我的学术生涯。作为对
他的报答，我用语码规范理论把他的方法发扬光大。我一直非常享受与
摩尔 (Rob Moore) 充满智慧的对话。更可贵的是，他的信赖陪伴我走
过孤独的岁月，我们的思想又总是那样的同步。近年来，我有幸和马丁
(Jim Martin) 这位知识分子的楷模共事，跟他谈话是一种锻炼、一种教
育，是最令人快乐的事。我无论怎么感谢他们都不为过。

我特别感谢已故的布迪厄 (Pierre Bourdieu) 给我的鼓励。与拉蒙特
(Alexandra Lamont)、班尼特 (Sue Bennett) 和福利博迪 (Peter Freebody)
的共事让我受益匪浅，与格伦菲尔 (Mike Grenfell) 和希谱维 (Brad
Shipway) 的讨论让我学到了很多新知。还有三个群体的学者给了我激
励和支持。首先要提及的是伯恩斯坦国际专题研讨会这个学术群体，我
特别要感谢阿诺特 (Madeleine Arnot)、埃文斯 (John Evans)、艾文勋
(Gabrielle Ivinson)、莫莱斯 (Ana Morais)、穆勒 (Joe Muller)、内维斯
(Isabel Neves)、萨多夫尼科 (Alan Sadovnik)、赛梅尔 (Susan Semel)、
辛格 (Parlo Singh)、泰勒 (Bill Tyler) 和维拉汉 (Leesa Wheelahan)。
戴维斯 (Brian Davies)、莫斯 (Gemma Moss) 和鲍尔 (Sally Power) 给
了我决定性的建议和激励，我要给他们特别的拥抱。近年来，我非常享
受与系统功能语言学家们真正意义上的跨学科交流。胡德 (Sue Hood)
给我的一贯支持让我感激不尽；此外，还要感谢克里斯蒂 (Frances
Christie)、德瑞为安卡 (Beverley Derewianka)、堂 (Alexanne Don)、多
仁 (Yaegan Doran)、郝婧 (Jing Hao)、兰德尔 (Jo Lander)、梅肯-霍
拉里科 (Mary Macken-Horarik)、麦克诺特 (Lucy Macnaught)、马特鲁
克尼奥 (Erika Matruglio)、昂斯沃斯 (Len Unsworth)、威克斯 (Trish
Weekes)、怀特 (Peter White) 和威廉姆斯 (Geoff Williams)。感谢规范
化语码理论这个和睦的群体，是他们使这个理论研究成了充满快乐的团

队活动而不是一个人的单打独斗。除了以上提到的各位，我还要感谢阿里斯（Sharon Aris）、卡瓦略（Lucila Carvalho）、凯斯（Jenni Case）、陈（Rainbow Chen）、大卫（Anna David）、董（Andy Dong）、恩莱特（Tristan Enright）、乔治乌（Helen Georgiou）、林德斯特姆（Christine Lindstrøm）、勒基特（Kathy Luckett）、马丁（Jodie Martin）、奥勃良（Bec O'Brien）、波莱特（Célia Poulet）、罗琦（Gina Roach）、斯哥斯哥德（Anna-Vera Sigsgaard）、斯达弗若（Sophia Stavrou）和次尼斯（Eszter Szenes）。尤其感谢麦克纳玛拉（Martin McNamara）、谢伊（Suellen Shay）、维塔尔（Philippe Vitale）、沃斯特（Jo-Anne Vorster）、博艺（Chrissie Boughey）和麦肯纳（Sioux McKenna）。

感谢所有邀请我讲授语码规范理论的同仁，他们给我提供了学习的机会。感谢巴斯卡（Roy Bhaskar）、克莱里汉（Rosemary Clerehan）、弗兰杰（Daniel Frandji）、盖茨（Peter Gates）、格尔（Jenny Gore）、琼斯（Pauline Jones）、迈卜（Ahmar Mahboob）、罗切克斯（Jean-Yves Rochex）、萨巴塔（Siyabulela Sabata）、萨玛（Manjula Sharma）和维迪（Geoff Whitty）。作为南非罗德大学的访问教授，能与该校高等教育研究、教学和学习中心的同事共事，我很自豪。2012年，法国普罗旺斯大学文明与人文教育研究院聘我为社会学系（Départment de Sociologie de lUFR Civilisations et Humanités，Université de Provence）的知名国际教授，我感到很荣幸。

小说家米兰·昆德拉（Milan Kundera）曾写道："身处异国他乡意味着在大地上空走钢丝"（1984: 71）。如果没有萨拉·霍华德（Sarah Howard），我即便没有生命危险，也会摔得遍体鳞伤。我生活中每一部分都有萨拉的支持、忠告和鼓励。没有她，你现在不会看到这本书。还要感谢我多年的朋友亚历克斯（Alex）和伊恩（Ian）。我姐姐和她的大家庭凯尔文（Kelvin）、金姆（Kim）、亚历克斯（Alex）、阿比（Abbie）、基兰（Kieran）、吉米（Jamie）、伊桑（Ethan），还有我母亲的丈夫托尼（Tony），都给了我很大的鼓励。

我把这本书献给我的母亲罗斯玛丽·雪莉·安·芭休（Rosemarie Shirley Ann Bathew）。我对她的感激是无法用语言表达的。

最后，本书邀请各位读者合作创新。正如本书所强调的那样，知识建构是开放的。书中观点将不断发展。建构知识是一种社会活动，不能局限于某个个人的作品。因此，书中有价值的观点，以及不可避免的疏漏、谬误和不足，我们大家都应该负责——无论如何，我们现在是同一条船上的人。

卡尔·梅顿 2013 年于悉尼

目 录

插图目录

表目录

理解知识与知者：社会现实主义与语码规范理论

理解被盲点掩盖之物，需要重新审视和洞察。

知识悖论

知识是一切，同时又什么都不是。这一悖论是关于社会变化的争论的核心。50多年来，对社会变化的持续不断的解释催生了一个新时代。在这个新时代里，知识对新型社会是至关重要的。时代的命名不一而足，如"晚期资本主义""后现代""信息时代"等等。新社会的名称也各种各样，如"后工业社会"（Touraine 1971; Bell 1973）、"信息社会"（Masuda 1981）、"知识社会"（Drucker 1969; Stehr 1994）、"网络社会"（Castells 2000）等等。这些众多社会变革之间的区别，在于各自选择的标签不同，强调的具体变化也不同。然而，所有的说法都突显了知识在重塑社会生活各个方面所发挥的作用。

基于信息而非物质商品的创新、流通和消费的"知识经济"，要求工人"终身学习"以应对劳动市场的流动性。而与政治有关的是信息管理和公共关系，而不是议会程序和政策实施。知识的总量、复杂性和来源等方面的指数增长被看作是对权威和专长等传统概念的挑战。特别是新信息和通信技术的兴起迎来了知识创新的大众化，让那些能接触网络的人们对"世界上的所有知识都了如指掌"（Friedman 2005: 178）。与此同时，那些潜在的无所不知的公民认为，他们身处一个由日益增多的专业人员所管理的"超级全景监狱"（Poster 1990）中，并且他们的信息被最大程度地收集，他们日常生活中的每一个细节都受到那些训练有素的专业人员的严格审视。

这样的观点在社会科学领域里很常见，也经常被提出。这些观点的共识是，知识等于一切。知识从来也没有像现在这样被人们认为对社会如此重要。然而，理解知识并没有被认为像理解社会那样同等重要。究其原因，是因为所有这些对社会变化的解释都强调知识的中心作用，但是却缺乏一种知识理论。这些解释把知识看作是现代社会的一个决定性特征，但并没有分析知识的性质、形式和效应。相反，知识被认为没有自己的特征、力量和倾向性，没有内部结构，好像各种形式的知识都是一样的、同质的、中性的。

这里还有一点也颇具讽刺意味。伯恩斯坦在论及社会变化如何改变教育时，这样写道：

> 现在对知识以及知识与其创造者和使用者之间的关系流行一个新的观点。……知识应该像金钱那样朝着任何能够创造机会和产生利润的地方流动。事实上，知识不是像金钱，它就是金钱。

> (Bernstein 2000: 86)

许多社会学学者都用这样的知识观来解释当下先进社会的特征。他们采纳这个观点，把知识看作像可以流通的货币一样，是可以交换的代币。这样一来，研究所涉及的中心问题便成了探究知识流动的程度、强度和比较价值，而不是考察知识的形式和效应。例如，在曼纽·卡斯特尔那部富有创意的杰作——《信息时代》（三卷本）中，"有关知识和信息的定义"被放到了脚注里。在这个脚注中，卡斯特尔声称：

> 我没有令人信服的理由来完善丹尼尔·贝尔（Bell 1976: 175）给知识下的定义："知识是一套对事实或观点有条理的陈述，呈现合理判断或实验结果，然后通过某种通讯媒介系统地传播给他人。这样，我就把知识与新闻和娱乐区分开来。"至于信息……我同意波拉特在他的经典著作（Porat 1977: 2）中所给的具有可操作性的定义："信息就是经过组织而传播的资料。"

> (Castells 2000: 17，注解 25)

这种界定知识的方式体现了波普（Popper 2003a: 29）所说的"方法论本质主义"，即试图确立通用的定义或者确立可以用来区分"知识"和"非知识"（如新闻和娱乐）的标准。这种与社会学和历史学无关的本质主义无法帮助人们洞察被认定为社会核心的知识。其结果势必导致对忽略知识"内部"差异的类属性的描述过于宽泛。正如斯特尔所说，"我们对知识的了解是肤浅的……知识被当成了一个黑匣子"（Stehr 1994: x）。因此，在学术争论中，知识既是讨论得最多的话题，也是讨论得最少的话题。对于社会而言，知识是一切；但对于社会科学而言，知识什么都不是。

本书通过引入语码规范理论（LCT）来解决上述知识悖论。语码规范理论有助于人们理解知识实践，把知识实践的组织原则概念化，并探索知识实践产生的效应。自20世纪90年代末语码规范理论问世以来，它已经发展为一个十分成熟的工具箱。运用语码规范理论进行的研究正在迅速扩大。起初的研究聚焦于教育领域中的知识实践，现在的研究范围已经扩展到多个领域和实践（第十章）。迄今，语码规范理论远远超出了知识社会学或教育社会学的范畴——它是一门研究所有可能学科的社会学。尽管如此，就这个框架而言，教育和知识仍然是研究的出发点和中心。

据此，本书在论及语码规范理论两个维度的过程中探讨一系列与教育相关的问题。在分析以下问题时引入了不同的概念：英国文化研究在高等教育中的特殊地位（第二章）；所谓的社会科学"革命"（第三章）；"两种文化"争论的关键是什么，学校音乐课程不受欢迎的原因是什么，以及这些不同问题之间的关系（第四章）；人文学科中标准的作用以及这些领域累积式发展的方式（第五章）；中小学和大学中累积式学习的条件（第六章）；研究领域中累积式知识建构的条件（第七章）；诸如"以学生为中心的学习"等几乎没有实证基础的想法如何在教育领域中变得如此威力巨大（第八章）；为什么看似微不足道的知识领域之间的差异会对这些领域的发展产生重大的影响（第九章）。

所有这些不同话题的共同之处在于它们都关心知识构建：所有章节都探讨威力巨大的累积式知识是如何在研究或学习的过程中得以构

建的（第十章探讨的是语码规范理论的概念及其理论发展）。贯穿本书的一个主题是构建有关知识构建的知识。然而，探讨这些不同主题（每个章节的副标题）并不是本书的唯一目的，它们是用于呈现这个理论框架的。每一章都介绍新的概念（如主标题所示），这些概念逐步发展成为概念工具箱和实质性研究所需要的分析方法。因此，本书旨在发展一种能解决知识悖论的现实主义社会学。在本章中，我首先探讨明显关涉知识的教育领域以及知识–无知的话题。其次，我将介绍"社会现实主义"这个真正把知识当作研究对象的思想流派。最后，我将呈现语码规范理论的轮廓，突出它与社会本体论和研究的关系，并介绍它的概念架构。

教育中的知识–无知

知识悖论已延伸到了人们期望清晰阐述知识的学术领域，即教育研究。教育是一种社会实践，知识是教育的基础——知识的创造、知识的课程建设、知识的教与学使教育成为一个独特的领域。然而，教育研究中的一种主观主义信条却把知识简单地看作知晓；与实证主义绝对论对立的建构主义相对论（这种两分法由来已久，但并不正确）把知识简单地看作权力。其后果就是知识–无知，使知识得不到足够的研究，教育研究得不到足够的发展，知识社会学意识不到本学科显而易见的研究对象。

主观主义信条

波普曾经说过："我是常识的忠实信徒和仰慕者。但常识有时会被人们严重地误解。知识理论也是如此……因为常识性的知识理论是主观主义的和感觉主义的"（Popper 1994a: 132）。波普指的是广泛流传的信念："知识"完全由心理状态、知觉或性情构成，根源上是依靠感觉的，而且与知晓者有着千丝万缕的联系。对知识的这种主观主义解释也是教育研究的一个信条：毫无疑问，通过探索获得知识的过程及其影响，就可以对"知识"进行穷尽性的研究。事实上，这种主观主义的观点在整个领域里习以为常，以至于波普所说的"客观知识"（包括知识问题-情景、理论、评论和争论）已经几乎完全变成了一种潜在的研究对象。

在研究过程中，主观主义信条采用什么样的具体形式，取决于受什么样学科的潜在影响。例如，受心理学影响的研究通常把"知识"解读为主体的知觉状态和心理过程，或者更加"社会"的说法（如各种活动和情境认知理论），知识是个体心理活动的集合体或者实践社群。简而言之，"知识"指知者内心的知晓过程。这个观点因建构主义思潮的兴起而得到了广泛的宣传。建构主义者认为：

> 无论如何界定，知识处于人的大脑之中，思维主体必须根据他自身的经验去解读他所知道的一切。
>
> （von Glasersfeld 1995: 1）

在过去的数十年中，由建构主义提出的学习理论被宣传为涵盖一切的理论，其中包括教学、课程设置和研究。因此，基于"基本现象就是学问"（Lave and Wenger 1991: 92）的看法，不同的知识实践被简单地看作是一种学习逻辑。从这个角度来看，学习内容就变得无关紧要了。相应地，研究重点关注一般的学习过程，而所学知识的形式之间的差别则被边缘化了。例如，有一篇颇具影响的文章这样写道：

> 对学问的系统理解是指对学习过程、学习环境、教学、社会文化过程以及其他对学问有贡献的因素的理解。研究这些话题……能为理解和实施教育中的变化提供根本性的知识基础。
>
> （Bransford et al. 2000: 233）

因此，把知识和学习内容作为对象的研究不被看作教育研究和教育政策的"根本性的知识基础"。事实上，在"知识"被简单看作"知晓过程"的同时，"学习内容"（即被心理加工的学习内容）通常被理解为世界而不是关于世界的知识系统，即被理解为物质世界而不是物理学，被理解为社会世界而不是社会学，等等。这种主观主义经验论通过避开知识，把"认识论"和学习混为一谈，从而酿成了学习谬误（如 diSessa 1993）。

尽管在表达上使用了较模糊的心理学术语，但是基于社会学对教育的研究与基于心理学对教育的研究大同小异。它们分享了主观主义对知识的解释，不管是外在论者对教育和社会结构二者关系的分析，还是内在论者对教育实践的研究。从黑格尔到马克思、到曼海姆，从再生产理论到立场论，外在论社会学的研究聚焦于国籍、社会阶层、性别、种族、性行为、地域，或其他社会-历史因素如何塑造行为者在这个世界里观察、生存和行动的方式。简言之，他们强调的是知者的社会环境（参见 Popper 2003b; Moore 2009）。内在论的研究更聚焦知者之间的关系，不过同样也是从思维、生存和行动的角度看待知识。从20世纪70年代符号交互主义指导下的对课堂教学实践的现象学研究，到近年来的聚焦于话语的福柯理论、德勒兹理论以及其他批评理论，探索的都是行动者如何通过与他人互动建构自己身份，用当下流行的话说，他们探索的是形成或建构主观性的话语实践能力。

尽管存在许多重大差异，但是绝大多数教育社会学研究对知识的理解都是主观主义的——他们提供的是知晓社会学。从这一点看，创造什么知识以及宣扬、教授和学习什么知识并不重要。重要的是，受社会的影响，不同知者是如何行动、如何思维、如何感受的。这种主观主义信条在心理治疗方法上也得到了应用，包括使用"社会分析"（Popper 1945[2003b] 对其蔑视嘲讽，后来 Bourdieu [1994] 则予以推崇）、"自反性"、意识提升和自我反思的"自动"方法（Maton 2003）。此外，正如我要讨论的，知识成为中心的地方，问得最多的问题是它代表的是谁的知识，这样的问题部分地揭示了这些影响所服务的社会利益。

知识背离

对于教育研究而言，知识不仅是盲点，而且是禁区。有关知识内部特征的研究通常都被妖魔化为反历史的、反社会学的、理想主义的、实证主义的、保守的。这与方法论意义上的本质主义应用有关，与追求定义的统一性有关，与对知识的主观主义理解有关。历史上最有影响的信念，如莫尔所言：

要成为知识，信念必须直接置于纯粹的感觉经验之中，跳出历史，脱离权力和社会。实证主义曾被假定为知识和科学的唯一模式。

(Moore 2009: 2)

至关重要的是，实证主义反复充当了各种方法用于定义自身的试金石。认同或谴责一种实证主义主流，宣告一个更加具有人文性或社会性的研究方法的出现，都是打着进步主义、立场理论、"批评"理论、"后-"理论、社会建构主义等的幌子进行的（Moore 2009）。尽管他们之间存在着本质区别，但是他们建构的都是亚历山大（1995）所说的"认识论困境"：一种实证主义绝对论和建构主义相对论之间的虚假二分法。也就是说，他们假定在知识理解方面是有选择的，是把知识理解为脱离语境的、脱离价值的、孤立的，还是把知识理解为在文化和历史条件下依照已有社会利益建构的。他们选择了后者，并以此分解知识。

换句话说，在（重新）发现"知识是社会建构的"这个显而易见的观点后，许多方法误认为这意味着知识"与现实无关"。在混淆认识论和本体论的"认识谬误"里（Bhaskar 1993: 397），社会建构这个概念就从知识延伸到了现实。例如，伯杰和卢克曼（Berger & Luckmann 1966）宣称，知识社会学就是要关注《现实的社会建构》。与此同时，知识只被看作是一种对社会地位、观点、文化、"生活形式"、"语言游戏"等的任意性思考。于是，研究变成了揭开立场、文化、生活形式等支撑的社会权力的面纱，将"知识"揭示为主流社会团体的伪装利益。尽管强调权力/知识的耦合，但知识却因此被降低为社会权力。

这样一来出现了两种概念：知识实践可能不仅仅是对权力的任意性思考，以及知识实践的形式具有可资研究的性质和倾向性。这两种观点和实证主义以及主流社会团体的利益相联系。教育社会学的当务之急是伯恩斯坦（Bernstein 1990）所说的"之外关系"（relations to），诸如社会阶层、性别和种族与研究、课程大纲和教育学之间的关系。与之形成对比的是他所说的"之内关系"（relations within），即知识的"固有特征"。这一点很少有人研究，原因是研究它"可能会招致本质主义的指控，或者拜物教的指控"（Bernstein 1996: 170）。20 世纪 70 年代初，一个众所周知的指责随"新教育社会学"出现而出现。在此之前，研究知识和课程设置一个主要方法是教育哲学领域里的"伦敦路线"（Peters 1967; Hirst & Peters 1970）。这种方法按逻辑"形式"区分学科，建立"逻辑上无争议的相互衔接连贯的学科"（Hirst 1976: 44）。"新教育社会学"认为，这个传统体现的是一个实证主义模式，使知识本质化、去社会化、去历史化，于是强调一种"新的"、社会的、政治上更加激进的知识理解（Jenks 1977）。此后，这种负面含义一直困扰着知识理论的发展。[1]知识在教育领域里成了沉默的他者。

知识–无知

"认识论困境"限制了（Bourdieu 1991）场域理论中所说的"可能空间"：行动者把立场的范围看作是可行的、规范的。认识论困境对在实证主义和相对主义之间非此即彼的错误选择，导致理解知识的唯一的可见途径在本体论上站不住脚，在道德上不可取。然而，"可能空间"实际上受限程度远不止于此，因为这种错误二分法的两边对"知识"的理解都是主观主义的。正如莫尔所强调的那样，二者"所遵循的根本原则都是，事实（truth）是知晓主体即时意识的产出，……对二者而言，知识问题就是知晓主体的认识问题"（Moore 2013a: 341）。例如，其论点影响了几代人的两位学者伯杰和卢克曼，在讨论关于"理论思想"的"新实证主义"观点时写道：

> 知识社会学首先必须考虑人们把"什么"看作是日常生活中的"现实"，看作是非理论或前理论生活。也就是说，知识社会学必须把常识性"知识"而非"观点"作为研究的重中之重。
>
> （Berger & Luckmann 1966: 27）

他们提出的反对意见介于两种方法之间，这两种方法都将知识（无论是"理论思想"还是"常识"）建构为知晓。这样一来，"认识论困境"就成了一种主观主义信条。

知识-无知的影响对象远远不止于认识论。在研究方面，知识-无知关注学习过程，关注谁的知识被学习，但是忽略要学的内容以及过程的形成和权力关系。的确，把知识仅看作知晓，或仅看作权力，主观主义信条限制了我们对知识和权力的理解，因为"之内关系"知识在解释这些问题方面所起的作用被忽视了。在教与学方面，知识-无知在"传统"和"建构主义"教育学之间摇摆不定。在教育政策方面，知识被公认为无区别的、"通用的"技能（如"批判性思维"），或者可以互换的信息包，在课程设置上对它的选择、排序和进度安排都是任意的。的确，知识-无知在教育领域里的不良影响是多方面的。举个例子，有关教育技术的论辩——其巨额预算很成问题，混淆了日常知识和教育知识之间的区别，也混淆了教育知识不同形式之间的区别。如果不诋毁（抵抗的或蒙昧的），并试图绕过那些未能以建构主义方式采用技术的教师，由此产生的趋势是去专业化（Howard & Maton 2011）。

这并不是说知识-无知是普遍存在的。在一系列的专业领域里，知识意识已初见端倪，如应用心理学（Biglan 1973 a、b; Bereiter 2002）、学科科目研究（Goodson 1997）、高等教育研究（Becher &Trowler 2001）、教育技术研究（Scardamalia & Bereiter 2006）、哲学（Boghossian 2006; Frankfurt 2006）和科学教育（diSessa 1993）以及普及性出版物（Benson & Stangroom 2006）。然而，认识到分析知识的必要性并不等于对知识展开的分析，因为分析知识需要合适的概念工具。这些不同的学术领域依然有三点导致教育研究缺乏远见。首先，许多观点还处于斗争阶段——它们强调知识的重要性，但是却没有提供分析知识的方法。其次，有些提供了分析工具，但是主观主义信条在知晓模式中却被一再主张，如布鲁姆的分类学（Krathwohl 2002）、舒尔曼的"学科教学知识"（PCK，即Pedagogical Content Knowledge——译者注）（Shulman 1986）、迪塞萨的"现象基本体"（diSessa 1993）。第三，在那些知识的分析研究中，分析模型常常局限于琐碎的类型学和解释力有限的分类学。就像我在第七章（以及 Maton 2013）所讲，这种理论建构是理解知识的第一步，但是如果要探索知识的本质和力量，就必须要把知识的组织原则概念化。

主观主义信条、认识论困境和知识匮缺模型的累积效应是树立一种信念：知识就是知者知晓的东西，研究知识的"之内关系"就是接受保守主义和实证主义；还有，如果研究知识，就必须将知识无止境地类型化。这些引人注意的假想，其结果是知识悖论：我们对以知识为中心的当代社会的理解，以及对以知识为基础的教育领域的理解，都因知识–无知而受影响。然而，指出无知所隐藏的内容是困难的，因为理解它需要一种新的审视力与不同的洞察。社会现实主义是一个多元化的思想流派，语码规范理论与之结盟，为克服这一无知的新观察方式奠定了基础。它证明对知识的探索既非实证主义，也非保守主义，"之外关系"和"之内关系"知识的分析可以结合起来，知识不能被简单地看成知晓。

重视知识：社会现实主义

联合之联盟

"社会现实主义"是各种思想运动的标签。这里我想谈谈出现在20世纪90年代晚期的教育社会学领域里的"思想联合"。与其他"思想学派"一样，社会现实主义在对构成性知识的贡献方面是多样的。可以借用德勒兹判定"一本值得读的书"的三个标准对此加以说明。

> （1）你认为关于同一或相关主题的书籍都犯的一种错误
> （辩论性作用……）（2）你认为该主题的本质内容被遗忘了
> （创造性作用……）（3）你认为你有能力创造出一个新的概念
> （创新性作用……）。当然，这只是最小定量：一个错误、一
> 种疏忽和一个概念。

> （转引自 Villani 1999: 56）

值得读的书籍可以起到这些作用，但是通常情况下所起到的这三种作用的程度可能不同。社会现实主义者主要关切的是"辩论性"和"创造性"，即诊断教育思想所犯通病和强调疏忽知识两方面所起的彻底清除作用和奠基作用。事实上，社会现实主义缘起于学者在把知识

看作研究对象方面达成的共识，就像早期标志性出版物那样，致力于《再论知识》（Muller 2000），"重拾教育语篇"（Maton 2000a），讨论"为了知识"（Moore 2000）和"创立知识社会学"（Moore & Maton 2001）。

初始的动力可以影响更多的倡导者。例如，梅顿（Maton 1998, 2000b）对文化研究中立场论的分析影响了莫尔和穆勒（Moore & Muller 1999）对教育社会学的分析，他们的分析得到杨（Young 2000）的回应，随后这些学者和其他学者发表了大量的论文。接着，一系列里程碑式的著作问世：在《把知识带回家》（Young 2008）之后，出版了《走向真理社会学》（Moore 2009）、《为什么知识在课程中是重要的》（Wheelahan 2010）以及《教育中的知识政治》（Rata 2012）。另外，一系列国际会议和论文集把对知识的关切变成了一种充满活力的、交叉学科的力量，联合了系统功能语言学家、教育学家和哲学家。[2]

更强知识论

社会现实主义认为，识别教育思想中的错误和盲点需要一个强大的知识理论。简而言之，社会现实主义从拥有财产、权力以及有效趋势的角度看，认为知识不仅是社会的，也是真实的。相应地，社会现实主义探索不同形式的知识的组织原则、变革模式，以及这些不同形式的知识对诸如社会包容、学生成绩及知识构建等问题的启示（如Maton & Moore 2010b）。鉴于篇幅，这里不便详细讨论社会现实主义学者的观点，建议阅读他们的原著。[3] 另外，像所有非教条主义"思想学派"一样，社会现实主义在影响力、说理模式和概念等方面都是多样的。我不企图概括一个思想学派，也不作它的代言人。我要做的是，采用颇具启蒙的方法，介绍对社会现实主义至关重要的观点。具体而言，我将采用批判现实主义来解释如何否认"认识论困境"，用批判理性主义来阐释如何驳斥主观主义信条。

否认认识论困境

"认识论困境"是社会现实主义关切的中心。受伯恩斯坦（Bernstein 1990）影响，社会现实主义者一直与坚持"之外关系"教育观的社会还原论做斗争。简而言之，社会现实主义认为，对教育与知识的"之外关系"和"之内关系"的综合分析可以提供强大的的解释力，因此社会现实主义否认认识论困境。至于如何否认，我将通过批判现实主义哲学中巴斯卡的"本体论现实主义""认识论相对主义"和"判断理性主义"（见 Archer et al. 1998）概念对其加以解释。

"本体论现实主义"认识到知识关涉其自身以外的东西，独立于话语之外存在的现实促成了世界知识的形成。这不是说知识是现实的直接反射，而是说知识不只是权势关系的任意性表达，同时现实也反作用于知识。"认识论相对主义"承认，我们的世界知识不是普遍的、一成不变的、超越历史的、实在的真理。相反，我们认识和了解世界是通过社会交往过程所获取的知识来实现的。通过社会交往过程所获取的知识随时间变化而变化，因社会、历史、文化语境的不同而不同。关键的一点是，认识论相对主义没有蕴含判断相对主义思想，即对不同种类的知识进行判断是不可能的观点。相反，"判断理性主义"强调，在确定相互竞争的洞见主张的相对价值时，存在主体间的基础。认为绝对真理没有被找到或许永远不会被找到，同时又认为判断知识观点的优劣是有方法的，这是不矛盾的，批评上的偏好是不受制于超越历史的信念的（参见 Popper 1959）。

这些观点都强调我们建构关于世界的知识，但却不能随心所欲（或者至少不能不考虑世俗后果），也不能完全单单靠我们自己来建构。换言之，行动者建构知识，并不是完全按照自设的条件以自己的意志独立建构的。相反，知识是关于知识之外的东西，它吸收现有知识，并由社会人生产和评判。社会现实主义从社会学审视发展这些观点可以否认教育研究中的"认识论困境"。[4]

实证主义认为，知识与社会和历史密不可分。建构主义认为，不能简单地把知识看作社会权力，正如有些知识观点与其他的知识观点相比更有解释力那样。社会现实主义既不关注"知识""真理"或"信念"的本质主义定义，也不认为所有的概念都是等同的。相反，它强调有必要探索知识是如何在特定的社会历史语境中被定义的，以及它们所采取的形式和所发挥的作用。相应地，这种观点认为知识和教育领域是由知识实践的关系结构和处于特定社会历史语境中的行动者构成的。这样做表明，知识实践既来自它们的生产语境，又不能还原它们的生产语境——知识实践所采取的形式反过来又塑造这些语境。

此外，社会现实主义还揭示，研究知识的本质特征不能脱离社会。尽管知识社会学的建构主义方法和纲领强调知识的"社会"本质，但是还是模糊了塑造知识生产团体这一关键特征。正如波普所讲，"'知识社会学'忽视的正是关于知识的社会学"；它"没有精准地理解它的主要研究对象，即知识的社会方面"（Popper 1957: 144；2003b: 240）。由于过分强调社会一个方面，即知识"之外关系"，这些研究忽视了另一个社会方面，即在社会生产、维持和改变中的知识"之内关系"。它们没能理解，知识不是由个体按照自己认为适合的标准建构的，而是由处于社会实践领域的行动者产出的，这些社会实践领域的典型特征是主体间共享的假设、工作方式和信念等。"判断理性主义"，这一反映自然科学焦点的哲学术语，捕捉不到这些"游戏规则"的许多不同的呈现形式。例如，本书第八章指出，教育研究更多的是基于价值论而非认识论——更多的基于"情感"而非"理性"。然而，这个术语所强调的主体间判断，是个很广泛的概念，其本身并不是一种信念：诸如高等教育、法律和医药等社会实践的存在，证明这些是判断知识的基础，即使这些基础可能是不可靠的、有争议的和易变的。

更为重要的是，社会现实主义并不认同社会实践领域是由直接的社会互动构成的实证主义观点。同一个认识社团的人也许从未谋面，他们的知识实践是"无数不受时空限制的合作的产物；为形成知识实践，大量不同的思维将他们的思想和感情相互连接、糅杂和融合起来；一代又一代的人将他们的经验和知识累积起来"（Durkheim 1912/1967: 15）。然而，要充分理解知识的社会方面，首先需要克服主观主义信念。

挑战信念

瓦解掉"认识论困境"本身并不能战胜知识–无知，因为人们可以通过知晓来识解。此外，人们对抗主观主义信念，需要将知识看作超出知者的心理状态、心理过程和行为习性的东西。为了帮助掌握这个难以理解、甚至违反直觉的概念，我将借用由波普率先倡导的批判理性主义。

我们来看一下波普对三个隐喻性"世界"的区分：世界 I 指物理实体以及它们的物理和生理状态；世界 II 指心理状态或过程；世界 III 指人类思维的产物，如建筑、艺术、文学、音乐、学识、教育知识等（Popper 1979, 1994a, b）。这里的关键是，波普对包含"主观知识"或我所称之为"知晓"在内的世界 II 和包含"客观知识"（意味着它是客观存在的，并不意味着它是确定无疑的）或我所简单称之为"知识"在内的世界 III 的区分。[5] 波普强调事物可能参与到不止一个世界中，例如，我写的这本书是物理的，是我的（也是所有人的）思想的产物，是一个解释框架。尽管这个框架是世界 II 的产物，由世界 I 的物质呈现出来，它本身是世界 III 的成员。它是"客观知识"，尽管它是思维过程的产物，也不能被看作是我的"主观知识"，它是由知识而不是由知晓构成的。

正如波普（Popper 1979, 1994a）所强调的，这三个"世界"不是不言自明的本体论，而是为简化阐释而采用的隐喻。问题的关键在于，尽管知识是我们思维的产物，但是它相对独立于知晓——知识有它自身的属性和力量。这点可以从知识的居间功能看出，如创造性、学问和知者间关系的发生。首先，创造并不是已有东西的展现，而是创造者和创造物之间的"给予与索取"。我们思维的产物"反作用于"我们的思想、观点、目标和性情。任何搞科学或文艺创作的人都将经历这种"给予与索取"和观点的事实，即我们的观点一旦形成知识并被"客观化"，它就重新影响我们的知晓。我们能改进我们所造之物，同时也被它改造。因此，知识源于我们的思想并不必然将前者减少为后者，即一个符号产物并不等同于产生它的心理和物理过程。

其次，与对知晓的实证主义理解所宣扬的学习谬论相反，我们并不是以一种没有居间的、直接的方式，而是通过与关于世界的现有客观知识相关联的方式，来了解世界。我们"接通"现有知识，因此就"学术"知识来说，我们不需要从头开始，或企图亲自重新创造那些已经花费几千年时间和甚至更多的人类思维已经创造的东西。如波普所讲，我们每个人都能够从这个遗产中获得比我们能贡献的更多的东西。因此，那种不关注知识的学问研究，忽略了塑造行为者知晓形式发展的最重要的东西。

第三，回到知识的社会方面，知识调节实践领域中知者之间的关系。如波普（Popper 1994a）所说，爱因斯坦曾讲"我的笔比我伶俐"，因为笔能将他的观点明确地表达出来，使他能够与他思维之外的观念世界"连通"，将他的思维产物和其他思维产物联系起来，因此能产生超出他的意图或期望的结果。同理，保罗·狄拉克（Paul Dirac）也曾说"我的方程式比我巧妙"（Farmelo 2002: xvii），因为它能产生"最奇异、最惊人的结果"（Wilczek 2002: 133），这种结果是他没有意识到、也无法预料到和难以解释的。（狄拉克称："它仅仅赋予了电子所需要的特性。这对我来讲是意想不到的收获，完全出乎意料"；同上引：132）。作为知识，"狄拉克方程式"也可以延伸、与其他观点相连，并为其他的行动者所用。因此，要提供一个合适的对知识的社会解释，人们必须理解知识自身。

　　人们可能会说，这些例证描述了知者思想状态的互动。知识实践可以被描述为能引发其他行动者心理状态或性情的主观心理状态或性情的符号或语言表达。然而，不论是否准确，这些观点并不允许将知识这种互动媒介视为思维间信息的同质的和中立的接替。柯林斯（Collins）描述了知识生产创造"思维同盟"的方法：

> 知识分子独自阅读或写作：但是他或她在思想上并不是孤立的。他或她的思想承载着社会意义，因为它们象征着知识网络里已存在及预期的结盟里的成员资格。
>
> （Collins 2000: 7, 51–52）

　　然而，各种思维并非通过精神空间直接相连。"思维结盟"通过思维之外的知识而发生，而且那种知识的本质塑造了那些可能的"存在及可预期的结盟"。正如本书所指出的那样，知识的组织原则形成社会领域的时空范围、介入方式和发展模式。它们对教育和民生领域中的社会融合和社会公平至关重要。尽管知识由我们所创造，但它却有我们未能察觉的属性和倾向性，这可能会导致意外的、甚至是与我们的目的和信念相悖的后果。第二章、第五章和第九章探讨了分裂对文化研究的不良影响，这种影响是由知识观点所固有的倾向造成的。第六章以及其他学者的研究（如Chen et al. 2011）探索了教学实践中所传播的知识形式是如何对知者群体的教育成就产生不同影响的。因此，任何排除知识内部关系分析的社会公平方案都不可能成功，因为我们的知识实践并非中立。

从理解到分析

社会现实主义认为，对知识和教育的研究忽视了显而易见的研究对象。与"认识论困境"导致的还原论相反，社会现实主义赞同亚历山大（Alexander 1995: 129）的观点，即"知识的社会学永远代替不了对知识的分析"。与主观主义信念相反，社会现实主义同意波普的观点，即"主观知识的理论根本不能解释客观知识"（Popper 1994a: 13）。简而言之，知识本身需要被认真对待，不仅要求我们正确理解知识，而且要求我们有分析这一研究对象的正确的概念工具。

社会现实主义作品主要确立理解知识的必要性。德勒兹（Deleuze）称这种研究是富有"争论"和"发明"功能的开拓性研究。得益于他的这种评价，本书聚焦于新概念的"创造功能"，但这并不是说本书不讨论谬误和疏忽。本书涉及的著述是社会现实主义批判地介入教育研究的一部分，其目的是恢复把知识作为研究的对象。此外，本书还批判性地与社会现实主义结合，来避免以牺牲关注发展知者的实践为代价，过分强调知识的显性结构。正如接下来的章节所强调的，当赞成理解知识的时候，更容易局限于那些最容易理解的知识：那些显而易见的明示的、抽象的、压缩的层级形式。这种倾向逐步走向关于艺术、技艺、人文和诸多社会学科的匮缺模型和日常理解，比如知识可能没那么明显，而是更为具体的、依赖语境的、体现性的和价值论的。至此，知识–无知让位于理解知识本身，并隐藏社会化或培养知者的实践。本书服务于"争论"功能和"发明"功能以避开知识–无知和知者–无知的怪圈。然而，本书最主要的关切，是关注其创造功能，建构分析知识和知者的概念。[6]下面，我将开始介绍语码规范理论这一概念工具和分析方法。

分析知识和知者：语码规范理论

什么样的"理论"？

只有一个词来指"理论"，但是实际上我们需要更多。正如默顿（Merton 1957）所强调的那样，"理论"这个词用法很多，是一个多义词。波顿（Boudon 1980）认为，之所以是个多义词，部分原因是未能对理论和范式加以区分。我们在上文已经提到了许多"主义"，有必要在描述其概念轮廓以及它们在本书中的相关性之前，讲清楚语码规范理论是一种什么样的"理论"。必须强调的是，我写本书的目的不是为了描写语码规范理论的谱系——即伯恩斯坦（Bernstein 2000: 92）所说的"认识论植物学"——而是为帮助读者能看懂后面各章的内容做铺垫。

为了这个目的，我将修改阿切尔（Archer 1995）提出的图式，来描写社会本体论（SO）、解释框架（EF）和实体研究（SRS），如图1.1所示。这样，人们就可以在分析的时候，根据大量不同的问题区分三种理论：本体论的元理论、（语码规范理论意义上的）框架理论，以及科学研究所使用的实体理论。图1.1中的箭头表示上述三种理论之间在构建累积式知识和强力知识过程中的理想关系：社会本体论为解释框架提供元理论方面的启示（SO→EF）；解释框架则通过接触社会世界为社会本体论提供信息（SO←EF）；解释框架为实体研究提供信息（EF→SRS），因为所有的研究都或隐或现地会涉及一种解释数据的理论；实体研究则根据数据所揭示的内容对理论进行"回应"，从而为框架提供信息（EF←SRS）。

图1.1　元理论、理论和实体理论

语码规范理论可以被描述为一种实施实体研究的解释性框架，同时又是被实质性研究塑造或重塑的解释性框架。在图1.1中，语码规范理论包含"EF"及其与"SRS"的相互关系（双向箭头）。该理论既来自实质性问题的研究，又为实体问题的研究提供服务。一个典型的特点是它通过研究越来越多的论题而逐步演进。在对论题研究中，语料对理论进行"回应"，需要澄清、细化和新的解释。简而言之，语码规范理论不是一种范式，而是一种实用的理论；不是一种"主义"，而是一种概念工具箱和分析方法论；不是哲学意义上的，而是社会学意义上的。

这有助于说明语码规范理论不是什么。首先，它不是对知识或教育的一种具体的、实质性的解释。应用语码规范理论所做的研究产生了与问题情境相关的猜测，如对知识领域进行切分的基础（第二章、

第五章和第九章），学历资格的选择（第四章），或使累积式知识构建成为可能的各种实践（第六章和第七章；Maton 2013）。然而，这些解释都非框架自身，而是创造性应用框架产生的结果。这并不意味着把语码规范研究和语码规范理论彼此割裂。事实上，此类研究是推动语码规范理论发展的一种主要动力。说得清楚一些，就是把一个概念框架与那些因使用该框架而产生的有关实体问题的解释、争论和结论区分开来。[7]正如阿切尔（Archer 1995: 6）所说，"一个解释框架既不解释任何现象，也不自称能解释任何现象。"可以这么说，语码规范理论欢迎人们通过使用该理论来产生各种解释。

再者，语码规范理论不是认识论也不是本体论。这并不是说，该理论没有任何认识论或本体论方面的假设和含义。它的特点涉及层次化和突显特征、关系分析、生成理论建设以及对各种实践的组织原则所进行的非实验性探索。然而，它不是一种用于解释这些特点为什么在本体论意义上必不可少的元理论。简而言之，语码规范理论具有现实主义性质，但它不是现实主义。与此形成鲜明对比，许多社会现实主义者所做的研究都探索框架与本体论之间的关系，在诸如语码理论等框架的应用研究成果的基础上，探讨知识和教育到底是什么，同时，反过来，探索用于探索知识和教育的现实主义理解所建构的现象的框架。这个研究涉及的哲学思想包括批判现实主义，其元理论含义与语码社会学（Wheelahan 2010; Moore 2013a）、批判理性主义和卡希雷尔（Young and Muller 2007）相容。

社会本体论、解释框架和实体研究彼此之间相对自治。一方面，各种研究对语码规范理论的应用并不是一刀切的，而是在与其研究对象的各个细节进行对话的过程中发挥各自的创造性。与此相反，语码规范理论不是由具体场景的割裂和实验模型构成的。在理论和资料之间，存在伯恩斯坦（Bernstein 2000）所说的"话语分歧"（第六章和第七章；Maton et al. 2014），这个"分歧"贯穿于理论和资料相互解释的"外部描写语言"。另一方面，它们是兼容共存的。语码规范理论的发展并不完全来源于它所涉及的批评现实主义哲学或批评理性主义哲学的社会学含义，而这些哲学的发展也不是完全来源于对语码规范理论本体论含义所作的探索。它们拥有自己的逻辑、轨迹、研究对象、问题情境、概念、方法和资料。因此，人们可以扩展伯恩斯坦的说法，以描写另一个元理论和理论之间的"话语分歧"，这个"分歧"贯穿于社会现实主义的研究工作之中。存在于本体论和框架之间以及元理论与理论之间的话语分歧使现实能够对理论和元理论进行反驳。如果看不到或跨不过这两个壕沟，就会影响累积式知识的构建。

然而，这些解释框架总是侧重于探索某个分歧，来清晰地展示它们的本体论基础，或者进一步发展它们的实用性。通过这样的探索，让人们逐渐接受这些分析框架，认为它们是"批判现实主义者"；或者给研究者提供更加强大的分析工具。语码规范理论的主要驱动力是解决问题。本书对它的阐述与上述第一个分歧相关。（例如，第六章、第七章和第八章对理论和资料之间的关系进行了明确的论述。）然而，语码规范理论是一种社会现实主义者的研究方法，而社会现实主义对第二个话语分歧所给予的更大关注，揭示了该分歧与本体论之间存在着有价值的关联。因篇幅所限，这里不能详述。我只想指出，现实主义本体论本身需要有涉及不同研究对象的专业化解释框架（这些研究对象可以彼此配合，更好地抓住现实的复杂本质）。因此，巴斯卡（Bhaskar 1989）把批评现实主义描写成一个"小工"而不是工头。相反，哲学界认识不到这个分歧会导致对本体论管控（所基于的谬论是，没有哲学上的认可，框架和研究就无法起作用），导致还原论（解释框架被认为与本体论相关）以及替代主义（元理论被"应用"于实体研究，其结果是本体论原理和实验描写彼此分离，导致受到压制的话语分歧最终回归）。

语码规范理论与知识和知者

语码规范理论超出了《知识与知者》的内容。本质上讲，本书发端于知识悖论，直击教育方面存在的多种问题，创建一门现实主义教育社会学。不过，更加确切地说，语码规范理论是一种规范社会学或应用范围更广的可能性社会学。越来越多的研究显示，该理论提出的概念使人们能够探索教育以外的社会领域和知识以外的其他实践（第十章）。正如上文所说，从理论上看，本书的关注重点不是哲学讨论，也不是实验性描写，而是展示一个与实体研究相关的解释框架。然而，语码规范理论所包含的内容超出了本书引入的概念。因此，我把本书放进一个范围更大的多维度、累积式和渐进式的框架中加以定位。

多维度的

语码规范理论可以类比为一个多维度概念的工具箱，可用于分析不同领域里行为者的性情、实践和情境。对于语码规范理论而言，社会是由一系列相对自主的社会领域组成的，这些领域既不能完全分离，也不能被简约地归为他者。每个领域都有自己独特的运作方式、资源、地位（体现形式具体，但生成原则类似）。每个领域的行为者彼此合作，努力奋斗，在实践中取得更好成绩，从而最大可能地提高在社会层级体系中的地位。语码规范理论指出，行为者的这种实践体现的是竞相声称自身的规范性，无论以明确的方式还是以隐含的方式（如例行工作方法）——他们的实践就是规范语言（第二章）。行为者的性情和相关领域现有的结构之间的关系决定了"游戏规则"制定策略（其中行为者的性情是由以前和现在的不同领域中的经验所决定的）。语码规范理论根据语码规范对性情、实践和领域的组织原则进行了概念化，每个"语码"实际上都代表着由领域统治者提出的通用货币，而影响领域结构并在不同货币之间充当某种汇率机制的是规范化手段（第三章）。谁掌控了这种"手段"，谁就能确定具有支配作用的具体的语码规范，并规定规范的定义，从而把社会实践领域塑造成一个动态的由各种可能性组成的领域。因此，分析语码规范的目的就是为了探索什么选择对何人、何时、何地以及何种方式是可能的，并探索何人能在何时、何地以及以何种方式对这些可能性进行界定。

表1.1 语码规范的基本总结

语码	概念	主要语码模态
自主	地位自主，关系自主	PA+/−, RA+/−
密度	物质密度，道德密度	MaD+/−, MoD+/−
专业化	认识关系，社会关系	ER+/−, SR+/−
语义性	语义重力，语义密度	SG+/−, SD+/−
时间性	时间地位，时间趋向	TP+/−, TO+/−

至此，语码规范理论这个概念工具箱包括5个"维度"：自主、密度、专业化、语义性和时间性。每个维度都有分析组织原则方面的概念，以此将语码规范具体分类，如专业化语码、语义语码等。表1.1给出了生成不同语码规范的主要概念。每个维度都针对规范手段的一个"方面"（实践的社会场域的生成机制），如认识论–教育手段（专业化）和语义学手段（语义性）。图1.2概括了语码规范理论的5个维度、手段及语码。

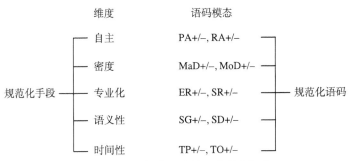

维度	语码模态
自主	PA+/−, RA+/−
密度	MaD+/−, MoD+/−
专业化	ER+/−, SR+/−
语义性	SG+/−, SD+/−
时间性	TP+/−, TO+/−

规范化手段 ——|　　　　　　|—— 规范化语码

图 1.2　语码规范理论的五个维度概览

关键的一点是，每个维度不是探索不同的认识论实践，而是探索不同实践的组织原则。这样，一个具体研究对象可以通过一个以上的维度来研究。然而，在研究时，你需要运用多少理论要根据问题性质而定，无须多也无须少。这样一来，并非所有这些概念在做实际研究时都用得上。还有，在出版或发表时，理论的多少要以篇幅而定。本书只关注语码规范理论的两个维度：专业化——最初创建的、研究中涉及最多、阐述最详尽的维度，和语义性——最新且发展最快的维度。（其他维度在Maton 2005a, b中有详细论述）。每个维度都有一套概念。专业化有专业化语码（第二章）、认识–教育手段（第三章）、知识–知者结构（第四章）、审视力和洞察（第五章和第九章）。语义性有语义重力（第六章）、语义密度（第七章）和聚集（第八章）。多维度共用还会产生更多的概念，如不同形式的聚集（第八、九章）。另外，这本书没有对这两个维度进行穷尽性描写：如果篇幅允许，我会添加"建构语义波"（Maton 2013）。尽管如此，本书介绍了规范语码迄今为止最广泛使用的两大维度的关键特征。

累积式

知识建构是本书的主题，既是焦点，又是形式。书中章节探索知识和教育的累积式发展及其基础。理论本身延用和整合已有研究方法中的概念。知识对发展语码规范理论的影响是多方面的，原因是它的持续发展关切更多的是解释力，而不是维持一个纯粹的知识谱系。因此，本理论体现了伯恩斯坦（Bernstein 1977）所说的"忠于问题不忠于方法"的思想。然而，最关键的基础是布迪厄的"场域理论"和伯恩斯坦的"语码理论"。语码规范理论是发展这些理论框架而不是取代它们，尽管书中突出的方式和程度不同。简而言之，鉴于语码规范理论中的概念直接基于规范理论的概念而建构，书中章节通常从语码理论开始介绍。

不是所有概念的功能都是一样的：它们可以做不同的事情。我在前文中描述了概念在本体论、框架和研究三个方面的分工。不同框架中的概念其性质也不同：有些引发思考，有些指明审视力的方向，也有少部分提供在实证研究上的分析力度。布迪厄的场域理论被广泛描述为"思考的良友"。他本人把这个理论叫作"社会学的眼睛"，涉及"一场精神革命，对社会世界整个看法的转变"（Bourdieu & Wacquant 1992: 251）。具体而言，场域理论需要相关的、现实主义的审视力："思考场域就是思考相关性"；我们必须看到"真实的东西就是关联的东西"（同上引：96，97），有些东西"要求转换对世界的整个平常看法（只对可见东西感兴趣的观点）"（Bourdieu 1994: 129）。此外，布迪厄提出的"场域""资本"和"习惯"这些关键概念突出对实践的理解，强调研究实践的组织原则和凸显特性需要透过现象看本质（Grenfell 2004）。

然而，布迪厄在强调分析什么和如何分析的同时，他的"思维工具"并没有完全实现他的要求。他的思维工具作为关系概念其意向性大于可操作性（Boudon 1971）。例如，描述习惯的内部结构没有能够脱离对习惯引发的实践的描述（Bernstein 2000, Maton 2012）——"之内关系"的习惯作为关系系统尚没有被理论化。同样，布迪厄尽管呼吁"知识现实主义理论"（Bourdieu 2004: 3），但他的概念把知识实践看作是一个场域中行为者之间地位呈现的附带现象（第二章）。这样一来，在促成"精神革命"的同时，场域理论成了一场没有完成的概念革命：框架没有揭示实践、性情和场域的组织原则。

语码规范理论体现了场域理论发展可操作性关系概念以及把现实主义知晓看作现实主义知识的关系模式。然而，第三章之后，本书中的理论建构并不是以布迪厄的概念为出发点的。这些概念的影响是他强调的框架中最具价值的特征："审视力"。这并不是说语码规范理论概念不是从场域理论发展而来，如梅顿（Maton 2005a）在布迪厄自主概念的基础上提出了自主性语码（尽管可以认为这个概念也受伯恩斯坦"单一的"和"区域的"两个概念的影响）。然而，本书不会花大篇幅讨论与场域理论之间的关系，因为本书所聚焦的理论创新平台是伯恩斯坦的语码理论。

正如我所说，布迪厄的场域理论提出了审视力，伯恩斯坦的语码理论提出了洞察（第九章）；布迪厄提出了"精神革命"，伯恩斯坦推广了概念演化使审视力大众化（第七章）。也就是说，语码理论为把关系型现实主义社会学构建成扩大的认识论社区提供概念基础（第三章）。语码理论不仅发人深省、指明审视力的方向，它提供的"语码"和"手段"还为实质性研究中充分发挥分析的力量提供了范本。我在这里不赘述语码理论（参加Atkinson 1985; Moore 2013b），也不多谈语码理论与语码规范理论之间的关系：伯恩斯坦的概念是以下各章的出发点，这种关系第十章有较全面的讨论。我在这里只想强调，语码规范理论研究伯恩斯坦在累积式知识建构的基础上延伸和整合已有概念的问题和方法，以期使概念最大程度地忠实于更多的现象。正如我在第十章强调的那样，本书关涉更多的是伯恩斯坦的框架。不过，以下各章将阐释从伯恩斯坦那里继承的框架如何可以解决教育研究中的知识/知者－无知，同时给社会科学中的知识悖论提供解决办法。

演进式

伯恩斯坦（Bernstein 2000）坚持认为，语码理论是一个半成品。与此相应的是，语码规范理论在资料、继承的框架和其他研究方法等方面始终是演进式的（第十章）。随着概念被用来探索问题情境，这些研究对象对理论提出"反驳"，既提出问题又要求理论有所发展。而且，正如本书反复强调的那样，找到问题的答案后又会引出新的问题：累积式知识构建是一个没有止境的过程。因此，《知识和知者》所呈现的不是像一幢已经完工的巴洛克建筑那样的理论系统，而是随着时间的推移而逐步累积的用以展示解释性框架的系列文章。本书各章按照概念提出的时间先后编排，依据的是文章公开发表的时间顺序：1998年（第二章）、2000年（第三章）、2004年（第四章）、2006年（第五章）、2007年（第六章）、2008年（第七章和第八章）以及2012年（第九章）。每一章以语码理论和前面章节提出的概念为基础。对每一章的内容我都会做一个简单的小结，这就可能会产生某些重复，但我希望这样做有助于每一章都能得到独立的理解，并强调说明语码规范理论的概念是如何扩展并与现有的观点进行整合的。

那些基于已经发表的文章的章节，本书做了修改，有些地方的修改幅度还比较大[8]。例如，第三章扩展了伯恩斯坦"教育手段"这个概念，这是受到莫尔和我合作的文章（Moore and Maton 2001）的启发，但与如今的（写于2012年的）理论相比已是大相径庭。如果时间允许，我会进一步改写其他许多章节，尤其是发表时间较早的那些文章。原因很简单：我不仅掌握了更多的语码规范理论知识，而且也从该理论当中学到了更多的东西。因为知识不等于知晓，使用这个框架以及撰写本书都教会我以前不知道的语码规范理论的许多知识。与此同时，知识的社会现实也增进了我的理解：语码规范理论正迅速地被许多国家和学科所接受，被用于探索越来越多的问题，并提出能继续完善这个框架的问题。尤其重要的是，这始终是一个富有创造意义的演变过程，包括作为知识的语码规范理论的演变，还有我作为一个知者的演变。我正是怀着这种开放的社会创造精神推出下面各章，目的是为了更好地理解知识、教育和社会，并为获得更好的知识、教育和社会形式做出自己的贡献。

注释

1. 第八章称这个过程为价值论宇宙学。意思是知者语码引出立场的正负二元星群，与价值论意义浓缩在一起。

2. 两年一届的"巴兹尔·伯恩斯坦国际研讨会"是研讨社会现实主义的主要场所。在悉尼召开的"重拾知识"（2004）和"学科交叉、知识与语言"（2008）两次国际会议汇集了社会现实主义学者和系统功能语言学学者。在剑桥召开"教育社会现实主义"研讨会（2008）吸引了批判现实主义哲学家。

3. 在"差异中的相似"举的例子中我更多地采纳了波普的观点。

4. 这些论点不是来自现行的本体论前提。他们采用了社会学概念，如"实践的社会场域"和"游戏规则"。我讨论本体论与框架之间的关系。

5. 相对波普的术语，我更喜欢用"知识"和"知晓"，因为"客观"和"主观"会让人误解为"确定、'普世'、公正"和"不公正、随情境而定、既定"。也就是说，它们更多地强调"认识论困境"。

6. 这是强调社会现实主义的"相似中的差异"。

7. 梅顿（Maton 2013）讨论了"语义波"这个概念，也讨论了在课堂教学实践中使用它具有重要性的推测。如果这个推测不能被验证，说明这个概念具有生产性。这个概念是揭示缺陷的基础、也是提供完善模型的基础。因此，概念和推测不是一回事。前者是语码规范理论的组成部分，后者是具体研究领域中概念使用的结果。

8. 第二章和第六章中的分析框架源于梅顿（Maton 2000a, b和2009）。第四章和第五章在梅顿（Maton 2007和2010a）基础上的修改而成。

第二章

规范性语言：英国文化研究——一个奇特的案例

媒介亦是信息。

引言

教育研究趋向知识–无知（第一章）。伯恩斯坦（Bernstein 1990）认为，社会学分析绝大多数集中研究知识实践的之外关系，如社会阶层、种族、性别与研究、课程和教学法间的关系。知识实践的之内关系及它们的固有特点，在很大程度上被人们忽视了。结果，知识被当作就好像它"仅仅转达外部权力关系；转达的形式对转达的内容没有任何影响"（Bernstein 1990: 166）。实际上，我们的关注点总是落在信息上，却忽视了媒介。本章认为，媒介——知识实践的构建——也是一种信息。它的目的是阐明知识实践分析对理解知识和教育场域的重要性。为此，本章介绍一个初步的解释性框架，以表明媒介传递的信息，这个框架消除了知识"之外关系"和知识"之内关系"研究的分歧。

如第一章强调，这个综合框架的基础源于皮埃尔·布迪厄和巴兹尔·伯恩斯坦的方法。布迪厄的"场域理论"描述了社会场域在地位和资源上的斗争；伯恩斯坦的"语码理论"则使知识构建概念化。布迪厄的方法提出了"谁""在哪里""什么时候"和"如何"的疑问；伯恩斯坦的框架则强调"什么"这一被忽视的问题（Bernstein 1996: 169–181）。简而言之，场域理论强调实践的社会场域如何建构知识，语码理论则强调知识结构构建对场域的重要性。这些方法的综合，表明知识是一种结构化和被构建的结构。那么，问题是如何将这些特性综合地概念化。

这里我把知识实践看作是对践行者主张的体现，并开始本章的讨论。当践行者参与实践，他们同时也在声称所作所为的规范，或者更准确地说，声称他们行为所体现的组织原则的规范。实践可以被理解为规范性语言：践行者在实践的社会场域中开拓和维持空间的主张。这些语言提出场域参与过程的支配者，并规定衡量场域内成就的标准。也就是说，它们说明了什么应当是成就的首要基础。因此，规范性语言体现了竞争索取有限的地位和物质资源的基础；它们是策略性立场，为了在联系性的结构化场域内，最大限度地提高践行者的地位。规范性语言因此也在该情境当中——策略立场的形式由行动者的地位决定，他们场域内的观点因而也受影响（参见 Bourdieu 1988）。同时，这些主张所形成的知识或多或少都是规范的（参见 Bhaskar 1975；Popper 1959）。也就是说，知识实践不仅仅是践行者在权势关系中的地位反映，也包括对规范化或多或少的权势宣称，包括（但不仅限于）对真理的宣称——它们是可能的规范性语言。此外，这些实践的呈现带有它们自己的权力和倾向，并形成场域权力的表现形式（参见 Bernstein 2000）。规范性语言体现产生效果的组织原则——它们的内在结构既不同一也不中立；语言的形式决定它可能表达的内容。

从"规范化"的角度来构想知识实践，有如下特性：它包括实践的结构化本质、潜在的规范化性质和由场域内部结构产生的构建意义。换句话说，在现实主义方法内，"规范化"视角关注由分析知识实践的之外关系和之内关系而引发的议题。

然而，正如第一章所阐明的那样，强调并提出思考问题的方法是一回事，提供能够实行该意图的概念又是另外一回事。这就要求除此之外，要与数据相联系。为了介绍能实施这一方法的概念，我将探索英国文化研究的奇特案例。它很"奇特"，因为该学科所处位置较为矛盾（Maton 2002）。从制度上看，在期刊、教科书和会议数量激增的情况下，文化研究看似蓬勃发展，然而作为一个指定的学科领域，它在英国高等教育中的存在有限。从知识上看，它常常被描绘成尖端、根本和先进的，然而也是分割、孤立和脱离政治的。英国文化研究似乎无处不在却无处容身，繁荣、不同凡响却又退化、孤立。

　　为了研究这些显而易见的矛盾，我从简单概述英国文化研究的制度及知识历史开始讨论。我将它的知识实践视作体现了一种规范化的语言，并按照语码规范来分析语言的组织原则。我特别关注从专业化维度来概括规范性专业化语码的生成性概念。这个框架接着被用来分析文化研究的"之内关系"和"之外关系"。首先，我分析英国文化研究专业化语码的之外关系，表明其历史如何能够部分地被它所处的社会及制度地位所解释。第二，我描述由其专业化语码的之内关系生成的趋势，包括"声音"的扩展、分裂、知者战争以及复现的分裂主义。我认为，这些内在特征塑造了场域的知识及制度轨迹，并带来了看似矛盾的境况。最后总结部分，我将阐述这里所介绍的概念如何能够帮助教育社会学攻克知识－无知。

英国高等教育的文化研究

制度轨迹

　　在文化研究的制度化方面，我为战后英国高等教育（直到20世纪90年代中期）中的文化研究、传媒研究和传播学的每个科目、每门选修课及每个模块创建了数据库，收集详述课程发展的档案资源，并核对学生人口社会简况的数据信息[1]。数据分析揭示了制度化的一些总体模式，包括文化研究虽然是英国高等教育中的一个独特的、指定的研究领域，但其面临持续的边缘性和相对的不可见性。

　　英国文化研究的特点是它在历史上占据的机构地位相对较低（Maton 2005b）。实际上，对商业或大众文化的教育兴趣首先出现在场域以外。英国最早的专业组织（电影教师联盟 初创于1950年）、期刊（《电影教师》始刊于1952年）、会议（全国教师联盟 1960）以及课程（Mainds 1965）都基于初级和中等教育。在初步形成阶段，大学的建立仅被认为是为了培养教师及教育科研的需要（Harcourt 1964）。当文化研究课程的确于20世纪50年代在高等教育内部出现时，它们被放置在成人教育的校外系部（Steele 1997）、技术学院（Hall 1964）、艺术学校（Burton 1964）和师范院校（Knight 1962）。相似地，文化研究的"奠基性文本"（典型的是Hoggart 1957、Williams 1958，1961和Thompson 1963）是由成人教育的英语教师撰写的。

20世纪60年代，现存的大学系部边缘出现了一些研究中心。最著名的例子是成立于1964年的伯明翰大学当代文化研究中心（CCCS）。虽然该中心后来以知识先驱闻名，但伯明翰大学和该中心的年度报告都表明，其机构声望并不是那么瞩目。该中心员工数量有限（1964年至1980年，每2.5个全职的教职员工可以指导超过220名研究生），且在已有学科的践行者中保持着较低的地位（CCCS 1964–1981；Hall 1990）。该中心的财务生存依靠来自企鹅出版社的外部资金和国外机构如联合国教科文组织委托的零星项目。伯明翰大学刚开始时只提供家具和住处，这在20世纪60年代后期预备学生的指导手册中有阐明：

> 去往行政楼的主要入口处可以发现新的中心小屋；沿着走廊一直走然后左拐，从一楼右侧的楼梯往下，走到底向左拐，再向左进入后院。这个小屋就在远端，远眺护墙。

（CCCS 1968: 4）

文化研究的主要扩张发生在20世纪70年代后期，那时它在大学、开放大学（在职远程教育）和专业院校的学位课程中站稳了脚跟。这些机构受到自20世纪60年代初期以来继续教育扩张的冲击，文化研究学生团体的社会简介反映这一情况。有观点认为，学生受的教育越少，他们越容易受媒体影响（Newsom Report 1963）。在这一观点的支撑下，大众文化研究通常首先进入课程，这是为了给能力较差的学生培养批判性思维能力，或者提供有非传统学生参与的自由教育（Hall and Whannel 1964）。另外，场域的主要知识分子作为高等教育局外人的地位常被提及（Turner 1990）。总之，文化研究与地位低的机构和被统治的社会群体相联系。

从20世纪80年代起，文化研究在高等教育被认为是成长领域，与文化研究相关的新期刊、教材、会议和课程数量激增。然而，就系部、学位课程和学生数量而言，文化研究作为指定研究领域仍是相对小范围的现象。即使占有一席之地，它在很大程度上也位于其他学科内部。文化研究的制度历史源于课程缝隙和现存学科领域的渗透。它出现在英国高等教育的"人文学科""社会学科""通识教育"和"辅修学科"

（Kites 1964）的课程中；伯明翰大学当代文化研究中心建立在英语系中；现如今通常所指的"文化研究"教学与研究很大一部分是在系部中由有专业头衔的践行者进行，呈现多样的命名方式。文化研究更多被当成一个从属物或从属于更为成熟的学科（例如"英语与文化研究""文化地理学"），而非高等教育中的独特实体。

即使文化研究已开创了自己的机构空间，但其地位根本不稳固。第一个（1975年的朴次茅斯大学）文化研究全日制学位课程在1999年被取消，虽然有正常的生源，但教职工要么退休要么被遣散。伯明翰大学当代文化研究中心在20世纪70年代之前，面对过至少两次严重的关闭风险，它仅在国际学者宣称知识重要性的一致行动中存活下来（CCCS 1964–1981）。尽管后期享有声望，但它还是于2002年被关闭了。场域的分散本质加剧了这种制度的脆弱性。文化研究课程与系部经常产生于个人倡议（Mainds 1965），专业机构在很长一段时间内是临时安排、受到限制或短期存在的；第一个肩负知识和机构双重责任的全国性组织（媒体、传播和文化研究协会）于2000年召开第一次年会。

这种边缘的机构存在已在学科领域的地位中反映出来。文化研究长期受到高等教育内部和外部的双重攻击。从一开始，它就被认为是不学术的且对政治有害，并会降低学术标准（比如Watson 1977），一个著名例子是"索卡恶作剧"，被美国期刊《社会文本》认为犯了忌讳，却在英国倍受欢迎（Osborne 1997）。总之，文化研究作为一种专业的学科，已经普遍出现在英国高等教育场域的主导范围中。

规范性语言：文化研究的声音

以英国高等教育制度化的主要时期为焦点，文化研究的知识实践分析揭示诸多首要的主题。这些主题包括：打破界限、不受限制的研究对象、复现的"中断"、"自下而上的审视"、激进的教学法，以及主观主义认识论（Maton 2000a）。我将依次介绍这些主题共同体现的两个主要问题：学科性问题和"表达观点"的概念。

学科的棘手问题

支持者经常把文化研究规范为"多–""跨–""交叉–""后–""超–"或者甚至是"反学科"（Nelson & Gaonkar 1996）。即将到来的学科地位感知信号，如指定的学位课程，发出了这样的预警：其决定性的对抗地位岌岌可危（Johnson 1983; Hall 1992）。文化研究一直致力于打破以下几组界限：已建立的学科、"官方"教育知识和日常经历，"高"文化和"低"文化，高等教育的内部和外部，以及教师和学习者。由于"未学科化"，支持者们认为文化研究不受限定的研究对象和专业化研究步骤等学科概念的束缚（Turner 1990）。虽然名义上被称为"文化研究"，"文化"的定义以及它应该怎样被研究这些问题，常常被明确放弃或见仁见智（Miller 1994）。当定义文化研究时，它的研究对象在范围上通常是无限的——根据威廉姆斯（Williams 1961）对"文化"经典且具影响力的定义是"生活的全部方式"——同时避免专业化步骤，以迎合理论、方法论和方法的多样性（McGuigan 1997）。事实上，叙述的开场白通常就是还没有定义好的"文化研究"方法（Turner 1990）。总之，文化研究的对象和步骤（至少在假设上）是不受限制的。

文化研究的另一个重要特点是宣称反权威观念。实践者通常宣称它的重生、他们自身的原创性或背离它的知识传统（Wright 1998）。关于其发展的描述通常强调：不断破裂和恢复的理论视野（Hall 1971），这可以从"后–"理论热忱得到阐释；代表沉默声音的"介入"，其宣称新的开始；迅速处理实质性问题，表现出对当代及新事物的关注和思考（Pickering 1997）。因此，文化研究通常被认为通过彻底的分离而发展，其进展通过增加新声音或中断理论进行衡量。

"表达观点"

支持者经常认为文化研究等同于激进的教育工程，它致力于提供一种给被统治社会群体赋权的对抗式教学（Canaan and Epstein 1997）。它与以学生为中心的学习、评估的参与式形式、弹性的课程结构，以及开拓性的创新研究实践（诸如合著和发表未完成的学生作品等）相关。这些举措的共同要旨，是为了"表达"践行者被官方知识压制的经历。在文化研究的规范化中，"表达观点"的思想已变为一个中心主题，其存在的原因与被统治者的社会地位有关，该思想宣称要满足这些人的利益。相应地，文化研究的课程历史通常被表示为是社会阶级、种族、民族、性别和性取向的后续研究。在这种描述中，关键文章在突出被边缘化的有关性取向的声音之前（Mckobbie 1997），首先关注表达工人阶级男性的经历（例如Willis 1977），继而转到表达女性被压制的声音（女性研究团体1978），接着表达少数民族的声音（CCCS 1982）。

文化研究因此成为女权主义、民族研究和酷儿理论"介入"的重要场所。这些介入的共同之处是通过批评现存的言论来展现新的声音，这受到（通常是隐性的）立场认识论的支持（Carby 1982）；这就是说，当洞见是基于一个人作为特殊社会类别成员的主观经历，则给予该具有独特洞见的主张以特权。通过运用语境论和视角认识论，强调真理和记叙的多样性，文化研究同样也被视为推动了反实证主义观念。这些不同的理论争辩围绕这一主题：知识主张可还原发言群体的社会特点，以及对可能存在中立观点或客观真理的想法的批判。因此，文化研究往往会限定主要经历而不使用超然的视角。例如，对年轻人亚文化（Thornton and Gelder 1996）和受众（Morley 1992）的研究，特别限定了参加者的经历，强调"自下而上"意义的积极构建，探求主体性和身份。相似地，定性的受众接受研究尽管通常与研究对象的接触时间有限，接触环境不同寻常，且只关注研究对象生活的某一方面，但它自我标签为"人种志的"，强调了"自下而上"表达观点的指导思想（McGuigan 1997）。

规范化的专业化语码

综合布迪厄和伯恩斯坦的思想，两者都强调知识是结构化的，且是被构建的结构。然而，正如波顿（Boudon 1971）提到的，除非有人可以说明结构由什么构成，以及它与其他可能存在的结构有何不同，否则这个观点仍然是意图性的而无操作性可言。然而，如果知识实践不仅是媒介，而且是信息——有关场域内成就基础的"规范性语言"，那么问题将会是如何理解这个语码化的信息。这些观点强调决定实践的组织原则。这些原则可以概念化为语码规范，本书讨论的是其中的两个维度（第一章）。这里我将使用专业化集中分析语码规范。

我们通过一个简单的前提介绍专业化概念，即实践和信念是有关于或指向某事，并由人所参与的。实践和信念从而包含与客体以及与主体的关系[2]。因此人们可以通过分析区分：表示实践与客体或焦点（实践所指向的那部分世界）之间关系的认识关系；以及表示实践与主体、创造者或践行者（开展实践的人）之间关系的社会关系。从知识主张上讲，这些关系是这样实现的：认识关系是知识与它所宣称的研究客体之间的关系；社会关系是知识与知识作者或主体之间的关系。

这些关系强调以下问题：什么可以被规范化地描述为知识（认识关系）；以及谁可以宣称为规范性知者（社会关系）。为考察文化研究给予这些问题的答案，我将借鉴伯恩斯坦关于"分类"和"框定"的概念（Bernstein 1977）。分类（+/–C）的强度指的是不同语境或范畴之间边界的强弱程度；框定（+/–F）的强度指的是同一语境或种类内部的控制点（框定加强，意味着自上而下的控制变强）。

文化研究与研究客体之间的认识关系（ER）通过规范性语言实现为，尤其是，反对学科性的观念、不受限定的研究对象、待定的研究步骤，以及致力于将知识形式之间和内部的范畴、界限和等级问题化。换句话说，文化研究在认识关系上展现出相对薄弱的分类和框定：认识关系（分类–，框定–）或认识关系–。相反，它在社会关系（SR）上则展现较强的分类与框定：社会关系（分类+，框定+）或社会关系+。这里重点强调"表达"知者的主要经历，其中规范性知识或者"真理"被界定和限制为特殊的"声音"，这些声音被认为由于它们自身的属性而具有诠释特权。换而言之，文化研究的规范性语言就定义什么和如何可以被宣称为知识（认识关系–）以及谁可以宣称知识（社会关系+），划定了不同强度的边界和控制。

由此我们可以将实践的组织原则生成性地概念化为专业化语码。认识关系和社会关系的相对强度（分类和框定）可以从强（+）到弱（–）独立变化，从而产生一系列专业化语码（ER+/–，SR+/–）。这些强度连续体可以可视化为笛卡尔平面的轴，以创建具有无限分级能力和四种主要形态的拓扑空间（见图2.1）：

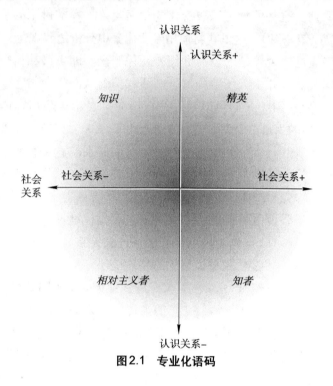

图2.1 专业化语码

知识语码（认识关系+，社会关系-）拥有有关特定研究客体的专业化知识，被强调为成就的基础，而践行者的属性不受重视；

知者语码（认识关系-，社会关系+）专业化知识与客体较不重要，相反，践行者的属性被强调为成就的衡量标准，无论这些是天生的（比如"天份"）、培养型（比如艺术审视力或"品味"）或者社会型（比如女权主义立场论中的性别化审视力概念）；

精英语码（认识关系+，社会关系+）规范化是建立在拥有专业化知识且知者类型正确的基础上（这里，"精英"指的不是社会独特性，而是同时具有规范性知识和规范性特质）；

相对主义者语码（认识关系-，社会关系-）规范化既不受专业化知识也不受知者属性决定——一种没有特殊要求的语码。

认识关系和社会关系既可以被用来描述实践焦点，也可以用来分析实践基础。就知识主张而言，这意味着它们可以：

（i）体现知识主张的焦点，比如它们是否涉及理论、方法、践行者的社会类别、性情等等——这描述了规范性语言的内容；以及/或

（ii）将规范化知识主张的基础概念化——这可以描述规范性语言的形式，也就是它们的专业化语码。

例如，我可以提出有关我自己个人体验的主张（焦点是主体的社会关系），这既可以基于专业化知识，例如一份医学报告（较强的认识关系基础），也可以基于成为具有这种经历的人（较强的社会关系基础）。至关重要的是，认识关系和社会关系的强度，也就是专业化语码，涉及实践的基础。因此，焦点提供附加的体现特征，专业化涉及的则是基础。

知识语码和知者语码

我现在将简单介绍四个主要专业化语码中的两个：知识语码和知者语码。表2.1展示了认识关系和社会关系中分类和框定的相对强度（编号表示讨论顺序）。在介绍文化研究体现的语码之前，我从知识语码开始讨论，来阐述规范化的不同形式。

表2.1　知识语码和知者语码的分类和框定强度

	认识关系	社会关系
知识语码	（1）分类＋，框定＋	（2）分类－，框定－
知者语码	（3）分类－，框定－	（4）分类＋，框定＋

知识语码

（1）知识场域表现出知识语码的特点，其规范化途径是通过借鉴旨在探索明确研究客体的专业化知识。由此，知识语码实践强调它们的规范性客体与其他可能客体之间的不同，以及/或者为使用该客体和其他场域客体而采用的规范性理论或方法论之间的不同——认识关系维度上相对较强的分类。因而场域的研究焦点和形式并非不受限制，强有力的控制保证研究客体不被采用不同步骤的践行者占用，同时/或保证它的方法不被应用于不恰当的客体。因此，在选择规范性客体、步骤和标准时，践行者的自行决定权相对较小——认识关系维度上相

对较强的框定。充分掌握专业化知识形式及规范地使用它们，成为了场域内专业身份的基础。

（2）这些或多或少一致、相对正式和明晰的原则和步骤被认为超越场域成员的个体差异。就他们的主观特点而言，不同践行者与规范实践的关系既不存在很大的差异，也不受强烈控制。每个人都被认为在场域实践上地位平等，并且只要符合界定的实践，每个人都能产出规范的知识。因而，知识语码在社会关系维度上展现较弱的分类和框定。

知者语码

（3）知者语码的主张建立在规范知者的基础上。这个知者可以宣称不止是受限定的研究客体的独特知识；他们宣称的客体可能没有界限、难以定义，或者包含一组不同或看似毫无关联的研究对象——认识维度上相对较弱的分类。因而，场域中普遍存在的研究步骤和有效标准不根据界定的研究客体来判断是合适的/不合适的，这使得选择研究主题和方法时，有更多的个人决定权。知识的步骤与原则因此相对隐性，而严格以认识论为依据对相互矛盾的主张进行裁决，如果未被摒弃，会被视作为有问题的。简而言之，知者语码在认识关系维度上展现较弱的框定。

（4）基于特殊类型知者的独特洞察力，践行者对知识的主张受理想知者的属性所规范，这成为场域内专业身份的基础。这些属性包含生物或社会类型，以及生成不同知者语码（天生型、社会型、培养型）的社会型或培养型性情，它们都具有各自的特征和倾向（第5章和第9章）。我在这里要讨论社会知者语码，它基于不同社会类型，如阶级、性别和民族。社会知者语码的目的是让知者的经验"发声"，以"声音"定义"真理"。这种独特的知识专属于拥有特权的知者，以致于具有不同主观特征的践行者，无法发表言论，而一旦尝试，会面临受场域责难的风险。因此，知者语码在社会关系维度上展现较强的分类和框定。

专业化平面和语码

规范性语言具有知识语码的特点，拥有相对强大的认识关系和相对薄弱的社会关系（认识关系＋，社会关系－）；知者语码指的是认识关系相对薄弱和社会关系相对强大的语言（认识关系－，社会关系＋）。在运用这些概念之前，值得强调以上对这些语码所做描述的几个特点。

第一，它们还是初步性的，将会在书中不断完善：尤其是第五章和第九章，探索了不同种类的知识语码和知者语码。第二，缺乏实证的例子是有意图的。语码不是理想的类型——它们概念化组织原则而不是收集经验特点。此外，语码实现为规范性语言是受到了语境的作用；例如，较强的认识关系可能在课程、教学法、教科书、课堂和学科区域等实践中有不同的实现方式（第七章将讨论这一问题如何由"描述的外部语言"解决）。第三，虽然我集中两个语码用以对比，但是它们不是对立的类型。正如第三章将阐述的，图2.1的专业化平面不仅提供了四种主要形态的类型分类（第四章精英语码），还提供了无限位置的拓扑，其中认识关系和社会关系是相对强度的连续体："更强"／"更弱"或者"相对强大"／"相对薄弱"，而不是简单的"强大"／"薄弱"。第四，描述场域具有语码特征，不是认为场域是同一的。一系列实践可能体现平面中的零散类型，一些特征分布在象限内，而不是主导语码中。正如我在随后几章中要讨论的，语境中往往会出现不止一个语码。最后，语码有不同的能力和趋势，比如它们建设或限制累积式知识构建的程度——它们使其场域成型。探索这些如何在任何特别的例子中实现，需要大量研究。

分析社会知者语码的之外和之内关系

20世纪70年代后期处于扩张期的英国文化研究，现在可以被重述为受社会知者语码的支配。这开始解答知识实践的之内关系如何可能被概念化的问题；然而，这是否能够同时产生于之外和之内关系的分析中，问题仍待解决。由此，我从以下方面简单概述文化研究发展的两个阐释性分析：（i）与社会地位的之外关系；（ii）知识实践的之内关系，以探索社会知者语码对场域轨迹的影响。分析旨在阐述知识实践的结构如何被知识场域构建，同时反过来如何构建知识场域。

社会知者语码的之外关系

运用布迪厄（Bourdieu 1984）的理论，我们首先可以将社会结构划分为统治阶级和被统治阶级，接着每个阶级内部分为统治和被统治部分。正如图2.2显示，高等教育位于统治阶级的被统治部分（Bourdieu 1988）。也就是说，在高等教育中，践行者的社会地位是基于对次于经济资本的文化资本（知识及专门技术）的占有（Bourdieu 1988）。正如先前所概括的那样，文化研究在地位相对低下的组织中产生和发展，并与边缘化社会群体的教学相关联。因此，它处于统治阶级被统治部分中的被支配地位。根据布迪厄的方法，知识分子容易认为，他们在统治阶级中的被统治地位总体上与社会中的被统治阶级类似：在图2.2中，从上到下与从右到左的统治-被统治关系具有相似性。文化研究占据了多样的统治地位，表明场域特别容易认为高等教育场域内的层级关系可被运用于广泛的社会，从而产生与被统治社会群体共享价值的认识。

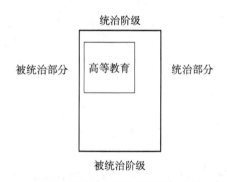

图2.2　高等教育场域的社会地位

事实上，人们确实发现这个逻辑反映在文化研究的规范性语言中。这个学科从工人阶级作为研究的主导焦点开始，并在新左翼运动"奠基人"和成人教育的参与以及促进与工人阶级联合的尝试下，得以应运而生（Kenny 1995）。然而，在20世纪70年代中期，共享利益的认识更加巩固。此时文化研究中女权主义的"介入"宣称，工人阶级不仅是知识主张的焦点，而且是其*基础*。这种介入强调场域的许多先锋是工人阶级中"有学问的男子"（Hoggart 1957），宣称工人阶级是具有洞察力的社会类别——社会知者语码[3]。

然而，通过长期教育，社会流动使工人阶级的成员性质或共享利益越来越难以为继。因此，人们试着在文化研究中构建理论基础，来克服社会根源与当前状态之间的差距，比如，20世纪70年代后期葛兰西主义概念中的"有机知识分子"。正如伯明翰大学当代文化研究中心当时的主任斯图尔特·霍尔后来所描述：

> 毫无疑问，我们之前尝试在文化研究中发现一种可能产出有机知识分子的制度实践。……有机知识分子概念的问题在于，它似乎将知识分子与新兴的历史运动相结合，而我们那时无法说出，现在也难以说出，去何处找寻那些新兴的历史运动。
>
> (Hall 1992: 281)

然而，尽管有教育扩张，高等教育中工人阶级学生的比例一直相当小，限制了潜在的有机知识分子的供给。"新兴的历史运动"没有出现。接着人们尝试发展结构相似的深层理论，比如"无产阶级知识分子"式的学者。这些成为意象联盟（例如在"知识分子"和"无产阶级"之间）的基础。正如霍尔继而承认的：

> 更真实地说，当这种关系缺失时，我们准备好想象、构造、模仿它……在这个中心我们从未产生过有机知识分子。我们从未和新兴的历史运动发生过联系；这只是一个隐喻。但是，隐喻是严肃的事物。它们影响人们的实践。
>
> (Hall 1992: 282)

同样地，在1979年至1988年任伯明翰大学当代文化研究中心主任的查德·强生宣称：

> 我想象，我的最佳实践是，寻找并联合边缘化地位、他们的研究日程和批判性知识项目……我将文化研究的历史……当成这种联盟的叙述。
>
> (Johnson 1997: 48)

对于文化研究而言自相矛盾的是，这种意象联盟轻视了文化资本的作用，因其是知识分子和被统治阶级之间社会地位的主要差异。相似地，当身份或代表性主张是基于其他特点，比如民族、种族、性别、性取向或宗教，社会阶层往往会被压制为差异的标志（拥有特权的知者类别中学者和非学者身份之间的差异）。随着这些"介入"的凸显，社会阶级在文化研究中的重要性丧失，这之间因而并不是完全没有关联的。

不过，意象联盟的想法（就像它所基于的布迪厄的场域概念）是相当静态的。而要探索学科的历时发展，它必须要置于运动中。对文化研究来说，它的历史包括被排除的队列：工人阶级、女人、少数民族等等。换而言之，场域展现了队列的特征，一旦一个群体进入高等教育（通常在规范性语篇内而非作为教职工或学生），接着另一个群体将会代替他们在场域外的位置，并要求（或代表该群体的要求）进入。一直会有被排除在外的新群体出现，直到每个人以及/或他们的经历被高等教育所涵盖。这有助于解释对作为文化研究特征的新"无产阶级"（基于阶级、民族、种族、性别和性取向）的无休止寻找（Harris 1992）。

到目前为止，我关注了文化研究的社会地位和更广阔社会结构之间的关系。不过布迪厄的场域理论提供了更加深入的分析。布迪厄（Bourdieu 1984, 1988）认为，"外在主义"手段将实践视为践行者的社会地位，这太过粗糙，他强调社会场域在协调建构实践和更广阔社会结构之间关系上的重要性。布迪厄的框架可以说是之外关系分析最复杂精妙的形式；尽管如此，对实践来说，它自身仍是"外在主义"（参看 Maton 2005b）。根据这种方法，特殊场域中相关实践或践行者的"站位"由他们在场域中的相关地位决定。地位和站位"在方法论上是不可分的"，也"必须放在一起分析"，但是"地位空间往往会控制站位空间"（Bourdieu and Wacquant 1992: 105）。总的来说，践行者选择保守/颠覆性策略的倾向，取决于他们在场域中是否分别占有统治/被统治地位。

因此，文化研究的话语实践可以依据反映践行者制度和社会地位的策略进行解释。总之，来自被统治社会地位的践行者（工人阶级、女性等）往往会在高等教育（大学、专科学校等）中占有被统治的制度地位。由于这些地位的多样主导性，践行者倾向采取颠覆性的站位，使其立场最大化：文化研究颂扬非学科性，反对学科专业化的主导理念；设置全新的教育项目，反对传统教育；重视主观经验，反对实证主义；等等。因此，在文化研究发展期间，考虑到知识语码在高等教育中的统治地位，社会知者语码为占据被统治地位的践行者提供了尝试推翻场域等级的对抗方式。事实上，这一解释形式能在文化研究中找到；比如爱普斯坦（Epstein 1997）强调了边缘学术立场的颠覆性潜力。

整个故事？

　　最后，这里将进行（尽管过分简单化的）"之外关系"分析：规范性语言与其社会和制度地位的关系。正如上面所阐述的，这个方法探讨人物、地点、时间、方式和原因问题。然而，它也建构了知识表现为任意的和历史偶然的形式，并认为分析建构历史对理解其发展不重要。从这个角度来看，践行者倾向采用（颠覆的）能反映他们（被统治的）相关地位的实践，而不考虑这些实践的形式。这表明，如果相对主义在制度化时期占据了统治地位，那么英国文化研究现在将与实证主义或现实主义相关联。换而言之，规范性语言的功能，作为策略性"站位"，是从它们的形式抽象出来的，而该形式只在与其他可能站位的界定对立时被描述。这种"之外关系"分析的重点是描述践行者在场域中的相关地位，使其实践可以被解读。因此，知识场域的知识实践被认为是它地位表现的附带现象。这些分析因而有个盲区：关于"什么"的问题。这个盲区使得文化研究中许多自相矛盾的地位基础难以解释。例如，虽然人们将文化研究的机构地位归因于主导的社会权力对被统治社会群体的边缘化，但这无法解释学科显而易见的普遍性。相似地，对场域社会和制度地位的探索，强调"意象联盟"和"被驱逐的队列"的可能性，但是，它自身无法解释常被提及的分裂性以及结束学科区域中更广泛的政治参与等问题。

　　总之，这个方法用处多，但仅涉及这个故事的一部分。现在，我将阐述分析社会知者语码的固有变化如何突出实践的之内关系对实践发展及其机构轨迹的重要性。此外，通过使用专业化语码来考察这些"站位"的结构，目的是发展和整合，而非取代上述分析。

社会知者语码的之内关系

在20世纪七八十年代后期的扩展时期，英国文化研究具有特殊类别的知者语码的特点，这个语码建立在社会范畴的基础上。该社会知者语码包括一类践行者，他们宣称代表他们所"发声"社会群体的利益。因此，这种知者语码的规范性建立在特殊知者类型具有特权的洞察力上，并致力于维护知者定义的强边界。当"真理"由"知者"或"声音"定义时，这些语码表现出差异性；这就是说，它们展现相对强大的社会关系。这些话语规范化通常基于的背景是，已有知识无法表达知者的声音。然而，这个语码固有的一种动力是，一旦支持者在高等教育中成功开拓机构或知识地位，他们很可能倾向相同的规范性策略；否定一种新观点是很难的，就像自我否定一样。因此，这种策略往往会煽动自身的破坏者，一种新的观点——"被中断的干扰"，就像布鲁斯登（Brunsdon 1996: 179）描述的文化研究中女权主义著作的特点——使得被排除的队列成为可能。

如果这种动态性在时间的推移中被考量，那么，由于每个新声音被带入了学术大合唱，新的享有特权的知者类型将会变得更少，而由于每种声音所宣称的具有特权的知识无法被其他知者了解，每个类型之间会形成强边界。因此，知识场域中的知者范围不但激增，而且分割，其中每个知者群体都有自己的代表。例如，知者范围可以从"工人阶级"开始；接着，由于工人阶级类型受到被排除队列的影响而分割（因为知者代表其他人发声的能力受批判），它可如下文一样发展：

社会阶级　——工人阶级

性别　　　——男性工人

种族　　　——白种的男性工人

性取向　　——白种的异性恋男性工人

　　　　　——英国血统的、受过公立学校和剑桥教育的、

白种的异性恋男性工人，现居澳大利亚

……直到此时推及到我。[4]

因此，知者在开创自身话语空间的同时，对现存观点的批评反过来使被同一专业化语码批评成为可能。文化研究自身经常阐明主体性和身份的多样性——新知者的潜在类别假设为无尽的。因此，就享有特权的知者而言，被排除的队列形成修饰词堆积或者"断句"效应。社会知者语码的固有变化，分割了知识主张的焦点和基础，往往导致方法论个人主义和解释学上的自我肯定，从大的社会类型，如社会阶级，螺旋式内化为更小的类型，最后以自我和自传回忆告终（Maton 2003）。因此，尽管社会知者语码（从布迪厄的角度）被理解为资本最大化的策略，它们固有结构的变化使得新地位激增，并导致场域内的分割，产生愈益内省和个性化的立场。

这种动态性也帮助解释了场域的分割本质和喜欢新奇事物的倾向。当新知识依据表达知者专业化观点的标准来进行定义，且真理被定义为该声音传达的任何内容，那么这将不是之前说过什么重要，而是谁说了它更重要。因此，很可能每增加一个新形容词或连字符，场域内现存的工作就要修改一次——老歌将由新声音的独特语域来唱。新的知者没有依赖先前的知识，而是倾向于宣称新的开始并重新定义，甚至彻底与过去决裂——反权威、打破旧习和叛逆的立场形成反复的分裂。知识场域继而呈现永久文化变革的面貌。然而，虽然名字和面貌通常是变化的主要部分，但是这些反复而彻底的"破裂"的潜在形式是相同的：它们代表了对社会知者语码的实现。

激增和分割也削弱了政治行动的社会基础：社会知者语码强调差异性而非相似性，导致知者种类更少。被排除的队列可能很快成为知者战争的场所，战争发生在不同"声音"之间以及之内，争夺谁是最规范的知者。这些暗斗使得集体行动产生问题。值得注意的是，在20世纪70年代中期社会知者语码出现之前，伯明翰大学当代文化研究中心面临的威胁遭到国际行动的抵制，但是在2002年，伯明翰大学还是关闭了该中心（在中心关闭的两年前，本章原版本就对该机构维持生存的困难性作了预测；Maton 2000b）。此外，对研究对象缺乏明晰和明确定义的专业化知识，使得知识场域的知识和知者无力对抗其他场域的侵犯。研究机构可以在已有课程中添加模块或单元，或在已有系部增加授课者，但不能在"文化研究"中设计指定的课程或发展系部。同样地，在研究中，场域的名字可以被附属为形容词：文化地理学、文化史，甚至是文化物理学。因此，激增和分割造成了知识场域自相矛盾的局面，呈现既繁荣又衰退、既无处不在又无处容身的景象。

社会知者语码也让知识场域容易受到高等教育之外的批评；毕竟，如果只有特定的知者能够知晓，那么专业的学者是可有可无的（除非他们只研究他们自己，在解释上自我肯定的"自我-"策略）。社会知者语码倾向强调真理的多样性，并反对评判相互矛盾的知识主张（凭借较弱的认识关系），这使得它们容易受到实用主义政策思潮的影响。一个可能的反应就是强调研究对象的重要性。而与该策略相反的一个例子是，人们可以联系到玛格丽特·撒切尔的声明：20世纪80年代在英国，"社会"并不存在把削减社会科学经费作为目标。然而，社会知者语码主要不是基于为分离的基础客体提供专业化洞察的主张。相反，它们倾向于强调它们研究主体的重要性。尽管特殊知者群体的边缘化地位可能被凸显，但是，这种策略的活力随着它的成功发生反向变化——一旦一种声音被听见，边缘化主张就开始失势（也唤起了它自己的分裂者，像上面概括的那样）。此外，随着知者的激增和分割，知识场域为谁"发声"这一疑问逐渐产生问题。社会知者语码因而将尝试问题化，通过"分割及被占领"过程，在高等教育中开拓空间。

结论

英国文化研究是一个奇特的案例：在制度上，它似乎无处不在又无处安身，在知识上，百家争鸣又分散混乱。将文化研究的知识实践看成规范性语言，使得它们能被概念化为特殊种类的语码规范。具体地说，分析专业化语码揭示了学科处于双面境况的原因之一：即20世纪70年代末期社会知者语码的崛起。这种专业化语码倾向扩散、分裂和分割。在这种作用下，分裂的知识场域使知者建立和维护分离的机构空间的能力产生问题：他们容易受到来自高等教育之外的实用主义批评的影响，以及高等教育中对践行者和知识的侵犯和自身场域中知者战争的影响。因此，学科看起来无处不在又无处安身，繁荣而衰退，激进而孤立。当然，这些不是社会知者语码仅有的趋势（参照 Maton 2000a）。此外，这些趋势可能未执行（因为缺乏可行的条件）、执行未完成（由于抗衡的压力），或者执行未被察觉（因为缺少一种合适的概念）（Bhaskar 1975）。例如，教皇无误论和"君权神授"也可以被当成社会知者语码（Maton 2002），但是由于抗衡的压力，如暴力胁迫或制造批文这些方式的垄断，教皇和君主作为有特权的知者，他们的地位在相当长的时间内相对保持稳定（就地位而言，而非具体的权力占有者）。换而言之，知识实践中权威的地位和之内关系趋势经常是大量研究关注的问题。尽管如此，这里呈现的概念发展，使得考察限定条件下知识实践的具体实现成为可能，从而帮助揭露这些权力和趋势。

更广泛来说，目前介绍的概念只是迈出了解决知识−无知，以及长期困扰教育研究的知识"之外"与"之内"关系错误二分的第一步。本章一开始，我引用伯恩斯坦的观点：教育社会学通常把知识看做中立地转达外部权力关系，因此关注媒介所传递的信息。通过展示知识实践的之内关系如何影响知识场域的机构和知识轨迹，分析证明了它们对理解知识和教育的意义。换句话说，这种媒介也是一种信息。重点是经过深思熟虑的：这不是说媒介即是这个信息。知识实践的"之外关系"分析不应被取代，而要与"之内关系"分析相补充。以规范性语言建构的实践旨在帮助延展和整合这些方法的思想。在展现知识实践的社会历史本质，即权力建构知识的方式之外，人们也需要去展现知识如何形成权力，以及知识能力不仅是社会的，而且是认识的。规范化思想既强调知识实践的社会本质，即由在身份和资源的场域争夺中被社会定位的践行者的策略构成，也强调作为潜在规范性知识主张的认识论本质。将知识实践之内关系概念化为专业化语码，突出了它们结构中的一个维度，并可探索其影响。社会学的现实主义构建必须包含所有这些特点，旨在避免脱离社会的本质主义或者还原论相对主义的错误"认识论窘境"（第一章）。

　　英国文化研究是一个奇特但不独有的事件（见第三章）。社会知者语码的许多趋势可以在教育社会学中找到，教育社会学从20世纪70年代早期开始，经常受相似的知识立场支配（Moore and Muller 1999）。这一章介绍的概念旨在将知识实践建构为具有专业化原则和步骤的研究对象。这一分析表明认识关系的增强是必要的，由此来避免反复表现教育社会学特征的社会知者语码的扩散、分裂、分割和分离。然而，规范性语言的概念化只是克服知识–无知、了解媒介传递的信息，以及教育社会学的现实主义建构的第一步[5]。尽管如此，正如随后几章要阐明的，提供规范性语言的初步尝试，使得关于知识的累积式知识构建成为可能。

注解

1. 这部著作的大部分还有待出版。我的焦点呈现从文化研究到高等教育语境场域（Maton 2005b）的变化。我希望将来再回头谈谈这些数据。
2. 这个区别是分析性的，而非经验性的：即使人们在谈论自身时，也可以分析性地区别讨论的主体和客体。
3. 文化研究的先前研究被更精确地描述成培养型知者语码。社会知者语码可回溯至那些研究，作为女权主义"介入"的一部分（见第五章、第九章）。
4. 更确切地说，是指粗鄙者的继承人和儿子（Maton 2010b）。
5. 我将回头考察：专业化语码如何帮助避免第四章和第五章中社会现实主义内部的知者–无知。

认识－教育手段：社会科学和数学中的中断和延续

在社会学领域，"革命性科学"已经常态化，而"常态科学"则具有革命性。

引言

最近几十年，社会学的鲜明特征是与过去决裂，并开启崭新的未来。20世纪70年代早期，"新"的社会学不断涌现，包括"新的教育社会学"（Young 1971）和"新的越轨社会学"（Taylor et al. 1973）。70年代末到80年代，一系列立场理论的"干预"在让过去失语的社会群体"发声"时，宣告社会学的新生。80年代到90年代，"后－"理论，例如后现代主义，声称从根本上与过去的方法决裂。与此同时，总是有人不断宣称这一学科内部存在着深刻的"危机"（例如Gouldner 1971; Lemert 1995）。社会学不断地经历着革命性的变革、复兴和新生。我们该如何理解这些分裂和危机呢？

第一章认为大部分的社会学研究方法都显露出对知识的无知，并将知识发展简单地视为社会权力问题。尽管它们在社会结构和机构政治对知识实践的影响上提供了深刻见解，但却无法阐明知识实践是如何塑造社会和机构权力的，也无法表明它们自身的定位和发展轨迹。这些方法赞同利普玛（LiPuma 1993: 17）命名的"任意性的绝对实质理论"的观点，认为符号形式是完全可以互换的，它们的内部结构是无关紧要的，因此任何事物都可以和其他任何事物一样发挥同等功能。因此它们不能解释为什么是这些，而不是其他的信念、观点和实践经历了分裂和危机。

第二章开始勾勒出一个概念框架的基础，将"知识之外关系"分析的见解和"知识之内关系"的理解结合起来。行动者的实践被描述为代表为争取社会实践领域的地位和关键资源的规范化语言。这样的策略性站位体现了领域内成就的标准，因此目标指向最大化地提升行动者的地位。这些语言的组织原则被概念化为语码规范，第二章介绍了它的一个维度：专业化语码，其中包括认识关系和社会关系。这些概念开始将符号实践的内部结构纳入视野，并分析它们的力量和倾向性。例如，第二章探讨了潜藏在20世纪70年代后期英国文化研究之下的社会知者语码，揭示了它们蓬勃发展、趋向解体和周期性分裂的趋势。然而，这些概念也揭示了它们自身存在的问题。

首先，如果行动者的实践代表争斗的策略，那么这些争斗的战场在哪里？这就是在追问关于所研究的社会场域的本质问题，比如它是否是一致的或者它是否包含专门的语境和实践。如何回答这些问题，对研究中的知识建构具有启示意义。例如，为了对教育有一个完整的解释，需要把场域理论化，因为对教育水平或机构的经验描述随时间和国家语境而改变。更为重要的是，这个框架必须避免将独特的语境或实践泛化的危险，还要避免扩散独特语境或实践的分段模式的危险。前者将场域同质化，产生不能适用于大部分活动的观点；后者将场域片段化，导致无法超越自身语境的观点；两者都制约了知识的累积式建构。

第二，如果行动者介入到争斗中，那么他们斗争的目标是什么？这就是追问由行动者规范化语言所代表的成就的不同衡量方式之间的关系是如何确立的。专业化语码分析了这些语言信息的一个维度，但什么生成语码自身以及它们在社会场域层级中的关系地位问题悬而未决。因此，需要探讨一些行动者和实践是如何获取较高或较低的地位这个问题，而且（为了避免简化主义）要采用一种能捕捉到这个过程中知识实践作用的方式。

最后，分裂和危机将人们的注意力吸引到了这些新观念和基础框架的关联方式上来。"专业化"是否是另一个"中断"？语码规范理论是否是"新的教育社会学"？第一章和第七章简要探讨布迪厄和伯恩斯坦的观点在语码规范理论中所扮演的不同角色；第四到第九章从语码理论的现存概念入手，讨论它们的局限性，展示它们是如何为了适用于更多的现象而被改进，体现了概念经济；第十章将这些集合起来，以展示语码规范理论如何扩展，并和继承的观点融合起来。然而，第二章关注阐明如何运用"专业化语码"将"知识之外关系"和"知识之内关系"的分析融合起来，而没有阐释它们如何发展现存概念。因此，它们是如何和继承的观点相关联这个问题仍需要进一步的阐释。

本章通过阐明认识－教育手段来讨论这些问题，认识－教育手段是规范化手段的一个方面，它将符号控制在社会中的创造、维持、转换和改变的方式概念化。我首先解释为了理解实践的社会场域而将规范化手段理论化的必要性，然后介绍认识－教育手段，或者EPD，以探究控制权力、知识和意识的专业化层面。第二，我将认识－教育手段适用于教育所创造的竞技场勾勒出来，以从理论上绘制斗争场地，并描绘出认识－教育手段在描述行动者奋斗目标时的内在语法。第三，我讨论专业化语码是如何将行为者在实践和习性中的手段转化为概念的。最后，我通过考察社会科学和数学中的中断和延续，简要说明EPD的不同语境对知识建构的影响。

同时，本章揭示了专业化和它的基础理论框架之间的关系。我首先确定了发展场域理论的需求，阐明语码理论是如何通过"认识－教育手段"来处理这些问题，并概述扩展此框架的必要性。第二，我展示了认识－教育手段是如何有选择性地发展伯恩斯坦的模型，以更充分地将教育语境概念化，以及"专业化语码"是如何扩展并融合了伯恩斯坦的"教育语码"，以分析它们的实践。作为总结，我强调了以语码规范理论为代表的革命性知识发展是如何真正为研究提供批判潜势的。

手段

了解行动者争斗场地和目标的关键在于规范化手段。如上所述，规范语言将行动者的实践概念化为衡量成就标准的策略性站位，语码规范将它们的组织原则概念化。与此相应，规范手段将创造、维持、转换和改变这些原则的手段概念化。实践条件，反过来不仅实现了它的逻辑，而且成了创造、维持和改变语码形态的资源。在行动者的争斗方面，规范手段建立了语码规范的相对价值，因此建构了社会场域中成就和关系结构的基础。这种抽象的描述反映了规范手段的本质：它不是被直接遵守的，而是通过它塑造实践组织原则（语码规范）的功能而被人知晓的。

规范手段是构成社会实践场域基础的首要生成机制，我认为它是社会学的必要基础，同时也是社会学研究多层面和最基础的理论目标。然而，直到现在，并不是它的所有"层面"都被理论化。（自主性、密度、语义性、专业化和时间性这五个维度，每一个都探讨了手段的一个方面，详见第一章）。事实上，考虑到场域的多样性和复杂性，规范手段极有可能在分析上是难以穷尽的。此处，我还想将这个手段的一个内容概念化，并通过专业化维度揭示出来。伯恩斯坦的"教育手段"（Bernstein 1990, 2000）模型为规范手段提供了灵感。在本章中，我将沿着第二章概念引导的方向进一步发展这一模型，将专业化层面理论化为认识-教育手段。

"手段"概念之必要性，可以从思考布迪厄的场域理论中得到阐释。显而易见，布迪厄的方法通过与争夺规范手段的理论化产生共鸣的方式，将策略、地位层级和场域等问题凸显出来。事实上，它可能是分析社会权力实践"之外关系"的最为完善的理论。此外，布迪厄的观点是通过教育研究而发展起来的，因此也成为"之外关系"分析局限性的例证，正如从福柯、德勒兹、巴特勒等人所吸收的观点那样。这些局限的关键在于，虽然假设了行动者为将观点规范而争夺符号主导方式的控制权，但是这些方法却很少为争夺目标和场地提供洞见。具有讽刺意味的是，那些宣称接替"冲突理论"重任的人们却很少提供关于冲突的理论。

例如，布迪厄的工具既没有区分场域中专门的情景和实践，也没有解释它的潜在生成原则。布迪厄明确探讨教育的概念，如"教育工作""教育权威"和"文化专断"（Bourdieu and Passeron 1997）等，并不能生成对任何具体手段或实践类型的描述。同样，他的诸如"场域""资本"和"习惯"等"思想工具"使得权力关系结构能够得到描述，却无法生成对教育构成要素的描述。此外，正如第一章所强调的，这些概念凸显那些需要被概念化的东西，但仍需进一步的发展以挖掘实践的组织原则。

第二，场域理论未解释生成场域的原因。根据布迪厄的观点，一个场域的结构是由场域内活跃的资本种类（各种各样的地位和资源）的交换率来决定的；它们的相对价值反映拥有它们的行动者的关系地位。资本如何随时确定其相对地位尚无定论。如果行动者尝试将一类资本视为场域内所取得成就的主要措施，那么，是什么使该措施成为主导呢？这个问题并不隐含特定行动者的意图安排，而是凸显将不同资本交换率的基础理论化的需求。此处，布迪厄提供了一个简单的本体论：场域中正当参与的界限立刻成了争斗的关键所在，是争斗的战场和工具（Bourdieu 1994: 143）。尽管布迪厄批判了仅仅关注经验的"实体论者"的观点，这个理论框架仍缺少潜在的生成机制这个概念，它是行动者争斗的目标，并阐明所采取的策略。因此，发展场域理论需要将使得构成场域的可能性进化系统得以生成、维持、转换和改变的方法进行理论化。

为了捕捉到这一机制，我将以伯恩斯坦的"教育手段"（Bernstein 1990, 2000）概念为基础。伯恩斯坦的模型在范围上是宽泛的，包括从社会结构到个人意识，形成一个由一系列具有细微差异的主体、语境和实践构成的复杂关系网络。它启发了不同研究，焦点涉及从国家课程设置的宏观过程到教室互动的微观过程（比如Singh 1993, 2002; Christie 1999; Neves and Morais 2001; Tyler 2001）。此处，我选择性地以这个模型为基础。我摘取并发展了一个关键成分——竞技场——以探讨具体的问题，即社会实践中行动者们争斗的战场和目标。该研究分两步来完成，第一步，我以伯恩斯坦教育手段创造的"争斗竞技场"观点和它内在语法"规则"为基础来阐释认识-教育手段。第二，我谈论了"专业化语码"是如何为分析这一手段在实践中的效用提供概念的。为了探讨这些概念与其基础的关系，我的每一步都是从伯恩斯坦概念中最近的链接点出发，并强调认识-教育手段和专业化语码是如何拓展并融合这些观点的。

场域和逻辑

伯恩斯坦的"教育手段"

为了分析"教育语篇的内在语法"（Bernstein 2000: 28），伯恩斯坦提出了"教育手段"。他指出，这个手段创造了由三个实践场域构成的"争斗竞技场"（Bernstein 1990: 206），如图3.1所示：

- 生产场域，"新"知识建构、修正和定位的地方；
- 再生产场域，教育实践发生的地方；
- 再次语境化场域，生产场域的语篇经过挑选、调整并转变形成教育语篇，并在再生产场域内进行教授和学习。[1]

这很明显不是教育系统不同层次的全貌，而是通过解析的方法，区分了塑造教学语篇的实践和语境。正如伯恩斯坦（Bernstein 2000）所强调的，它们出现的地方可能因实践而异，但通常主要出现在：大学（生产）、学校（再生产）、国家的专门机构（"官方再次语境化场域"）以及/或者高等学校的教育部门（"教学再次语境化场域"）。

图3.1 "教育手段"创造的竞技平台

伯恩斯坦对这三个场域的区分凸显了知识和教育观点中经常被忽视的关键问题。大学学者的日常责任是将知识生产、课程建设和教学结合起来。受布迪厄（Bourdieu 2000）所称的"学究谬误"所害，他们通常将这些实践合并起来：研究模型（如Becher and Trowler 2001）被用于钻研学习；建构主义者将学习模型适用于课程和研究；哲学将一切简化为本体论；等等。与此相反，伯恩斯坦强调每一个场域都有自己的结构和逻辑，不能简单地等同于其他场域的结构和逻辑。例如，教育知识并不是简单反映一个学科内的知识生产者的实践；人们不能通过学习物理学家的研究来理解学校的物理课程，反之亦然。一旦认识到这些差异，人们就会同意布鲁纳（Bruner 1960: 14）所讲，"知识活动无处不在，无论是在知识的前沿，还是在三年级课堂"，而不屈从于谬误，认为这些活动形式是同一的。

伯恩斯坦（Bernstein 1990）认为，教育语篇将生产场域的其他语篇抽取出来，并将其纳入一个不同的组织和关系原则——它们被教学化了。这三个场域因而具有层级关联性：教育知识的再生产依赖知识的再次语境化，后者反过来依赖知识的生产。然而，这并不是一个传送带：知识场域的意义被再次语境化场域转化，产生的教育化知识在课堂实践中再次转化，课堂中教师也可能将家庭、社区和学生群体中的语篇再次语境化（Bernstein 1990: 199）。

正如图3.1所示，伯恩斯坦将构成教学手段的"内在语法"描写为由三条规则构成，每一条规则调节一个场域的活动："分配规则"通过调节进入生产场域的通路，使社会群体的知识、意识和实践形式专门化，因此形成了"无法预知"的东西或生产"新"知识的手段；"再次语境化规则"调控知识的移位、重新定位和再聚焦，使其变成再次语境化场域中的教育语篇；"评估规则"调控再生产场域的教学实践。下文我将进一步讨论，这些"规则"作为内部语法在经验中是无法触及的，而是通过它们为语码形态建构提供资源的实践而为人知晓（Bernstein 2000: 188）。

从"教育"到"认识－教育"

这个简短的总结凸显了这个模型的一些特征，它将被用作探讨教育形态和基础。然而，首先需要发展这个模型，这主要源于它对知识生产的特殊教育视角。这反映了伯恩斯坦在介绍教育手段时所凸显的焦点："我的问题是：是否存在构成知识向教育传播转化的普遍规则？"（Bernstein 2000: 25）。它也反映出伯恩斯坦理论的发展轨迹，他将其描写为一种运动，从通过理论化教育语篇的建构（作为"教育手段"）探讨教学语境的组织原则（作为"教育语码"），到分析服从这个教育转化的"知识结构"（Bernstein 2000: 155）。简而言之，理论化从

图3.1右侧开始，向左侧发展：从再生产，通过再次语境化，到生产。这个焦点和轨迹通过展现知识生产得以反映，这是从其在教育语篇中的作用来看，而非从其本身而言。因此，对伯恩斯坦来说，"评估规则"调控再生产场域的实践，"再次语境化规则"调控再次语境化场域的实践，而"分配规则"则调控进入生产场域的途径而非其实践，这造成了框架的矛盾。一方面，这个模型规定每个场域都有其自身的专门实践，事实上，伯恩斯坦强调"[生产]场域及其历史是由生产所产生的地位、关系和实践，而非教育语篇的再生产及其实践所创造的"（Bernstein 1990: 191）。另一方面，调控生产场域专门实践的"规则"并没有被概念化。这种缺席依然存在：尽管知识场域所采取的形式被随后概念化为"知识结构"（Bernstein 2000），"教育手段"模型并没有被改变。

分析生产场域就其本身而言，凸显了对再次语境化场域和再生产场域教育关注来说次要的问题，即知识主张的认识论和本体论基础。将这些问题纳入视域对发展继承的竞技场模型有三点主要的启示。第一，它凸显了将调控生产场域实践的"规则"理论化的需求。知识通过先行的知识在社会中生产，它的实现方式成为知识场域独特的（尽管不是单一的）关注点。调控这些实践的"规则"因此需要被纳入知识实践基础的模型中。第二，调控生产场域的"规则"，如模型所呈现的，从根本上并不是分配性的。换句话说，伯恩斯坦认为"分配规则标示并分配在什么条件下，谁将什么传给谁，他们尝试设立规范语篇的外部界限"（Bernstein 2000: 31）。我认为伯恩斯坦的定义和他自己的模型相悖，表明这些规则关涉竞技场的所有场域，而不是单单调控生产场域。

第三个启示在于重新审视手段自身的更宽泛的需求。探讨"新"知识是如何被创造的就是探讨它是如何明确区分任意性和非任意性的（Moore and Maton 2001）。这就要询问任意性对知识实践的影响，如权力社会关系，与非任意性的思考如本体论必然性之间的关系问题。尽管在知识领域中最明显，这样的问题和整个竞技场的实践都有关。伯恩斯坦强调再次语境化是如何"为意识形态的作用创造空间"（1990: 189）。换句话说，它建构了一个非任意性影响和任意性影响并存的空间。"没有语篇"，他认为，"能在意识形态不起作用的情况下发展"
（Bernstein 2000: 33）。因此，课堂实践中新知识的教育化和教育化知识
都包含再区分任意和非任意的空间。和探讨教育问题一样，手段的理论
化也因此必须囊括认识论和本体论问题。这并不是说这个模型需要解释
认识论或本体论，它是知识实践的社会学，而不是关涉知晓或存在的哲
学的一部分（第一章）。[2] 事实上，它强调了这个模型必须包括如何明确
区分所有三个场域知识实践中任意性和非任意性的分析。这一点尤其与
将实践概念化为语码密切相关：为探讨意识形态的作用，伯恩斯坦的
"教育语码"概念必须进一步发展以探讨明确的区分。我将在下文中进
一步阐释这一点。在这里，我要说的是这样的发展蕴含了考察手段的不
同方式。在他的一篇论文中，伯恩斯坦（Bernstein 2001: 367）将术语
"教育"描写为"约束性指称"，包括它没有"直指要描述的现象"，并
主张"从教育向知识"转变。同样，我认为我们需要从"教育手段"转
向"认识－教育手段"。

认识－教育手段

　　基于伯恩斯坦的模型，由认识－教育手段或EPD所创造的争斗竞
技场包括生产、再次语境化和再生产三个场域。这个竞技场可形象描
绘为图3.2。如图3.2所示，EPD模型在几个方向上发展了继承模型。
首先，"规则"被重新描述为"逻辑"，以避免错误的观点，即他们认
为实践确实为规则所控制（如Harker and May 1993），并避免两个模型
中指示对象之间可能的混乱。第二，箭头强调了场域间的再次语境化
同时沿着两个方向进行，尽管它们的发展并不平衡。继承的模型中并
没有排除反向箭头，它对知识教育化的聚焦凸显了从左向右的流程。
从左向右的箭头强调知识是如何实现从生产场域到再次语境化场域的
课程化，以及从再次语境化场域到再生场域的教学化的。从右到左
的箭头强调再次语境化场域的课程产物可能被知识化或吸收入生产场
域，作为先行知识的一部分，充当创造"新"知识的原材料。同样
地，教育实践（再生场域）中运作的教育知识可能被再课程化：移
位，再次聚焦然后重新定位于再次语境化场域的课程产品中。（我拒绝
为图3.2增添新的箭头，但人们也可以强调教育知识也可能被知识化并

进入生产场域）知识转化的这四个过程再次强调从其他场域中理解某个场域实践的谬误，例如从研究中理解学习。

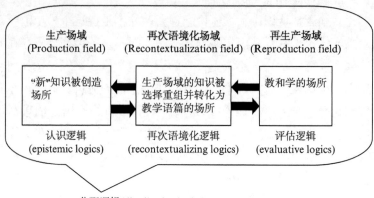

图3.2　认识−教育手段创造的竞技平台

第三，"分配逻辑"现在包含整个竞技场的活动，而并非仅仅支撑生产场域，并引入"认识逻辑"的概念来描述这些场域实践的基础。[3]因此认识−教育手段的内在语法由四个逻辑构成（图3.2）：

- 认识逻辑调节先前知识的移位和再聚焦，并将其重新定位为生产场域的"新"知识；
- 再次语境化逻辑调控再次语境化场域知识的移位、教学化，并将其重新定位为教育语篇；
- 评估逻辑调控再生产场域教学实践中教育语篇的教授与学习；
- 分配逻辑调控对先验意义（内行的或非日常知识，其创造、传播和变化涵盖所有三个场域的范围）的可及性，以及在这个领域之内调控对"不可想象"（或创造新知识的方式）和"可想象"世界的可及性，并在后者中，调控对各种可想象世界的可及性。

"分配逻辑"这个概念通过涵盖所有这三个场域，强调参与游戏的前提是进入竞技场。它们不仅调控思考生产场域提供的"不可想象"

世界的可及性，而且调控再次语境化场域中建构"可想象"世界的可及性，以及再生产场域提供的一系列不同"可想象"世界的可及性。分配逻辑因此通过调控整个竞技场的可及性，调控在竞技场内生产、再次语境化和再生产场域的可及性，以及这些场域内不同位置和轨道的可及性，来专门化知识形式、意识和社会群体的实践。因此，我们可以区分不同层次的分配逻辑：竞技场、场域间和场域内。分配逻辑从而可以标记和分配谁能在什么样的条件下向谁宣称什么，并尝试设立规范语篇的外部界线（参见 Berstein 2000: 31）。简而言之，如果研究的一个核心问题是"谁能宣称/知道/学习/做什么？"，那么认识、再次语境化和评估逻辑调控各种各样的"什么"（whats），分配逻辑调控"谁"（who）能够拥有进入这些"什么"（whats）的途径。

有关认识－教育手段的斗争

这三个场域和四个逻辑将由认识－教育手段创造的竞技场理论化。活动者为获得整个竞技场、场域间关系和场域内关系的控制权而斗争。如布迪厄所讲，这些斗争是为了获取权力，包括决定哪些成就评判是有效的，以及它们之间的"转换率"。然而，建立在伯恩斯坦的模型之上，我们能比布迪厄走得更远，从而将这些斗争的基础概念化。通过他们的实践，行动者为了获得认识－教育手段的控制权而斗争，因为任何控制该手段的人，都能决定社会场域（或竞技场）规范性的标准，因此得以在社会地位层级中最大化地提升自己的地位。处于权力位置的活动者能够控制认识－教育手段，因此主导的成就衡量方式反映他们自身实践的特征，也就是说，场域中地位高的专业化语码与它们自身相呼应。因此，在布迪厄将场域描述为斗争的对象、方式和目标的情况下，我们现在作一区分，将认识－教育手段视为斗争的对象，专业化语码视为斗争的方式，场域结构视为斗争的目标。控制认识－教育手段就等于控制了专业化语码的相对价值，也就相当于控制了社会场域的结构。

因此，主导语码不仅具有社会场域内的优先特权，而且能够将权力赋予给它的主导群体（参见 Bernstein 1990: 88）。然而，主导语码作为（通常非书面的）"游戏规则"，也许不那么显而易见，也无法普遍适用，更不可能毫无争议。那些习性中带有不同语码特征的活动者也许会难以认识和实现公认的有价值的立场站位。因此，行动者的地位由那些体现他们实践特点的语码和主导语码之间的关系来塑造；他们的策略由他们习性中的编码取向和主导语码之间的关系来塑造。例如，编码取向与社会场域主导语码相冲突的行动者，就冒着被认为失败的风险，可能会选择避开或离开那个场域（Chen et al. 2011）。在由认识-教育手段所创造的竞技场内，这些关系塑造知识分子、再次语境化者、教师和学生的地位和实践，也通过他们在场域内轨迹的经历塑造着行为者的习性。

根据伯恩斯坦（Bernstein 1990: 180）的观点，认识-教育手段因此可以被看成是意识在符号意义上的统治者，主要体现在两个方面：控制意识的权力和衡量实现的规范性——它使权力、知识和意识关联起来。因此理解认识-教育手段对探索社会中的符号主导和控制至关重要，因为它将权力关系转化为话语实践，并将话语实践转化为权力关系（参见Bernstein 1990: 205）。这并不局限于教育。争夺认识-教育手段的斗争包括来自竞技场之外的行动者，他们尝试通过特殊专业化语码的创造和维持，以确保他们的社会支配权。认识-教育手段因此成为教育领域和更广泛的社会领域内主导与反抗、斗争与协商的焦点。伯恩斯坦所提出的对研究至关重要的问题"谁的标准，什么意识"（Bernstein 1990: 180），现在变成了：谁控制认识-教育手段和他们尝试将什么样的专业化语码设置为规范的主要衡量标准？简而言之：谁的认识-教育手段和什么专业化语码？

原则：手段的编码实现

如上述讨论所强调的，专业化语码是认识-教育手段和经验实现之间关键的协调者。在经验层面，手段自身并不可用——寻找配有特殊语码刻度的物理仪器将是经验主义者的愚蠢行径。同样地，四个逻辑的内在语法，凸显需要被分析的内容，而不是这些逻辑表达的组织原则——它们识别出了实践关注的主要焦点，而不是这些实践的本质。然而，假设一个生成原则，它的实现不能在实质性研究中得以分析，这将是知识上的能力训练——假设一个没有语码概念的"手段"，只会是毫无根据的猜测。正如我在本章和以后章节中所阐释的，认识-教育手段通过它塑造实践的功能而广为人知，而且实践背后的组织原则可以通过专业化语码而概念化。换句话说，"手段"在一个相对较高的抽象层次上运作，并通过诸如"语码"等中介概念而在研究中得以实现。

从教育语码到专业化语码

在伯恩斯坦教育手段模型中，行为者习性和实践的组织原则被分析为"教育语码"，以"分类"和"框定"为中心。在认识－教育手段模型中，习性和实践被分析为专业化语码。这就给我们留下一个问题，这些新概念是否代表与已有概念的决裂。正如第十章将会谈到的，语码规范的专业化维度拓展并融合了伯恩斯坦的标志性概念，如专业化语码（第二章）中的"分类"/"框定"、认识－教育手段（本章）和知识－知者结构（第四章）中的"知识结构"。这些语码规范概念为经典语码理论增加了一个维度，而不是完全摒弃过去的观点。

专业化语码的概念强调每一种对由继承框架所提供的分类和框定概念的解读，都可以生成另外一种完全不同的解读。"分类"的强度（+/-C）指的是不同语境或范畴间边界的强弱程度；"框定"的强度（+/-F）指的是同一语境或范畴内的控制点。现在有大量经验研究正在使用这些概念（Moore 2013b）。然而，为了照应伯恩斯坦的经典论述（Bernstein 1977），我将阐明如何通过使用"传统的"和"革新主义"/"建构主义"教学法的传统描述来生成对分类和框定的两种解读。我将从经典解读开始谈起。

在"传统"教学法中，教授的学科与其他知识完全不同：学术知识和常识性知识之间以及不同学科之间（例如，诸如科学课堂专门领域教学）都有严格的界线。同样有自上而下对"知识传播和接受的选择、组织、进度和时间"（Bernstein 1977: 89）等方面的严格控制。这些特点显示了相对较强的分类和较强的框定（+C，+F）。相比之下，"建构主义"教学法通常被描述为模糊了学科之间的界限，如通过服从跨课程主题，同时它鼓励教学要联系学生的日常经历。教师被视为学生的"引导者"，学生可以享受在学习内容、学习时间和学习顺序等方面更大的自由。这样的特征显示了相对较弱的分类和较弱的框定（-C，-F）。

尽管这些是简化的例证，但同时也是这些概念的典型应用。然而，它们也可以被应用到第二个维度上。笼统地讲，典型应用将知识概念化，而专业化语码则同时将知识和知者概念化。（特别地，伯恩斯坦最初将分类和框定形态描述为"教育知识语码"；1977）更精确地讲，经典解读描述了实现语码规范所称之为认识关系的界线和控制，同样的概念可以用于描述社会关系的界线和控制；这些共同生成专业化语码。[4]

现在回到前文提到的例子，并聚焦于社会关系。"传统"教学法通常被描述为"一刀切"式教学，较少关注个体学习者的习性、他们已有的经历或者培育学习者的"内心"，即（社会关系方面）相对较弱的分类和较弱的框定。与此相对，建构主义教学法通常被描述为重视不同个体学习者的经历，并基于他们的习性因材施教，即（社会关系方面）相对较强的分类和较强的框定。正如语码规范研究所表明的（Chen et al 2011），建构主义以一种特殊的知者为前提，其习性包括通过联系个人经历和情感来揭示"内心"的意愿。（具有讽刺意味的是，这就使伯恩斯坦"无形教学"中未完全显现的东西变得显而易见，"无形教学"的焦点不是知识的显性传输和获取。）简而言之，"传统"和建构主义教学法的例证，根据人们关注的是认识关系（ER）还是社会关系（SR）的实现，会显示出相悖的解读（同时 +C, +F 和 −C, −F）。在这些例子中，"传统"教学法表现出 ER（+C, +F）和 SR（−C, −F）；建构主义教学法展示出 ER（−C, −F）和 SR（+C, +F）。这些专业化语码可分别浓缩为 ER+, SR−（知识语码）和 ER−, SR+（知者语码）。

因此，扩展并融合专业化语码中的教学语码，并不是从根本上与继承的语码理论决裂。事实上，在扩展的框架里，不仅最初的概念，而且运用这些概念所做的研究，都能保持活跃状态。经典研究可以与语码规范研究相融合，或者通过运用专业化语码重新分析，从而将知者更充分地牵涉进来（见第十章）。与此相反，并不是所有的新研究都需要使用分类和框定——对概念的选择依赖于问题情境。相应地，尽管本书的章节从伯恩斯坦的概念出发，以廓清新概念的基础，但运用专业化语码所做的研究通常是从认识关系和社会关系入手的。

涵盖竞技场

回到认识－教育手段，这个模型强调了分析实践的理论框架所需要的三个特征。首先，概念必须能够捕捉到竞技场三个场域的多种实践。例如，为了探查知识生产、课程建设和教与学之间的知识转换，就需要超越经验描述，通过不局限于任何特定语境或实践的方式分析它们的组织原则。专业化语码提供了这样做的方式。为了阐释伯恩斯坦（2000: 133），它们将一系列的实践概念化为"X"，作为描述其内部结构的一系列可能性（如"W、X、Y、Z"）之一。这就克服了具体案例特殊性的限制，使对其相似之处、变异和变化的系统性分析成为可能。正如越来越多的研究所展示的那样（第十章），这些概念能够被用于从不同层面（从整个教育系统到具体的语篇解读）定量或定性分析种类繁多的各种实践（包括研究、课程和教学）。

此外，语码规范比"W，X，Y，Z"和区分"强""弱"（分类和框定）有限范畴的经典语码描述的类型走得更远。[5] 所有的语码规范理论的维度都有界线和连续性；所有的语码规范都描述类型和拓扑。这种融合体现在描绘语码规范的笛卡尔平面上，在语码理论发展为语码规范理论时，重要性发生变化。例如，专业化语码，映射在图2.1的专业化平面上。这个平面包括：

（i）四个主要的语码形态（知识、知者、精英和相对主义者语码）的类型——由认识关系和社会关系形态所生成的象限（ER+/–, SR+/–）；以及

（ii）关系拓扑空间——平面作为连续性所赋予的、由潜在的无限位置所构成的坐标系统——在这个平面中，关系力度参照其他实践的关系力度。

因此，语码规范体现了描绘相对力度（"更强"或"更弱"的认识和社会关系）连续性的一种转换。人们因此得以将随时间而强化或弱化的过程前景化，运用↑/↓来补充"+/–"的概念（继承伯恩斯坦）。此外，还可以探索语码形态之间以及语码形态之内的变化（平面内象限之间的移动）。关系力度的变化也许不涉及语码转换，例如，相对强

的认识关系随着时间变化可能会被弱化，但仍保持相对较强（ER+↓+）：图2.1上半部向下的转变。因此可以说，专业化融合了类型和拓扑的优势。

第二，这个模型强调概念必须捕捉知识创造、再次语境化和再生产中"意识形态的作用"。实证绝对主义和建构相对主义错误两分法在教育研究领域中（第一章）占主导地位，它们认为实践要么是完全非任意的，要么是完全任意的。与此相反，专业化语码将学习对象的认识关系和学习主体的社会关系融合起来（第二章）。这些概念没有提供区分任意性和非任意性的标准——再重复一遍，它们是用于分析实践而非本体论的。更确切地说，它们将行动者如何在实践中明确地表达这些关系进行了概念化。实际上，专业化语码代表了回答下述问题的不同答案，即规范性是否应该被视为具有本体论或逻辑意义上的必要性（认识关系），要视社会或历史语境化的行动者或其行动方式（社会关系）而定，或由两者共同决定。它们因此探索由知识实践自身本质所允许的"意识形态作用"空间的大小程度。

最后，这个模型强调所需要的概念，不仅能够用于分析三个场域实践，还能分析行动者由于过去或现在经历而带进竞技场的习性或习惯。正如布迪厄所讲，实践是两个进化中的历史，即社会场域和行动者的习惯（或者语码理论中的"编码取向"）的碰撞（1993b: 46）。场域、行动者实践和习性的组织原则都可以通过使用专业化语码而被概念化。因此在保证概念经济的同时，它们也能够将布迪厄的"思想工具"实现为具有操作性的关联概念（第一章）以理解行动者实践，将其视为争夺控制认识-教育手段的策略。

知识场域中的中断与延续

全面探讨认识-教育手段模型的启示不在本章，或者更确切地讲，不在本书的范围之内。这里，我想简要阐释一个早期提出的、必须通过认识-教育手段进行思考的关键问题。我认为知识场域不仅关注接触"无法预知"的事物，而且关注这个"新"认识是如何被创造、定位和评估的。换句话说，生产场域关注认识逻辑，尤其是在提供专业化语码资源时，对任意性和非任意性的明确表达。为了说明这些逻辑和认识－教育手段的不同语码语境对知识建构的功能，我将回到本章开头所关注的焦点来探索知识场域，尤其是人文社科和数学中的中断与延续。

谈论一场革命

从20世纪60年代初期，对生死的关注在人文社科领域变得普遍起来（Maton 2005b）。例如，据说传统哲学已经"毁灭"和"终结"（Gellner 1964: 66），经济学提出"政治经济已死，经济学万岁！"（Sargent 1964: 144）。革命层出不穷，尤其在人类学、精神病学、历史和教学等领域（Maton 2005b: 213）。这并不是孤立的事件，例如哲学和艺术被描述为经历着"永恒的革命"（Gellner 1964），"从一个先锋跃居另一个先锋"并很快变成"新的传统"（Rosenberg 1962: 23）。这个"喜新成癖的时代"（Booker 1969）从60年代延续下来。库恩（Kuhn 1962）将"常态科学"描述为在公认的框架内知识的稳定发展，将"革命科学"描述为突然飞跃至新的思维范式。10年之内，库恩的自然科学历史已经被广泛用于描绘社会科学变化的特征。这就是本章的起始点：到20世纪70年代，革命变得正常化了。

从认识－教育手段模型来讲，这些实践不仅关注社会接触的分配逻辑，而且也关注观点是如何被选择、再次语境化和评估以创造新知识的认识逻辑。[6]宣称的"中断"具有本体论和认识论意义上的启发。首先，它们经常投射一个启示录本体论，由此宣称世界的根本性中断。例如，贝尼格（Beniger 1986）列举了75个不同的名称以描述1950年到1985年间新的社会类型，自此更多的名称不断涌现。第二，这样的宣称经常投射一个启示录认识论，表明理解世界的根本性中断。例如，在20世纪60年代早期，革命倡导者通常将他们的先驱刻画为幻想和错误的缩影，正如格尔纳（Gellner 1964: 48）所总结的那样，宣称过去的思想者"留下的理论遗产如此混乱，但却如此根深蒂固，以至于简直难以分门别类地加以梳理。目前最好是开辟新的场地"。例如，在哲学中，温奇的《社会科学观念》（Winch 1958）影响深远，本书认为过去所有的哲学不仅仅是提供了错误的答案，更严重的是提出了错误的问题。

认识逻辑的这些表述为建构、维持和改变语码模态提供了资源。然而，确定哪种语码是实体研究的问题——同样的表述也许成为不同语境下不同语码的资源。在这个例子中，宣称的"中断"致力于复兴高等教育领域内的知者语码（见Maton 2005b）。到20世纪60年代，主导群体认为人文学科的优势地位受到自然科学的威胁；所导致的"两种文化"争论可以被理解为知者语码和知识语码支持者们之间的斗争（见第四章）。革命宣言通过确保知者语码作为规范性基础的地位，以维持对认识－教育手段的控制。与其说根本性中断的信念是一个有待验证的假设，毋宁说它是规范参与论争的出发点。例如，温奇（Winch 1958）宣布一个既成事实的变革；正如罗森博格所讲，"新事物的传统"很快成为"广泛接受的传统，被认为是理所当然的，不再是思考的对象"（Rosenberg 1970: 15）。相比于详述知识观点的新的世界/观念，知者要求具有观察新的世界/观念的能力，人们提出的变化代表了新的规范知者的标准。因此，知识实践轻视认识关系，重视社会关系，并将其视为规范性的基础，以生成知者语码。

认识－教育手段模型认为这种观点很可能受到那些在实践中具有其他语码特征的行动者的反对。然而，在确实由它们主导的地方，一个结果是将现在与过去分裂开来。表达认识逻辑的形式指出：现存的观点已不再规范，新时代要求新的思维和革命，而非变革。对知识史新的一页来讲，场域的过去是冗余的，只有那些据说能预测变化的预言家们有可能幸存下来。对行为者而言，质疑中断就等于被分配到了分歧的另一边，也就不能接触到后－启示录世界/观念的规范知识。宣称根本性改变，因此详细阐述了对时间或社会空间位置的规范理解：时间分裂通过规范那些审视力由革命性中断所塑造的知者而阐释当下；同时期的观点通过规范化知者来确定一个社会范畴，这些知者的审视力由特定的社会地位所塑造。因此，两种形式的知者语码将生产场域内成员之间的交流视为问题，导致了一系列受严格限制的认识社团，这些社团基于分裂的态度或声音（Moore and Maton 2001）。[7]

永恒的旋律

通过与中断的宣告对比，请考虑下面对费马最后定理历史的总结（引自Hoffman 1998: 183–201）。1637年在巴黎，皮埃尔·德·费马正在阅读大约公元3世纪居住在亚历山大港的思想家丢番图的《算术》。在这本书中，丢潘图详细讨论了毕达哥拉斯定理，并指出"存在无限多的毕达哥拉斯三项x，y，z，并满足等式$x^2+y^2=z^2$"（同上：187）。毕达哥拉斯生活于公元前6世纪，而巴比伦人在1000年前就知晓了这些三项式。回到17世纪的法国，费马提出了他的"最后定理"，以回答他从毕达哥拉斯那里发现的一个问题，并宣布他有一个"真正绝妙的证明"，但其内容过于庞杂，以至于无法记录于《算术》的页边空白处。费马于1665年逝世，他对《算术》的注释由其长子出版，但人们却没能找到那个"证明"。在接下来的几个世纪里，全球有许多数学家都尝试解决这个定理，直到1993年，安德鲁·威尔斯在剑桥大学系列讲座结尾时，"在黑板上写下最后一句话，并轻轻地说'这证明了费马大定理。我想我的讲座到此结束'"（同上：198）。同年末威尔斯承认他的证明有一个矛盾之处，但在1994年9月份，在一个同事的帮助下，"修补了那个漏洞"（同上：199），费马定理也得到了正式的解决。

如上所讲，这些实践主要关注的是关涉新知识创造过程中观点选择、再次语境化和评估的认识逻辑。然而，这些逻辑的表达形式却千差万别。在此，场域的过去、现在和将来同时存在：过去是现在的知识资源；现在是将来的潜在可能性。这个故事的惊人之处在于它在时空方面的跨度：一个20世纪末英国的数学家与一个17世纪法国的律师在交流，并通过他与3000年前的巴比伦人交流。尽管这在数学家中并不常见，威尔斯是在孤立的状态下研究这个问题的（Hoffman 1998：183–184），这使得这个例证在此处恰到好处：尽管孤立工作，他参与了柯林斯（Collins 2000: 7）所描述的"思想结盟"。这个例子因此代表了一个跨越时空的认识团体，活着的成员可以和逝去的成员互动以做出贡献，而这些贡献将成为未来成员所关注的问题。

认识逻辑的这些表述也许可以成为大量专业化语码的资源（例如培养型知者语码；见第五章）。这样的话，它们成了建构知识语码的资源。与新的社会类型观点相似，数学家们能够创造出想象的世界。正如罗纳德·格雷姆所解释的那样：

> 在数学的很多领域，创造你自己的数学似乎是很自然或
> 合适的。你有很多选择。我想思索具有这样或那样特征的结
> 构。我选择这种结构，而非那种结构。
>
> （摘自 Hoffman 1998: 265）

然而，数学家们并不能够随心所欲地探索这些想象世界。一旦一个问题确立下来，它的参数和解决方案的标准就变得相对固定——在认识关系上，相对受到很强的限制和控制。据说这些显而易见的标准超越了行动者们在社会和实践坐标中的差异性——在社会关系上，相对受到较弱的限制和控制。在一个受到这样语码主导的场域，问题情境可能会存续几个世纪，跨越全球，前期工作也许可以不考虑情境就做起来，任何接受过特定程序培训的人都可以裁决答案，判断进展。事实上，虽然很少有人能理解其证明过程，对专家理论应用的信任可以使其他的数学家宣布费马定理得到了解决（Hoffman 1998: 198）。尽管数学可以根据专业和数学世界得到划分，这种知识语码使得它的认识团体得以在时间上和不同语言间扩展。

结语

认识–教育手段模型通过下述方式探讨了本章最初提出的问题：将行动者争斗的场地描绘为一个至少包含三个特殊活动场域的竞技场；运用认识–教育手段解读行动者斗争的目标；并通过专业化语码将社会场域的斗争和行动者的实践及习性联系起来。为了阐明该模型，我展示了知识场域的实践是如何特别关注认识逻辑，其形式被概念化为专业化语码，并帮助塑造累积式进步的形态和能力。我也描述了这个模型是如何拓展并融合现有观点，而不是与过去决裂。然而，革命性的认识发展并不等同于有限的进步或缺乏抱负。本章不涉及探索认识–教育手段的启发的原因在于，这个模型提供了一个将教育研究联系起来、融合起来，并给予启发的组织框架、分析框架和生成框架。因此，它描画出一个极富抱负、并不断进取的研究议程。

首先，认识–教育手段模型提供了一个能够联系起各样教育研究的组织框架。这个模型凸显了潜藏在生产、再次语境化和再生产等这些

经由现有研究方法通常融合在一起的实践背后的逻辑差异。然而，使用这个模型并不要求研究所有三个场域：对一个场域内的实践进行的研究可以被置于竞技场之内，将其焦点和其他研究相关联，界定它的成果并提出未来的研究课题。以先前对中断和延续的讨论为例，这个模型可以被用于：（i）在探索生产场域实践时进行定位分析，使得这个焦点得以同其他研究的焦点相比较和对照；（ii）将研究结果界定为未必在学科的再次语境化和再生产场域中得到反映；（iii）提出问题，追问这些中断和延续可能会如何反映在这些场域实践所生成的课程和教学产品中。

尽管我主要关注教育，认识－教育模型同样适用于其他社会场域的实践。例如，在一系列极具创新性的文章中，马丁与其同事分析了在"青少年犯罪司法调解协商会"——青少年犯罪者、受害者、法官和警察的会面——中活跃的专业化语码，以揭示理想犯罪者（理想知者在法律领域的对等物，第五章）的本质及其与年轻人所采用的不同策略的关系（Martin 2009; Martin et al. 2012）。以这个模型为基础，这些研究都可以被描述为探索法律竞技场再生产场域的实践，提出创造"恢复性司法"的观念，以及它们在生产和再次语境化场域中再次语境化为恢复性司法政策的问题。

第二，认识－教育模型提供了一个分析框架，能够连接各种教育研究。通过将实践理论化为争取根据竞技场场域逻辑而采取不同形式的手段的斗争，这个模型既没有将教育内的一系列行动同质化，也没有将各种语境片段化。此外，专业化语码可以被用于将所有场域的实践概念化，正如研究的经验分析（Hood 2010, 2011）、课程和教育政策（Maton 2004; Howard and Maton 2011; Shay 2011）以及教与学（Doherty 2008; Matin et al. 2010; Chen et al. 2011）所展示的那样。这样的灵活性因此允许不同话题、不同问题和不同实践的研究之间相互对话。而且，这并不局限于教育：运用专业化语码可用于探索博物馆（Carvalho 2010）、共济会（Poulet 2010）、法律实践（Martin 2009; Martin et al. 2012）和其他领域。通过提供一个分析不同社会实践领域的基础，这个模型因此使综合解释社会主导成为可能。分析在不同社会场域（法律、教育等）取得成功所需要的语码，可以揭示那些看似不同的实践（青少年犯罪司法调解协商会、教学等）如何体现折射进这些场域的特殊活动中的相同的组织原则，及其与不同社会群体习性的匹配程度。

第三，这个模型提供了一个为各种教育研究提供启示的生成框架。竞技场模型提出了一系列的问题，如认识场域中知识实践的基础是什么，这些知识在再次语境化场域中是如何被选择、重新安排和传授的，以及产生的教育知识是如何再次语境化到再生产场域中的。这揭示了一些需要进一步探讨的问题，例如研究社会科学和数学中的中断和延续是如何在教学大纲中被再次语境化，并在教学实践中被再生产。进一步讲，这个模型理论上是生成性的。语码规范理论的标志性特征是预见它自身不断地重复——理论设计不断进化。相应地，认识-教育手段自身是假设的生成原则，即规范性手段的一部分，规范性手段的维度目前还没有得到充分的探讨。根据伯恩斯坦（Bernstein 1990: 190）的论述，任何教育和知识的社会学都应该有规范化手段理论。事实上，这样的一个理论提供了必要的基础和基本的理论对象。然而，这并不意味着探讨的终结：这个手段也许在分析上是无法穷尽的。伯恩斯坦将"教育手段"概念化，那个模型通过"认识-教育手段"进行了扩展，第七章将描述一个"认识-语义-教育手段"。其他现存的维度（自主性、密度和时间性）描绘了这个手段更深入的方面，正如语码规范理论将来的维度一样，每一个都将提供语码概念以分析实证研究中的手段。反过来，运用这些语码和手段的实体研究揭示了那些有待理论化的东西，需要进一步的概念发展。

最后，认识-教育手段模型为一个真正的批判研究议程提供了基础。参与者为确保其编码取向反映在高层次的社会实践中，而奋起争夺手段的控制权，通过将这一过程理论化，它提供了揭露和反抗社会群体通过教育施加符号控制的机制的方式方法。由于缺乏这样的手段理论，教育"批评"理论通常谴责通过模糊过程运作的隐性力量。尽管像"主导""反抗"和"斗争"等这样口号成了这些阐释的特点，符号控制的手段远远超出它们的分析范围：这些实践是如何在教育中实现的，它们是如何和权力广泛相连的，这些问题的答案仍然模糊不清。危害更大的是，由于缺乏相应概念来分析这些实践和习性的组织原则，这些方法也许会在不经意间赞同这些支撑社会主导的实践。例如，以学生为中心的学习，已被广泛描述为本质上是进步的（见第八章）。然而，数十年来符号社会学家和系统功能语言学家的实证研究已经表明，这些教学方法更适合在文化上处于中产阶级的学生的习性，而与劳动阶层学生的习性相冲突（如 Holland 1981; Williams 2001; Hasan 2009）。此外，教育干涉已经尝试重新分配这种文化资本，以便那些出身于更广泛社会背景的学生能够识别，并认识到成功所必需的要素（如 Morais and Neves 2001; Rose and Martin 2012）。这些揭示和反对文化中产阶层对认识-教育手段的控制的努力已经遭受行动者更激励的反抗（Martin 2012a），这些行动者渴望保卫主导社会群体的利益，他们的站位不仅在无意间支持了他们的主导，还掩盖了这种共谋性。例如，建构主义通过将竞技场三个场域的教育实践进行个体化和心理分析，模糊了它的站位与文化中产阶层习性的关系。这样具有讽刺意味的事情凸显了，无论在思想和承诺上多么渴望批判，但对真正的批评实践是不够的——人们需要分析工具和结果。简而言之，一个不仅具有修辞效果，还具有实践批判的理论需要规范化手段的理论化。

此处所讲的手段的理论化之所以成为可能，是因为它的基础框架，更重要的是因为伯恩斯坦"教学手段"的先驱模型。它并不提出一个革命性的决裂，而是在语码理论的框架内适当地延展并完善这个框架的主要成分。没有伯恩斯坦的研究方法，这个框架就不可能成形，它在伯恩斯坦理论的基础上向前迈出了很小但稳健的一步。因此，它在与既定观点的"本质性张力"（Kuhn 1968）框架内运作。这种运作方式并不特别流行。在社会学中，"革命"已经变得和"向前跃进"、批判意图和全新的资格等概念息息相关。然而，现实中声称的"革命"也许很保守，导致了对研究现状理解的片段化、停滞不前以及不加批判地轻易接受。然而，正如认识-教育手段所展示的，社会学并不注定是对所谓"中断"的永久回归。认识-教育手段不仅提供一个组织、分析和生成框架，它也体现了一种理论化的形式，这种理论化形式比将虚假革命正常化走得更远，并指向常态社会科学和批判社会科学的变革时代。

注释

1. 为了避免布迪厄和伯恩斯坦对"场域"使用的混淆，我将指明我所指的是哪个"场域"，并将布迪厄的概念（类似于伯恩斯坦的"竞技场"）标示为"社会场域"。

2. 呼吁将我们最初称为"认识手段"进行理论化的最早的文章题目为《创立知识社会学》（Moore and Maton 2001）。然而，正如司各特（Scott 2010）批评该文章缺乏本体论意义那样，即使是明确标示的社会学也受到本体论还原主义的影响。

3. 因为哲学家们对"认识谬误"保持警惕，我强调说"认识-教育手段"和"认识逻辑"是源自社会学的术语，而不是关于本体论和认识论或者存在和知晓的哲学诉求。对那些相信"认识逻辑"暗示知识生产缺乏社会问题的社会学家来讲，我建议吸取教训。

4. 第九章区分了认识关系的两个次级维度，使经典解读能被更精确地描述为探讨"话语关系"。

5. 伯恩斯坦意识到语码内部差异的程度。然而，认识到是一回事，处理那种认识的概念是另一回事。因为它们将组织原则概念化了，"分类"和"框定"就能够被重新呈现为描述强度的连续统。而其他的概念（如知识结构，单学科/学科区域等）不能够被这样重新描述，因为首先需要阐明它们的组织原则（参见 Bernstein 2000: 124）。

6. "再次语境化"和"评估"这两个术语可以被用于描述任何场域内的实践，它就像是带有"逻辑"或"场域"的复合名词的一部分，其意义已变得更为具体。

7. 这并不认为知者语码通常不利于进步——第五、六和九章探讨知者语码是如何支持累积式知识建构，第九章探索知识语码是如何有可能限制这些发展。这也并不是暗示"中断"的观点是正确的：新知识是从先前知识中创造出来的，但那样的识解方式颇具影响。

知识−知者结构："两种文化"之争什么最堪忧？学校开设的音乐课为什么不受欢迎？是什么统一了这些迥异问题？

每个知识结构都有一个知者结构。

引言

本章为什么值得参阅呢？本章的观点何以能提供真知灼见呢？基于什么我说自己是一个"社会学家"呢？对这些问题的回答，仁者见仁，智者见智。正如第一章所讨论的，大多数的教育研究都受制于知识−无知，社会学研究通常探讨"知识之外关系"而非"知识之内关系"。它们对这些问题的回答使得对认识权力的追求掩盖了对社会权力的追求。关于这些观点，布迪厄的"场域理论"通过揭示相对自主的社会实践场域在调节实践和更广泛的社会结构之间关系上的功能，避开了粗浅的社会还原论。然而，场域理论仍然聚焦于"之外关系"的实践，将它们视为为争夺场域内地位和资源斗争的副现象，以至于对知识的追求被认为是因识别错误导致的社会权力。与此相对，巴斯卡的批判现实主义和波普尔的批判理性主义都强调知识观点有不同程度的解释力。此外，伯恩斯坦的"语码理论"突显了知识构建自身在塑造解释力和场域内的地位等方面所扮演的角色。总的来说，这些方法说明权力的认识形式和社会形式两者都对成就、地位和身份至关重要。第二章和第三章勾勒出一个将这些观点围绕着"规范性"概念融合起来的解释性框架。继前两章之后，本章在伯恩斯坦用来分析知识场域的"知识结构"（Bernstein 2000: 155–174）概念的基础之上展开讨论。

"知识结构"概念是伯恩斯坦语码理论的一个里程碑。伯恩斯坦（Bernstein 2000: 155）著作中强调的一个轨迹从用"分类"和"框定"（Bernstein 1977）概念分析教育场域的教学实践，通过用"教育手段"（Bernstein 1990）概念对教育知识建构做出的阐释，到用"知识结构"（Bernstein 2000）概念来研究知识场域如何选择知识，并将付诸教学之中。这些概念表明知识形式如何对社会结构中的一切，包括从机构组织到个人身份和意识，产生重大影响。第二、三章可以视为对源于这个轨迹的概念发展的映射，并致力于扩展概念，以包含更多、更精确和更经济的现象。第二章表明"分类"和"轨迹"不仅可以适用于知识（认识关系），还可以适用于知者（社会关系），两者可以融合为专业化语码。第三章揭示"教育手段"是潜藏在社会场域背后的更复杂的生成机制，即规范化手段的一部分，并探讨了它的一个层面，即认识-教育手段。本章将聚焦于伯恩斯坦语码理论的第三个里程碑式的概念："知识结构"。

更具体地讲，本章将探讨伯恩斯坦"知识结构"概念提出的两个问题。首先，"知识结构"的概念提供了描写知识场域差异的两分类型，却未触及具有不同知识结构的场域背后的原则问题。伯恩斯坦（Bernstein 2000: 123–124）强调需要将实践背后的组织原则概念化，以克服这些两分类型的劣势。他也坚持认为场域理论是一个不断进化的框架："一篇文章往往并不是终结，而是开始，开启了探讨文中观点和研究所引发的更多研究问题的大门"（Bernstein 1990: 6）。"知识结构"概念就是这样的一扇大门，它们的表述和研究语言仍需要进一步的发展。

第二，继承到的框架提供了分析知识生产场域（"知识结构"）和再次语境化和再生产的教育场域（"分类"和"框定"）的不同概念，但却没有系统探讨两者的关系。这就提出了如何在同样的概念框架下分析这些场域的问题。对教育进行综合阐释所需要的概念，必须能够适用于由认识-教育手段创造的整个竞技场（第三章）。例如，探讨一个课程领域的教学大纲、教学法和评估在多大程度上是社会权力的任意反映，或基于非任意的本体论和认识论逻辑原则，需要分析跨越三个场域的实践，从生产场域的知识创造，经过再次语境化场域的教学化，到再生产场域的教学实施。反过来，也需要适用这些不同语境的概念。

为了解决这些问题，我提出社会实践场域不仅包括"知识结构"，也包括"知者结构"。将场域视为知识–知者结构可以更好地理解实践是如何详述身份、意识和关系的。我将分两个阶段来阐释这个论点。首先考察知识结构，并聚焦广为人知的"两种文化"争论的例子。用知识结构和知者结构概念来分析根据争论中的参与者差异体现出来的科学和人文学科的特征，可以得出一个对场域理解更为全面的、而非两分的类型化阐释。随后，将这些知识–知者结构的组织原则通过专业化语码进行概念化，以提供一个超越类型学局限的拓扑学阐释。第二，我简要阐述这些观念不局限于知识场域，也可用于考察教育场域，并通过实质性研究来探讨英语学校课程中音乐的边缘化地位。最后，通过考察知者结构和专业化语码是如何揭示场域的组织原则，将对知识和教育实践的分析融合起来，以建构更全面和更综合的教育研究路径。

知识场域中的知识–知者结构

知识–知者结构概念可以通过考察著名的"两种文化"的争论来探讨。"两种文化"的争论是由C.P.斯诺1959年的著名演讲所激发的。在演讲中，他认为西方社会的文化生活正在分化为"几乎完全停止交流"的"两极群体"，"两极之间存在相互不理解的鸿沟——有时……是怀有敌意和不喜欢的，但大部分是缺乏理性"（Snow 1959: 3, 2, 4）。斯诺的关注并不局限于学术圈，还对科技社会和现实主义作家也产生了重要影响。然而，他对"两种文化"的表述很快变成科学和人文学科之间公开的论争，它们的矛盾被建构成高等教育领域的斗争。这"两种文化"论争是激烈的、惨痛的，并广泛流传，如今仍然是论辩的源头。当人们考察科学和人文学科所享有的不同命运时，就容易理解斯诺的演讲之所以能激起如此深刻的情感的原因。

一方面，人们认为斯诺所讲的"科学文化"正在快速崛起。正如一个评论员一针见血地指出："你不可能打开报纸，却不受标题中所吹嘘的科技的重要性所影响，更不要说'高品质'的杂志了"（Morris 1959: 374）。科学家们享受着企业和国家的大力资助、媒体的极力推崇和公众的普遍膜拜，到20世纪50年代后期，赢得了前所未有的声誉。与此相反，人文学科被支持者们描绘为四面楚歌、岌岌可危和不断衰败。例如，一本影响深远（尽管现在已被遗忘）的题为《人文学科的危机》（Plumb 1964a）论文集中谈论到学校古典文学、历史、哲学、神学、文学教育、社会学、美术、经济以及人文学科等所经历的危机。所有这些学科都被表述为不受高水平学生的欢迎，被企业家认为与现代经济无关，被政治家排除在权力大门之外，被公众讽刺为没有提供真正的知识。例如，一个历史学家声称他90%的同事都认为他们的学科"在任何终极意义上都是毫无意义的"（Plumb 1964b: 25）。

据参与讨论者称，在长期的地位和资源争夺中，学科地图正经历着人文文化和科学文化之间的巨大转变。这就提出了两个问题：它们之间差异的基础是什么？为什么这种权力转换会发生？对它们差异的一个普通的现代化描述认为科学家和人文学者"说不同的语言"（社论，《聆听者》，9月3日，1959: 344）。相反，语码理论方法提出应聚焦于它们语言背后的组织原则。在将两者融合起来，以展示"知识-知者结构"概念是如何通过"专业化语码"进行分析，在阐明知识场域的基础之前，我将先从知识结构和知者结构这两个概念来描述这两种文化。

知识结构

通过分析知识场域中的知识形式，伯恩斯坦（1996, 2000）首先将"水平语篇"（日常或常识性知识）和"垂直语篇"（学术或专业知识）区分开来，进而将"垂直语篇"区分为"水平知识结构"和"层级知识结构"。这些"知识结构"概念能捕捉到描绘"两种文化"争论方式的一个层面。支持者将人文主义文化描绘为被界限分明的不同学科之间对地位的争夺所撕裂。评论家认为以前古典文学一直被视为"共同文化"和"统一力量"的基础（Lee 1955），它的衰败将单一的、有机的文化割裂为一系列相互竞争的亚文化，各个学科间对话极少，没有办法判定它们相互竞争的观点的优劣，以提供一个新的统一中心。因此人文主义文化类似伯恩斯坦所定义的"水平知识结构"：

> 一系列专业化语言，每一种都有自己专业化的提问方式和专业化的标准……基于不同的、通常相反的假定的不具可比性的表述原则。

> （Bernstein 1996: 172–173）

这种知识结构包括一系列分裂的、界线分明的语言，通过发展伯恩斯坦（2000: 161）的观点，可以将它们视觉化表述如下：

伯恩斯坦用"强语法"进一步区分水平知识结构，"强语法的语言具有显性的概念语法，能够相对精确地描述经验，和/或生成经验关系模型"（Bernstein 2000: 163），例如数学、语言学和经济学，以及力量相对较弱的人类学、文化研究和社会学。人文主义文化，正如支持者所描绘的那样，拥有"弱语法"，即定义它的研究对象和程序的术语是缥缈的、朦胧的，甚至是神秘的，最著名和广为流传的是沿袭马修斯·阿诺德（Matthew Arnold 1869）的说法，研究对象和程序被定义为沉浸在已被知晓和所能想象的世界的精华部分。

与人文主义文化相对，支持者认为科学文化包括一个有机团体，据说科学家们分享"共同的态度、共同的标准和行为模式，共同的方法和假设"（Snow 1959: 9）。不同于复数化的人文学科，科学经常被冠以单数，被视为融合和整体的。尽管科学家们正在大量地传播新知识和创造亚学科的专门知识，但据说他们能够整合这些快速增长的知识。

因此，科学文化类似于伯恩斯坦所描述的"层级知识结构"："显性的、连贯的、系统性、条理化的和层级的知识组织"，它通过跨越不同现象的、低层次的知识融合，获得发展（Bernstein 1996: 172–173）。他将这种知识结构视觉化为三角形，顶端代表公理或命题的数量，底端代表基于这些公理的理论所涵盖的经验现象的范围：

知者结构

伯恩斯坦的概念促成了对代表"两种文化"的知识结构形式的描述。然而，这只是问题的一部分。为了达到对它们潜在原则的理解，首先我们也需要考察它们的*知者*结构。这样做提供了研究"两种文化"的不同视角。

上文中，我陈述了人文学科被实践者描绘为曾经是由以古典文学为中心的"共同文化"所构成的。然而，据说并不是作为原则或程序的古典文学，而是古典教育所培养的性情或（采用布迪厄的术语）"习惯"，将人文学科融合起来以形成文化。理想的人文主义知识分子是一个不成熟的绅士，他（通常）"出于喜爱"而从事自己的研究，并将研究视为在塑造学生的"英国绅士"文化素养中发挥重要作用，仅次于知识分子所起的作用（Maton 2004，2005b）。据说人文学科能教化人，支持这一观点的是人和人性的形象——一个理想知者的素养、性格和个性。因此，人文主义文化的专业化基础不是显性知识（事实上，因对全面的"通才"的喜爱，学科专业化大大贬值），而是通过古典教育的捷径以获取一个理想知者的习性。此外，文化焦点受到社会轨迹的支持。接受古典文学教育（主要）在于享受特定的社会、教育背景，特别是对男性来讲，还意味着高级的社会阶层、私立学校和"牛津和剑桥大学"。

换句话说，人文主义文化可以被描述为体现层级知者结构：基于理想知者建构的系统性条理化和层级化的知者组织，通过融合跨越不同习性范围的、低层次的新知者而发展起来。如表4.1所示，就人文主义文化而言，这可以被描绘为顶点为理想的"英国绅士"的知者三角。（可以存在多个理想化的知者和知者三角，见第五章。）人文主义文化的选择、再次语境化和评估原则的基础，以及由此而来的（既指衡量规范性意义上的，也指主导场域意义上的）统治者是理想化的知者。

　　类似于伯恩斯坦强和弱'语法'的概念，我们可以进一步区分带
有较强'知者语法'的层级知者结构，其中对理想知者（生理和/或社
会）范畴的表述相对明晰（例如立场理论），和带有较弱'知者语法'
的层级知者结构，其中成为正确知者的基础没有那么严格的限定，比
如强调接受一门特殊的教育。（第五章我将继续阐释这一概念。）

表4.1　作为知识结构和知者结构的'两种文化'

	人文文化 （humanist culture）	科学文化 （scientific culture）
知识结构（knowledge structures）	水平的（horizontal）	层级的（hierarchical）
知者结构（knower structures）	层级的（hierarchical）	水平的（horizontal）

　　就知者而言，科学文化中的描述完全不同。人文主义知识分子的
'能力是个人问题，基本上不依赖于他所接受的先进培训'，科学知识
被广泛认为是'独立于其所有者的个人优点'（Gellner 1964: 75–76）。
例如，斯诺将受制于阶层基础的人文主义知识和科学文化的民主和精
英本质作以对比，他认为科学无关肤色、种族和教义；它将超越'其
他的心理模型，比如宗教、政治或阶层'（Snow 1959: 9）。简而言之，
科学专业化的基础是关于科学原则和程序的知识，无关知者的生理或
社会背景。因此科学被描绘为具有水平知者结构：一系列截然不同的
知者，每人具有不同的存在、思维、感受和行为模式，具有基于不同
轨迹和经历的不具可比性的习惯（或体现的习性）。就这些习性而言，
科学家被描绘为一群分割的知者（表4.1），在他们（非科学）的'审
视力'方面，每个人都与他人截然不同，并能够基于不同的、甚至相
反的假设而存在。简而言之，在'两种文化'争论中，科学被描绘为
具有层级知识结构和水平知者结构，而人文学科则具有水平知识结构
和层级知者结构。

知识-知者结构

通过将"知识结构"概念化，伯恩斯坦使我们能够战胜知识-无知。然而，仅聚焦"知识结构"将会使我们对知识之外的东西视而不见，导致片面的观点。这也使这种方法极易受到批评，如将层级知识结构的知识场域理想化，并投射水平知识结构知识场域的匮缺模型。"知者结构"的概念通过模型的累积式发展，而不是水平积聚另一种方法，而摒除了这些问题。至关重要的是，它也强调一些仅靠探索知识结构无法阐明的东西：如表4.1所示，不仅知识结构能够体现层级性。社会实践场域的"层级"所处的位置是它再次语境化原则的基础。因此，具有层级知者结构的场域也同样具有选择行动者和语篇、并将其整理为层级的系统性原则。因此，即使在具有水平知识结构的场域，它们也可能拥有层级知者结构。这就是说，在社会实践场域，对知者和语篇的判断可以基于从知识结构、知者结构，或者如我所讨论的，两者均有或两者皆无，所产生的原则。在"两种文化"的案例中，对支持者的描述将这些原则定位在科学学科的知识结构和人文学科的知者结构上。因此不同场域的差异不太关注它们是否具有层级性，更多关注它们的层级性原则体现在什么地方。

每种知识结构里同样存在知者结构，因此仅仅关注知识结构就等于只看到场域的一个维度。目前的分析为更全面的知识场域类型提供了基础：我们能够识别这些知识结构和知者结构的结合（图5.1）。因此将知识场域的知识实践视为由通过不同方式对知识和知者分类的知识-知者结构构成，提供了一个将知识场域的差异概念化的方式。然而，得出的类型，尽管比继承到的知识结构两分的模型更为精炼，也仅仅是第一步。仍然有必要分析这些场域背后的原则。这可以通过使用专业化规范语码来实现（第二章到第三章）。

行动者和语篇不仅被置于知识结构和知者结构中，而且也建构了与这两种结构不同的关系形式。因此人们可以分析性地区分知识结构中的认识关系（ER）和知者结构中的社会关系（SR）。每种关系都可以展示较强（+）或较弱（−）的分类和框定。正如第二章和第三章所阐释的，分别改变每种关系的强度，会生成四种主要的专业化语码：

ER+/-, SR+/-。换句话说,实践可能会强调知识结构、知者结构,两
者兼有或两者皆无,将其视为差异、权威和地位的基础。这些专业化
语码体现对认识－教育手段,即维持、再生产、转换和改变知识和教育
场域的方式的不同解读(第三章)。无论谁控制着认识－教育手段,都
具有按自己意愿塑造场域的方法,他们会将带有自己实践特征的语码
规范(包括专业化语码)视为场域内地位和成就的基础。这个简短、
但略显正式的定义能够通过考察"两种文化"在建构它们与其知识－知
者结构关系时的不同方式,而变得充实起来。

专业化语码

　　也许斯诺在其讲座中提出的最富争议的观点是科学是一个真正
"共同文化"的基础:"科学文化是一种文化……他们不加思索的回答
惊人的相似,这就是文化的意谓"(Snow 1959: 9, 10)。根据争论中的
参与者,这种文化的基础在于科学家们"对一个叫作'知识'的抽象
体的忠诚感"(Mackerness 1960: 15),对"真理"的奉献,对学科的忠
实,这些会将他们的身份和观点详述为洞察,而不考虑他们的社会背
景和个人品质(Maton 2005b)。换句换说,知识结构的认识关系具有
较强的分类和框定(ER+),知者结构的社会关系的分类和框定相对较
弱(SR-),即体现为知识语码。

　　在对人文文化的描绘中,"被称作'知识'的抽象体"就没有那么
重要。拥有能够为确定的研究对象提供知识的专业化原则和程序被人
们认为对定义身份和成就无关紧要。因此,人文学科知识结构的认识
关系具有相对较弱的分类和框定(ER-)。反之,专业化的基础在于拥
有正确的习性或性格——人们需要成为那类正确的知者。换句话说,
据说人文学科较强地对规范性知者进行了分类和框定(SR+)。对人文
学科来讲,与知者结构的较强的社会关系是场域内规范性的关键,即
知者语码。对比"两种文化",可以看出哪种文化具有层级性(表4.1
中的三角形)就能较强地分类和框定每个知识场域内的行动者和语篇:
科学文化知识结构的认识关系和人文文化知者结构的社会关系。

　　上文已经通过知识语码和知者语码描述过"两种文化",并通过专
业化语码分析了它们在详述规范性和身份中的地位,现在我们将回到

"两种文化"的差异以及它们之间权力转换的原因这些问题上来。首先，争论可以被重新描述为，具有鲜明对比的专业化语码的知识场域之间，为了争夺认识-教育手段的控制权而展开的斗争。这些不同的语码塑造了行动者带入争斗中的资源类型。关于这一点，文化争论的发起者和最杰出的领导者，C.P.斯诺和F.R.利维斯都做过明确的阐释。斯诺反复强调：

> 在这些问题上我们的个性无关紧要，但是问题自身却意义重大……最重要的是将个性排除在讨论之外。

（Snow 1964: 56, 59）

与之相对，利维斯关注的是作为一个规范知者的斯诺："需要我们注意的不是他认为他在发出的挑战，而是他自身就是挑战。"（Leavis 1962: 10–11）。

对人文主义者来讲，正如利维斯所讲，一个"判断是主观的，否则它什么都不是，你不可能借用他人的判断"（Leavis 1962: 28）。这代表了争夺"了解什么和如何了解"（知识语码）以及"你是谁"（知者语码）两者中哪个应该是地位和身份基础的斗争——不同的成就衡量方式或"游戏规则"之间的语码冲突。

表4.2 "两种文化"争论中的专业化语码

	人文文化 (Humanist culture)	科学文化 (Scientific culture)
认识关系 (Epistemic relations)	−C，−F	+C，+F
社会关系 (Social relations)	+C，+F	−C，−F
专业化语码 (Specialization code)	知者语码 (knower code) (ER−，SR+)	知识语码 (knowledge code) (ER+，SR−)

考虑到这种语码冲突，如斯诺（Snow 1959: 3）所讲，据说"两种文化"间存在"相互理解的鸿沟"就不足为奇。当利维斯宣告："他不知道自己的意思，也不知道自己不知道"（Leavis 1962:

10)时,他的话对争论的双方都适用。此外,科学的崛起和人文学科的危机是密切相关的:科学地位不断提升,并宣称要改变场域内资源和地位的分配基础,并将人文主义者降级为次等公民。如果科学家们控制了认识-教育手段,那么场域将会向他们倾斜,将知识语码视为成就的基础。

第二,语码间的差异也表明为什么这种权力转换迫在眉睫。一个原因在于这些语码所建构的知识构造和日常知识或伯恩斯塔所称为"水平语篇"之间的不同关系。正如上文所讨论的,科学的专门化基于知识,而非知者:它们谈论的内容和方式被认为是至关重要的,而谈论者则显得无足轻重。自17世纪以来科学的数学化意味着这种知识与常识的差距越来越大,使得日常知识的内容和形式间的*话语差异*成为科学专业化的基础。例如,科学家B.C.布鲁克斯声称两者间的转换是"完全不可能的","学习科学是学习第一语言,而非外语",需要"残酷无情地长期教化"(Brookes 1959a: 502–521, 1959b: 783–784)。通过知识语码来衡量,科学与日常知识或"水平知识"相比,变得前所未有地专业化了。

与此相反,人文学科的知者语码将*性情差异*,即人文主义知者和俗人的差异视为地位的基础。从这些方面讲,学术人文主义者的地位在两个阵线都遭到攻击。首先,扩招的威胁在于将更多的知者带入高等教育,这在对综合知者的信赖正逐步衰退的社会条件下,是对人文学科的层级知者结构提出的挑战。到20世纪60年代,"英国绅士"的观点在不断增强的"精英"社会中已变得落伍(Maton 2005b)。换句话说,性情差异受到威胁。第二,用科学知识语码的话语差异来判断,人文学科的专业性正在逐渐减弱。教育扩招下识读能力的增强促进了"言论自由的社会",每个人都有发声的资格,"职员是无名小卒,不仅仅是因为他不是科学家,更是因为在发达的社会里,每个人都是职员"(Gellner 1964: 78)。支持者认为,人文学科不涉及学习专业原则或程序,"不存在只有通过长期培训才可以连接的巨大的断续性或鸿沟",相反,人们可以"仅仅通过沉浸在氛围中"来选择一门学科(Gellner 1964: 70)。人文主义者因此极易被视为只不过是在讲充满行话的日常语言。简而言之,人文文化所面临的双重威胁,构成了新知者进入知识语码处于支配地位的高等教育场域的通道。

扼要重述一下，目前我已经探讨过本章开头所提出的第一个问题：如何将知识场域的原则概念化。沿着伯恩斯坦的"知识结构"，我引入了"知者结构"的概念，以更充分地对场域进行分类。我认为，通过专业化语码来分析这些知识–知者结构，提供了通过将潜在原则概念化的方式而超越两分类型的方法。我也阐释了这些概念所提供的对知识场域形式的洞察，引入"语码冲突""话语差异"和"性情差异"的概念以帮助解释"两种文化"争论的特征。第二个问题是关于如何将对生产、再次语境化和再生产场域的分析融合起来。从伯恩斯坦继承来的框架通过"分类"和"框定"将课程和教学实践概念化，并通过"知识结构"将知识场域概念化。我认为这两套概念可以延伸并融合进专业化语码中，将认识–教育手段支持的三个场域的分析纳入一个统一的框架中。因此下面我将考察再次语境化和再生产的教育场域。

教育场域的知识–知者结构

通过分析课程、教学法和评估，伯恩斯坦（Bernstein 1977）归纳出两种"教育知识语码"：具有较强分类和框定的"集合语码"（+C，+F）和较弱分类和框定的"融合语码"（–C，–F）。他认为，这些语码通过不同的方式塑造了教育身份和意识。集合语码强调教育知识，产生基于学术主体的、被他称之为"轮廓清晰并界限分明"的教育身份（同上：95）。专业化因此是以对知识的占有为基础的：它"使教育知识变成不寻常或不通俗的东西，并秘密进行传播，这就给那些拥有它的人一种特殊的重要性"（同上：99）。与此相反，在融合语码中，教育知识的作用被弱化，人们的教育身份也不那么确定。"知识结构"的概念用于探讨知识场域，而"教育知识语码"的这些概念则用于探讨教育场域。然而在上述两种情况下，伯恩斯坦仅仅关注知识形态如何详述行动者和实践。

正如第三章所讨论的，"分类"和"框定"的经典用法（导致了集合语码和融合语码）可以被理解为将认识关系概念化为教育知识结构。换句话说，集合语码（+C，+F）能够被重新描述（浓缩）为表

达ER+，融合语码（−C，−F）表述ER−。再次重复本章的论点：对应
每种教育知识结构，同样存在教育知者结构。换句话说，实践不仅应
包括语码理论的经典应用所强调的认识关系，也应包括社会关系。因
此，除上述内容外，我们也可以将社会关系专业化的角色编码到教育
知者结构中。

社会关系的强度取决于所考察的独特案例。然而，为了论述的方
便，可以这样说，很可能（运用语码理论的研究表明）在集合语码中，
知者习性的作用不大（−C，−F）。当老师们过分强调主体知识的占有和
传播，并将其视为职业身份和实践的基础时，他们也可能不重视他们
自己的（以及他们学生的）习性。与此相反，在融合语码中，知者习
性将有更大的空间对身份和意识发挥更大的作用（+C，+F）。例如，
发展"全面孩子"习性的能力会受到更多的重视。这些分类和框定强
度，颠倒了那些通常与伯恩斯坦集合语码和融合语码相关的概念，指
的是教育知者结构中的社会关系（在这些案例中，SR−和SR+）。将上
述内容融合起来去考察教育知识−知者结构，伯恩斯坦提出的两种主要
的语码模态，集合语码和融合语码，现在可以分别被更充分地表述为
知识语码（ER+，SR−）和知者语码（ER−，SR+）。

换句话说，我们可以扩展伯恩斯坦提出的用于分析知识场域的概
念，以包含其与教育知者结构的关系，然后以一种能够使它们与场域
分析相融合的方式对其进行重新描述。简而言之，知识和教育场域都
可以用专业化语码来分析，这就可以衍生出更为融合的框架。它也将
以继承到的框架无法显现的知识实践形式明晰起来。至此，我已经集
中讨论了知识关系和知者关系强度被颠倒的例子。然而，正如第二章
所概述的，这两种关系的强度可以互相独立地发生变化，在拓扑空间
内生成四个主要的专业化语码，如第二章图2.1所示。我已经讨论了关
于下述内容的例子：

- 知识语码（ER+，SR−），将拥有特定研究对象的专业知识
  强调为成就的基础；

- 知者语码（ER−，SR+），强调知者的个性，无论是先天的
  或天生的（例如天才的概念）、教化的（如通过伟大作品

的熏陶而获得的艺术或文学鉴赏力）或源于知者的社会地位（如立场理论）。

此外，人们还可以强调另外两个专业化语码，它们将继承的框架所模糊掉的现象概念化：

- 精英语码（ER+，SR+），规范性不仅基于占有专业知识，还在于成为合适的知者类型；
- 相对主义者语码（ER−，SR−），规范性既不是由专业知识也不是由知者性情所决定。

第五章我将重新讨论专业化语码。知识场域的精英语码可以通过启蒙时代早期的科学来例证。正如女性主义历史学者所表明的，想要被视为规范的科学家仅仅遵循"科学"程序是不够的，还要成为一个"绅士"。下面，我将讨论教育场域的精英语码。

这些语码描写的是"游戏规则"。在这四个语码中，关键在于"你知道的内容和方式"（知识语码）、"你的知者类型"（知者语码）、两者兼有（精英语码）和两者皆无（相对主义者语码）。正如第三章所概述的，占主导地位的语码也许不是那么显而易见、普遍适用和毋庸置疑的：不是每一个人都能识别和/或有能力意识到需要什么，也许存在多个语码，并展开主导权之争。使用专业化语码，我们可以描述语码冲突和语码匹配的程度，例如在争论主角之间（如上面提到的"两种文化"）、知者的习性和教育语境之间（Chen et al. 2011）、一个场域内不同方法之间（Carvalho et al. 2009），或者教育政策的目标和课程领域运作的方法之间等等（Howard and Maton 2011）。比如学科领域间，一个课程的教室和舞台之间主导语码，也可能发生变化。这些语码转化有效改变了"游戏规则"。

我们已经使用这些概念分析了知识场域，至于它们是否可以被用于考察教育场域，并使对由认识−教学手段创造的竞技场进行更充分的分析成为可能，这些问题依然存在。为了阐明它们在教育场域的适用性，我将简要讨论针对英语学校课程中音乐地位的实质性研究。

学校音乐: 一个精英语码资格

在我进行研究的时候 (21世纪头十年的早中期), 英语学校系统包括无数测试学生的关键阶段 (以下用"KS"表示):

- KS1: 第1–2学年 (5–7岁)
- KS2: 第3–6学年 (7–11岁)
- KS3: 第7–9学年 (11–14岁)
- KS4: 第10–11学年 (14–16岁)

在KS1–3阶段, 学生学习10门必修的学科课程。这个时期, 他们可以从更广泛的选修课程中选择他们想要学习的课程来完成英国普通中等教育证书考试 (包括课程和考试的结合), 这将持续到第11学年末结束。音乐一直受到学生们的欢迎直到KS3阶段的末期 (Lamont et al. 2003), 然而在普通中等教育证书考试中选择音乐作为考试科目的比率却很低: 21世纪早期大约有8%的学生选择考音乐, 相比之下, 20%的学生选择物理, 36%选择艺术, 还有更高比例的学生选择传统课程如历史等。尽管经常受到评论员和政策制定者的关注, 音乐不受欢迎的原因却无从知晓 (见Lamont and Maton 2008, 2010)。例如求职市场上的价值差异本身, 也不能解释为什么音乐的选择率只占艺术的大约五分之一。大多数音乐学习聚焦于校外学习和乐器弹奏, 课程中的音乐据说"无法触及", 或被大部分孩子视为毫不相关。对学校音乐的研究, 包括探讨音乐课程选择率低下的研究, 都经常为教学中最好的实践提供反思, 或者尤其是提供零碎的和很大程度上描述性的解释。音乐为什么不受欢迎的原因却仍然是个谜。

一系列跨学科研究正在使用专业化语码的概念, 来探讨如何建构音乐中的成就和教育身份 (Lamont and Maton 2008, 2010)。这项研究提出的假设是英语中等教育考试中的音乐代表了精英语码, 这种语码导致了它的低选择率。为了阐释这些概念如何被用于分析教育场域, 我将选择性地简要总结这项研究的早期阶段, 聚焦于三项试点研究: 探讨国家课程文件和教学大纲中对成绩的定义; 学生对自身能力在一系列课程成绩中的重要性和基础性作用的认识；大学生对不同课程的重要性和成绩基础的认识。

1. 课程文件

第一个研究将探讨国家课程大纲中的学习目标和方案（针对KS1–3），以及在普通中等教育证书考试大纲中所规定的学生在不同关键阶段应该达到的成绩水平。对这些文件的分析是从它们对下述内容的强调程度来进行的：知识、技能和程序；知者的习性如天赋、态度和个人表达等。分析表明官方对音乐的要求体现了不同课程阶段所要求的不同专业化语码。在KS1–2，国家课程大纲通过学生的自我表达能力、而不是展示音乐知识或技能来定义成绩。例如，在KS2末期，学生被期待能够"创作他们自己的作品……带着不断增加的个人介入、独立和创新。他们通过对各种音乐的物理、理性和情感反应来探索自己的思想和情感"（DfES/QCA 1999: 18）：知者语码。在KS3（11–14岁），成就目标不那么重视天赋、态度和个人介入，更重视音乐知识和技能的展示，学生应该展示出"不断增长的辨别、批判性思考和联系不同领域知识的能力"（DfES/QCA 1999: 20）：知识语码。

我认为这种语码转化，体现在整个课程大纲中，反映了与小学和中学教育广泛关联的语码。然而在普通中等教育证书考试层次上，音乐经历了第二次语码转换。普通中等教育证书音乐考试的考试大纲要求学生不仅展示他们的个人表达能力，同时还展示他们专业技能。针对普通中等教育证书考试的课程委员会课程标准规定"每一种测试计划必须定义音乐表达和技能"的评估方式（QCA2005）。相应的，每一个考试委员会的大纲都包括独奏表演，对其评估的标准是"准确和流畅"和"独具风格的有表现力的表演"，同样强调"准确"和"阐释"（Endexcel 2002: 21, 22）：精英语码。这表明音乐低选择率的一个可能的原因在于对音乐成绩规定背后的专业化语码的转换：从KS3的知识语码到普通中等教育证书考试的精英语码。

2. 学生的观点

上文分析了国家教学大纲，下项研究聚焦于学生是否能认识到这些成绩的定义。所作的问卷调查由912个8–14岁的学生完成，他们来自四个中等规模和水平的综合学校。调查包括关于下面课程的三个主要方面：音乐，（KS4阶段必修课程）英语、数学和科学等核心大纲课程和（用作对比的）历史。针对每门课程，都要求学生为擅长某学科的重要性和自身能力打分，并描述该学科成功的基础。我将聚焦于这样的问题："你认为让某人擅长（某学科）的因素是什么？"调查对象需要从四个选项中选出一项，分别代表了捕捉相对主义者语码、知识语码、知者语码和精英语码的第一尝试：

[A] 每个人都可以，不需要什么特殊的东西。

[B] 需要学习特殊的技能和知识。

[C] 需要有"天赋"或"感觉"。

[D] 只有"天赋"好的人才能学好所需要的特殊技能。

通过分析各个年龄段所有学生的数据，标准的回答是知识语码选项B适用于科学、数学和英语，相对语码选项A适用于英语（比B稍多一点）和历史。（正如我下面将要讨论的，后两个可能源于我们对选项C和D的措辞。）然而，这样的全景分析掩盖了结果中由于不同学科和不同年龄段学生所带来的显著差异。其中的一个结果是，在那些已经选过普通中等教育证书考试学科的9岁的学生中，音乐比其他学科更多地被认为具有精英语码的特征：19%的人选了精英语码D适用于音乐，高于其他学科最高3.6%的比率。对那些选择音乐作为普通中等教育证书考试学科的学生来讲，这个数字翻数倍达到35%。我将简要阐明这些结果所带来的启示。

3. 大学新生对学校学科的观点

第三项研究通过调查和小组讨论的方式，探究那些已经做出课程选择、并开始他们大学学习的学生的观点。调查对象为一个中等排名英国大学的93名一年级新生。这次调查针对同样的五门课程，再加上心理学（所有学生至少参加一个模块），包含了相似的关于重要性、自身能力和成功的问题。在这项研究中，基于三个主要原因，我们重新设计了关于学科成绩基础的问题。首先，习性选项C只提供"天赋"或"感觉"，忽略了习得的鉴别力和教化习得的判断，正如人文和艺术学科经常强调的那样（见第五章）。我们认为，这导致了我们前面提到的对包含"天赋"的选项的低反应率。第二，精英选项D的措辞将

"天赋"视为接触"特殊技能"的前提，而没有将习性和知识融合起来，潜在地限制了对本选项的选择。第三，四选一的选项设计错误地从四个语码形式开始，而不是从这些语码背后的认识关系和社会关系的相对强度开始。这样的一个分类量表设计适合分类分组，然而这个理论强调两种关系的相对强度，因此需要一个连续的测量方法。

为了解决这些问题，我们通过下述方法改善了测量工具：（i）将"品味"或"审视力"纳入进来并作为独立于"天赋"的选项，因为他们在诸如"天赋和教养"的著名论辩中总是相反的；（ii）取消因素间排序的可能性；（iii）用一个分级测量方法来替代四选一的选项，允许对每种关系进行独立打分。图4.1展示了这种工具的可循环性。[1] 简而言之，我将三分为"技能""天赋"和"品味"。这种设计要求调查对象判断每门课程中认识关系对知识结构（"技能"）以及社会关系对知者结构（"天赋"和"品味"）的重要性层级。[2]

你认为，下面几项对擅长（该学科）有多重要？

	一点也不重要	不太重要	有点重要	很重要
技能、技术和专业知识	☐	☐	☐	☐
天生的资质	☐	☐	☐	☐
品味、判断和"感觉"	☐	☐	☐	☐

图4.1　大学生调查问卷——成绩的基础

该理论对相对强度的强调也反映在其分析中。不同层级采用数字1—4来编码，计算出所有学科的"技能"层级和"天赋"/"品味"层级之间的平均分，分别为认识关系和社会关系提供基准分。然后将每门学科中这两种关系的分数与它们的总体平均分对比。如图4.2所示，科学（更小范围内，心理学）的"技能"得分较高，"天赋/品味"得分较低。英语的结果与之相反，数学取两者的平均值，历史得分两者都较低，音乐得分两者都较高。图4.3将这些结果映射到专业化平面中（第二章），以更清晰地揭示它们的语码。对这些参与者来讲，科学和心理学是知识语码，英语是知者语码，历史是相对主义者语码，音乐是精英语码。[3]

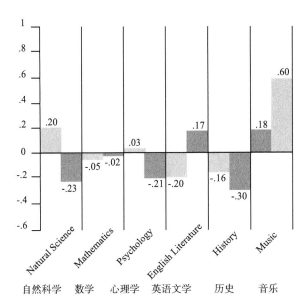

自然科学　数学　心理学　英语文学　历史　音乐

认识关系（Epistemic relations）（"技能、技巧和专业化知识"）
社会关系（Social relations）（"天生的天赋"和"品味、判断或习得的'感受'"）

图4.2　大学生对成绩基础的观点

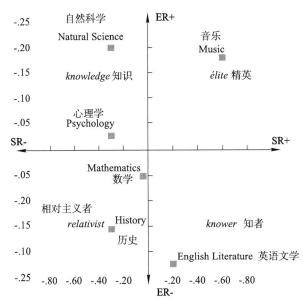

图4.3　大学生的观点：专业化语码

在和同一批被调查者进行一系列小组讨论时，这些语码被反映在参与者是如何讨论成就上。例如，科学和英语的小组讨论，分别体现了它们的知识语码和知者语码。参与者通常认为对英语来说，知者是规范审视力的来源，而规范审视力则保证了学习的成功。而在科学中，教育知识构成了成功的基础。例如：

主持人：　想要擅长英语需要什么呢？

参与者1：我学会了提出自己的观点，并用自己的证据支撑它，然后选用和我观点相同的其他人的证据来支持它。因此虽然你仍然在使用别人的观点，但这是在你有自己的想法之后才去寻找别人的观点。

主持人：　这和科学或数学有什么不同吗？

参与者2：是的，当然。你不能真的说："那么，我的进化论是……"。你并不能编造自己的理论。

参与者1：你学到各种理论，然后选择其中的一种，而不是有自己的想法，然后找到与你想法相同的人。

音乐的精英语码通过参与者认为成绩要素是基于知识还是知者，还是两者兼有反映出来，例如：

参与者3：这更多的是基于天赋，你需要有天生的能力。

参与者4：你不可能随便找一个人就教他，在他们开始之前就需要有那种能力。每个人都能学基础，但要想取得成功……

参与者3：音乐需要大量的练习。你需要每天练习以变得更加出色。

参与者5：你永远不能说你已经把所有的工作都做完啦，你总是能做得更好点。然而在科学中，如果你学的话，总会达到你已经学完了你需要知道的所有东西的那个点。

参与者3：即使是一些具有音乐天分的人也需要练习。

参与者5：需要天赋、技能和刻苦。

参与者3：你也需要能够描绘情感。

音乐精英语码的启示

如果音乐代表课程大纲中以及在校学生和大学新生认识中的精英
语码，那么这种语码是如何与极少有学生在中等教育证书考试中选择
音乐这种现象联系起来的。上面简短的讨论只总结了部分数据，包括
年龄差异和诸如性别和自身能力层级等社会变量。要想看到问题的全
貌，还需要进一步的研究，包括分析下述问题：学生中专业化语码的
社会分配；音乐教育研究领域内成绩的构建；再次语境化场域中的课
程构造以及学校音乐课在不同的关键阶段是如何传授的。然而，已讨
论的结果在以下几个方面都具有启发性：首先，在中等教育证书考试
层面向精英语码的转化，不仅仅是另外一种语码转换（像KS2和KS3
之间发生的从知者语码向知识语码的转换），而是体现双重要求：学生
不仅必须展示拥有音乐知识和技能，而且必须表现出音乐天赋。换言
之，不仅游戏规则发生了改变，而且成功也变得更加艰难——精英语
码包括两个层级。第二，这造成了学生在评判其重要性时，音乐的魅
力大减。当要求给擅长学科的重要性判定层级时，中学生和大学新生
都觉得音乐是最不重要的课程。因此它的精英语码并没有体现为精英
地位，正如一个小组讨论所描述的：

参与者6：我不认为如果你要申请成为一个医生，他们会问
“你通过钢琴九级的考试了吗”诸如此类的问题。

参与者7：我认为如果我告诉大家我正在攻读音乐学位，每个人
都会说“有什么意义？纯粹浪费时间！”这样的话。

参与者8：是的，每个人都认为攻读音乐学位是在学习弹奏录
音机里播放的《三只瞎老鼠》。

最后，如果音乐的精英语码没有在社会上被广泛分配，这种语码
的重要性也没有在教育实践中体现出来，那么它在学校里很有可能仍
然不受欢迎。

结语

本章为什么值得一读呢？它将现有观点扩展并融入概念工具中，这种概念工具通过在更综合和经济的框架内研究更广泛的现象，而具有更强的解释力。"知者结构"这个概念拓展了伯恩斯坦将知识场域概念化的"知识结构"，因此包含了至今被掩盖的一些维度。将两者结合起来，把社会实践场域视为知识-知者结构，保证了在很多教育研究中既能战胜知识-无知，也不以忽视其他东西为代价。因此，它通过强调新的研究兴趣扩大了分析的潜能。例如，对"两种文化"争论的分析，揭示了尽管人文学科被描述为水平知识结构，同时也被表述为层级知者结构。这有助于揭示仅从"知识结构"审视无法看到的特征，例如理想知者（"英国绅士"）在人文学科中的重要性，扩招在"人文学科危机"中将更多的知者带入场域，因而减弱了人文学科知识分子的"性情差异"等所起的作用。此外，它代表了一种观察知识场域的新方法，为这些知识场域重新设置了理论问题。不是追问知识场域是否具有层级性，问题变成了层级性体现在什么地方：存在于它们的知识结构、知者结构、两者兼有还是两者皆无。换句话说，社会场域实践的层级化原则，如布迪厄所讲，可以是基于话语的和/或基于习性的（知识和/或知者），并给知识场域内行动者所采取的策略带来启发。

增加知者结构对知识场域提供了更充分的分类阐释。运用规范化专业语码分析得到的知识-知者结构超出了分类学的范畴，被用以探讨知识场域背后的原则，这也带来了更深刻的见解。例如，分析"两种文化"揭示了对规范性不同衡量之间的语码冲突：科学的知识语码和人文学科的知者语码。这有助于解释争论为何如此激烈，并历时长久——他们代表不同的"游戏规则"。争论的关键之所在，在于对成功的定义。在争夺资源和地位的斗争中，没有什么比能控制认识-教育手段更重要了。

这些概念也为认识-教育手段创造的竞技场提供了更为综合的阐释。从伯恩斯坦继承来的框架为知识场域（"知识结构"）和教育场域（"教育知识语码"）提供了不同的概念。专业化语码的概念扩展并融合了这些概念，可以用于分析两种不同的场域。关于这一点，本章通过研究学校音乐不受欢迎的原因进行了阐明。这些研究的初步结论表明，音乐不受欢迎与学生在中等教育资格证书考试时发生的从知识语码向精英语码的语码转换有关。这种语码所包含的双重层级性，即规范性既依赖于展示音乐知识和技能，又需要表现出音乐天赋，没有与学生对音乐学科领域重要性的信念达到平衡。

回想本章的标题，"两种文化"争论的关键在于哪一种专业化语码占据主导地位，学校音乐课程不受欢迎至少部分是因为他们要求学生呈现精英编码取向。能将这些多元问题融合起来的，是诸如知识−知者语码和专业化语码这样的概念。通过将因为时间、语境、学科和教育水平而分离的现象融入进一个融合性框架，这些概念在建构关于知识建构的知识方面有所突破。这些分析所揭示的内容就是本章值得一读的原因。

注释

1. 这种工具随着关于学校教育的大规模研究而演变开来，见霍华德和梅顿（Howard & Maton 2014）对它的演化和最近的更迭所作的详细论述。

2. 第九章提供了探讨"天生资质"和"品味、判断和'感觉'"的理论基础——它们反映了社会关系的子维度：主体关系和互动关系。

3. 我们需要进一步考察数学；使用最新的定量工具的研究表明，它代表了中学教育的知识语码（Howard & Maton 2011）。

审视力：人文艺术学科的标准、知者和发展

如果大家不是加沙的盲人，我们就需要看看"审视力"自身。

引言

最近几十年，很少有争论能像针对人文艺术学科原理、角色和形式的"文化争论"那么激烈。这些争论已经远远超越了学术探讨的范围。像《美国精神的封闭》（Bloom 1987）、《文化素养》（Hirsch 1987）、《西方标准》（Bloom 1996）、《伟大的作品》（Denby 1996）和《艺术有什么用》（Carey 2005）这样的书已成为国际畅销书。争论的中心不仅在于伟大的文学作品的评判标准，更在于究竟是否应该存在的"标准之争"（Morrissey 2005）（例如，von Hallberg 1984）。持续不断的争论提出了很多问题，涉及这些场域中进步的可能性、艺术或人文知识观点的基础以及谁可以被认为已经"知晓"。

同样的问题可以从伯恩斯坦"知识结构"（Bernstein 2000）理论这个不同的审视角度来探讨。伯恩斯坦区分知识结构的一个关键特征是它们的发展模式。以自然科学为例的"层级知识结构"是对知识明晰的、连贯的、系统性条理化的以及层级的组织，它的发展通过延伸并融合现存知识以涵盖更多现象来实现。因此它们展现出强大的累积式知识建构或"垂直性"的能力（Muller 2007）。与之相反，"水平知识结构"，例如艺术、人文学科和社会科学包括一系列分级的、界线分明的方法，它通过现有方法中增添另外的方法得以发展。此外，新现象的任何知识都和现存知识有明显的界线。另外一个关键的区别性特征是伯恩斯坦所讲的它们的"语法"，或生成明确所指能力的强

度。对伯恩斯坦来讲，人文艺术学科具有"弱语法"的特点，缺乏定义知识观点所指的能力。他认为这就丧失了累积式知识建构的决定性资源，即用公认的证据去衡量相互竞争的不同理解的优劣。

伯恩斯坦的模型提供了一个研究人文艺术学科争论的新视角。这些概念也有助于战胜教育研究和社会科学领域所特有的知识-无知（第一章）。然而，模型本身提出了一些问题。首先，和其他的诸如"硬/软的"和"纯理论/应用的"（Biglan 1973a, b）等类型一样，它界线分明的范畴难以和现实中的学科领域联系起来（见第七章）。实证案例也难以符合这个模型两分的知识结构和语法。第二，通过聚焦人文艺术学科的历时发展，这个模型提出了这些场域是否同样不青睐知识建构。人文艺术学科是否如一些社会现实主义者所认为的那样（如Muller 2009: 223n5），不体现垂直性，或者它们是否能够基于过去知识，而累积性地建构知识？第三，如果它们确实具有不同的知识建构能力，这些差异的基础又是什么呢？现存的模型认为这些场域只有劣势，即据说它们只有弱（如果不是没有）垂直性和弱语法。然而，这些场域是否可能具有伯恩斯坦模型无法显现的不同的"优势"，使累积式进步成为可能并塑造知识建构呢？具体地讲，考虑到继承到的模型聚焦于知识（见第三章和第四章），如果同时考察实践如何将知者规范化，那么将会挖掘出什么更进一步的真知灼见呢？

本章将从理论和实证两个方面探讨这些问题。从理论上来讲，我认为累积式进步在具有水平知识结构和弱语法的场域（如伯恩斯坦描绘的人文艺术学科）是有可能的。然而，捕捉到这种进步所采取的特殊形式，需要一个不同的观察场域的方法。具体地讲，人们不仅必须关注它们的知识结构，还要关注第四章所定义的知者结构，以及本章将要定义的它们不同的审视力。伯恩斯坦（Bernstein 2000）强调"审视力"的重要性，却未对其详加定义。我认为我们需要全新看待"审视力"。首先，我认为经典传统内对标准及其运作的激进批评，不仅代表了水平知识结构，还具备了累积式知识建构的不同能力。为了理解它们的差异，我将继续探索它们的知者结构，并阐述支持它们的不同审视力。这样做就累积性地建构在了前面几章之上，即通过动态化分析以探索它们是如何发展的，将不同种类的审视力概念化以阐明它们与专业化语码的关系（第二章和第三章），并展示这些概念是如何拓展并融合伯恩斯坦框架中的概念，以战胜知识-无知，并避免知者-无知，以此扩展并深化知识结构这个概念（第四章）。

从本质上讲，我将继续探讨什么使累积式知识建构成为可能，并对其加以限制，尤其是知者语码的本质和它们在社会实践场域中的影响。回到第二章所探讨的英国文化研究的例子，我通过分析20世纪70年代从培养型审视力到社会型审视力转变的影响，考察不同类型的审视力在场域断裂中的作用，这加深并细化第二章的分析，以更充分地将场域内变化的基础概念化。本章结尾处，我将考察本章引入的概念是如何累积式地发展我们对人文艺术学科的理解，并考察场域内不同审视力对知识的累积式发展和民主进步的启示。

标准和批判

"文化争论"按照惯例通常被描述为两种立场的争论：对本质主义标准的保守辩护和对标准可能性的激进批判（Graff 1992）。根据康德，批判通常将对西方文化理解中的传统信念描绘为如果某人将某物评价为，比如说美，"他[原文如此]认为别人同样对此感到满意，他不仅仅是为自己，而是替所有人做判断，他谈及美似乎美就是事物的属性"（Kant 1790/1951: 46—47）。这种立场将文化产品的标准地位看做是不变的、普遍的和永恒的，并"坚持一种任何时候无论如何都能辨识出来的正统，因为它具有本质上的永恒性"（Kermode 1983: 21）。读者或受众可以不经过中介，直接接触到这些伟大的文学作品的美学价值。

对这种观点的挑战源自各种各样的"激进的""批判的"和"后-"的方法。尽管它们之间存在差异，它们共同的一个观点是本质主义观点与社会和历史无关。通过强调同一部作品由不同读者或受众阐释所生成的各种意义，这样的批判认为不存在关于"美"（或认识论中的"真"或伦理学中的"善"）的普遍标准，只存在情人眼中不同的美。例如，这种观点提出不同文学变化的多样性，而非单一的"文学"（Kernan 1990）。立场理论在"文化争论"中尤其凸显，并将此往前推进一步，不仅反对具体的标准，还反对是否存在标准本身。它们强调文化价值的主观和任意性本质，并将标准地位视为反映主导社会群体的利益，以至于"标准通常被视为是那些曾经占据权力地位的他者所制定的，现在需要将其剖开、去神秘化，并彻底消除"（von Hallberg 1984：1）。例如，女性主义批评家将"西方文化"描述为：

> 受教育者从知识分子先祖那里继承到的一大笔遗产，然而它们的女性亲属，例如简·奥斯汀小说中的角色，被贬低成处于这个遗产边缘的放置嫁妆的简陋小屋。
>
> （Gilbert 1985：33）

立场理论批判那些声称标准的内容，以及认为选择标准的基础是，比如，西方的、资产阶级的或者父权的这样的观点，而且"主人的工具永远不会拆除主人的房子"（Lorde 1984：112）。换句话说，据说不同的知者必然拥有不同的工具，即每一个独立生活的社会群体都带着自己看问题的方式。因此，标准被看作是众多同等的文化价值中的一员，但这些文化价值受到的社会支持度不同。这种接近现实主义的观点在声称艺术的价值"是个人品味的陈述"（Carey 2005：9）这个高度个体化的位置上达到顶峰。从这个角度看，除非依照个人喜好的名义，否则人们不能评价一部文化作品比其他的更好或更差：文化作品的意义局限于无法对比的个人经验，因为我们无法评价别人的思想（见Moore 2010）。采用不同方法评估艺术，就是在有区别地评估个人经验，因此不存在文化层级根基。

两种标准批判

本质主义和相对主义之间的选择经常被描述为定义"文化争论"的领域。然而，这是一种错误的两分法，是一种审美困境，类比于第一章的"认识论困境"，"认识论困境"呈现了缩减可能空间的有限选择。因为，尽管被认为是相反的，本质主义和相对主义都否认知识的再次语境化，因此否认了知识建构的可能性。知识要么是完整的，因为作品的价值是不言自明的，并存在于作品本身（本质主义），要么被它所反映的社会语境的价值耗尽而枯竭（还原相对主义）。因此，或者人们能将新的永恒作品沿着已存在的作品直接加入标准中，或者不能同时拥有跨越时间的标准。运用伯恩斯坦的模型，这些立场都将人文艺术学科表述为单调的和分割的，即水平知识结构。此外，正如摩尔（Moore 2010）所讲，本质主义和相对主义之间非此即彼的错误选择将第三个立场，即在标准传统之内的批判性工作，抹杀掉了。

这第三种立场可以通过1756年诗人克里斯多夫·斯玛特的期刊《宇宙访客和请愿者》卷首图片对作者的刻画显示出来（Ross 2000: 34）。图片显示作者在书案前工作，抬头看向支撑着五个著名作家半身像的帘幔，每一个半身像的底部都镌刻着一行诗，并扩印在卷首页：

> 为乔叟！他设计了英语口语；
>
> 为斯宾塞！他对其改进并完善；
>
> 为莎士比亚！他为其赢得了赞誉，
>
> 创造大量大写的复合词和色彩斑斓的短语；
>
> 为沃勒！让人体会男子气派发音的妙处；
>
> 为德莱登！真正的完美从此显露。

半身像之后是放满了一大批英国作家作品的书柜，书柜上面的拉丁铭文宣称这是英语的阿波罗神殿。这种形象展示了文学标准的大量典型特征：聚焦于作者；作者丰富语言和理解的故事；将文学和国家文化混合起来；过去作家对当代作家的引导和鼓舞以及对圣贤的推崇。至关重要的是，这代表了标准的进展（"改进和完善""创造""妙处"），并表明了知识建构。这样的描绘并不少见；昆德拉将"小说精神"描绘为"持续的精神：每一个作品都是对前面作品的回应，并涵盖了成为小说前的所有经验"（Kundera 2000: 18–19）；例如，人们经常提到"但丁比维吉尔知识渊博，但后者是前者所理解事物中的一大部分"（Kermode 1983: 25）。

从这个角度来看，文化作品可以被视作是带着语境负荷的，但既不是语境独立的（本质主义），也不是由语境决定的（还原论），这就使再次语境化成为可能，进而可以历时地建构知识。此外，如下面英国文化研究的例子更充分地显示的，这个过程涉及批判，而不仅仅是赞同。正如对一本探讨文学标准的论文集的简介所述：

> 事实上，传统是由历时的（正如过去的可以解释现在，现在的可以解释过去）、年代误植的（正如古代的东西对现代很重要，反之亦然）和多元的（正如大量非同寻常的声音构成传统，以及对传统的解读）争论构成的。
>
> (Morrissey 2005: 1)

然而，使用伯恩斯坦的模型，英语文学代表了水平知识结构：不同的文学分析方法依然保持明晰的界线（Christie and Macken-Horarik 2007）。

从它们建构在过去之上的潜势来讲，此处概述的两种批判形式体现不同的轮廓。还原相对主义否认进步的可能性，而批判性地对待标准则是基于进步是可能的赌注。然而，二者都体现了具有弱垂直性和弱语法的水平知识结构。这就提出了一系列问题，如它们之间有什么不同之处，以及什么是它们不同的知识建构能力的基础。为解决这些问题，我们需要不仅考察它们的知识结构，还要考察它们的知者结构。

知者结构和审视力

在概念化"知识结构"中，伯恩斯坦聚焦于社会场域的一个维度：它们的话语或概念构造。这表明他的方法聚焦于知识自身更广泛的倾向性上。例如，在第四章所讨论的，伯恩斯坦对课程和教学法的分析（Bernstein 1977）探讨了教育知识的分类和框定问题。同样，知识生产场域被它们的知识结构所概念化（Bernstein 2000）。这种对社会场域知识构成的聚焦使我们能够将知识看作研究对象，从而克服教育研究中典型的知识–无知（第一章）。

然而，单一地关注知识使人们很难理解知识结构不那么强烈和明晰的场域。例如，在伯恩斯坦对教育知识语码的分析中（Bernstein 1977），据说行动者的身份或者存在于对课程知识的占有中（集合语码，学术课程间的边界明晰），或者不那么确定，并要求某种"意识形态共识"（融合语码，边界相对较弱）。同样地，使行动者知晓他们是在层级知识结构中运作的标志是清晰的："习得者不用考虑她/他是在讲物理，还是在写物理的问题，只需考虑正确的用法。较强语法明确宣告什么是正确用法"（Bernstein 2000: 163）。然而，在具有弱语法的水平知识结构中，基于知识的标志并不那么明显，据说对规范语篇的识别和建构会存在更多的问题。

在知识明晰的地方（集合语码、层级知识结构），伯恩斯坦的分析是明确的：洞察和行动者身份从这种知识构造中涌出。在知识不那么明晰的地方（融合语码、水平知识结构），伯恩斯坦的分析也变得不那么明确。对像人文艺术学科这样的场域，层级性的基础仍然模糊不清。问题变成了：如果它们不是基于针对研究对象的显性知识结构，那么它们的基础又是什么呢？

要回答这些问题就需要改变焦点：我们需要清楚两个在分析上有区别的结构，它们共同塑造了教育和知识场域。换句话说，社会场域不仅包括知识形成，也包括知者形成。这代表了视角的转移，因为原来的框架仅仅将知者作为知识分析的副现象，间接地进行探索，却更难弄懂那些知识不那么明晰的知识场域的基础。我认为对这些场域来讲，基础存在于具有自身建构重要性的知者结构中。

作为知识-知者结构的场域

正如第四章所概述的，对每种知识结构都相应地存在一种知者结构，也就是说，社会场域是知识-知者结构。这些结构在经验上与社会实践场域不可分离，但在分析上却具有可辨识性。至关重要的是，每一种都可以独立地进行水平或层级排列。例如，科学可以被视为不仅具有层级知识结构，还具有水平知者结构：一系列界限分明的知者，每个都具有独特的存在和行动语码，具有基于不同生活轨迹和经验的难以比较的习性。科学家的社会面貌通常被认为与科学洞察无关——只要人们遵循科学原则和程序，任何人似乎都可以创造规范的知识。因此，就它们不科学的习性而言，科学家可以代表一系列分割的界限分明的知者。这可以在视觉上表述如下，每一段代表一套不同的习性或布迪厄称之为"习惯"的东西（Kr1, Kr2等）：

Kr1	Kr2	Kr3	Kr4

与此相反，人文学科不仅具有水平知识结构，还具有层级知者结构：基于理想知者的系统性、条理化和层级性的知者组织，它的发展依赖于低层次新知者的融入，并跨越不断扩展的不同习性范围。场域层级内知者的位置和轨迹通过与理想知者的对比进行安置。这可以呈现为知者三角（尽管一个场域可能具有多个理想知者和知者三角）：

分别单独改变知识结构和知者结构能生成四种知识-知者结构模态，以描述知识场域和教育场域所采用的形式。这些形式背后的原则可通过专业化规范语码得以分析。图5.1将这些类型学和拓扑学的解释集中在专业化平面上，此处对图2.1进行修改，以凸显知识-知者结构。知识结构的专业化语码源于认识关系（ER），知者结构的专业化语码源于社会关系（SR）。每种形式都被或强或弱进行分类和框定，或者，更简洁地讲，被或强或弱地强调（+/−）为规范性的基础。独立改变这些关系的强度可生成四种主要的语码模态（ER+/−，SR+/−）。通常情况下，较强的关系（+）反映层级结构的存在，例如，较强的认识关系（ER+）与层级知识结构相连。因此，如果科学展示出层级知识结构和水平知者结构，这意味着强调知识、技巧和程序，忽视知者习性：知识语码（ER+，SR−）。相反，如果人文学科代表水平知识结构和层级知者结构，它的支撑来自对天赋、态度和习性，而非对原则和程序的重视：知者语码（ER−，SR+）。此外，我们可以描述精英语码，不仅重视对专业知识的占有，而且强调要成为真正的知者（两者都是层级结构；ER+，SR+），和相对主义者语码，两者都不重要（两种结构都是水平结构；ER−，SR−）。

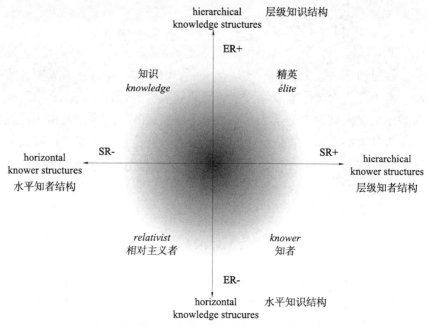

图5.1　知识−知者结构与专业化语码

　　这种从两个维度观察场域的方法可以将以前模糊处理的问题显露出来。如第四章所强调的，它表明场域的层级可能性存在于它的知者结构，而非知识结构中。换句话说，它向我们展示了水平知识结构中"垂直"的东西。伯恩斯坦将教育或官方知识描述为"垂直语篇"，其意义和别的意义在不同层级上相互关联（见第六章）。然而，在他的水平知识结构模型中，垂直语篇所采用的一种形式，看起来不具垂直性。通过将场域概念化为知识−知者结构，我们可以看出垂直语篇中总是存在着层级性——作为层级性原则的东西。我们应该探讨层级性在哪里，而不是场域是否具有层级性（第四章）。在区分场域中，问题变成了：不同垂直语篇形式中的"垂直性"体现在哪？或者，专业化语码（ER+/−，SR+/−）中的"+"体现在哪？知识结构（知识语码），知者结构（知者语码），或两者兼有（精英语码）？（如果是两者皆无的相对主义者语码，场域就不具有垂直语篇的特征。）

　　这个方法所揭示的第二个问题使我们回到人文艺术学科的进步上来。前文已经引入了知者语码，现在我们需要探讨它们如何通过将概念动态化而历时发展。伯恩斯坦指出具有层级知识结构的场域通过知识的融合，即"垂直性"而发展。现在我们可以附上这样一种观点，即具有层级知者结构的场域通过知者的融合或我称之为社会性的东西而发展起来。换句话说，一种场域类型随知识建构而发展，另一种通过知者建构而发展。知者结构因此可以通过它们与新知者融合的程度，即社会性而区分开来，凸显它们是通过知者习性的融合还是累积而发展的。因此，尽管人文艺术学科的知识结构可能展示弱垂直性，它们的知者结构可能显示强社会性。这并不是说这些场域必然以这种方式发展或不能建构累积式知识，而仅仅是提供一种思考事实上存在的进步是如何可能发生的方法。

审视力和"知者语法"（或社会关系）

　　层级化的原则和场域发展的轨迹可能与它们的知者相关，但又提出了两个更深入的问题。第一，这些场域中选择、再次语境化和评估原则的基础是什么？如前所述，层级知识结构存在于它们的"强语法"中，例如，真理观点可以用根据共享标准所收集到的证据来评价。与此相反，伯恩斯坦认为对水平知识结构来讲，"尤其是具有弱语法的'真理'是习得'审视力'的问题，没有人迷失在加沙"（Bernstein 2000: 165）。他将"审视力"描述为"一种识别和认识什么是'真实'……现实的特殊方式"（同上：164），但并没有概念化不同的审视力模式或种类。如果没有人迷失，我们就应该考察"审视力"自身。

　　我认为知者结构基于正当知者，每一个理想知者都拥有一种特殊的审视力，这种审视力所采取的形式塑造了知者结构。[1] 前几章概述的专业化概念为不同审视力的分类提供了简单的方式。我将对其进行简短概述。然而，为了弄清楚此处体现的累积式知识建构，我需要将伯恩斯坦不相干的概念集合起来，并详述它们是如何在专业化中延伸并融合的。这需要分几个步骤来完成。第一，如果知识结构具有"语法"，我将为其重新命名为"知识语法"，那么知者结构就具有"知者语法"（第四章）。也就是说，就像知识结构一样，知者结构与它的指称物之间的关系也呈现出不同的强度。第二，知识语法据说是指研究对象和它们专业知识分类和框定的强度，而知者语法是指研究主体和他们的习性间分类和框定的强度。这两种"语法"的强度可能会独立发生变化(以致具有较弱知识语法的场域可能也具有较强知者语法)。到目前为止,我们已经将社会场域描述为具有较强和较弱知识和知者语法的知识-知者结构,这巩固并延伸了继承到的模型。然而,我们现在可以获取更大的概念融合和概念经济,因为这些概念已经在前面章节阐释清楚:"知识语法"是认识关系,"知者语法"是社会关系,它们在专业化语码中融合起来。

换句话说,专业化语码延伸并融合了伯恩斯坦的"语法"概念:专业化将伯恩斯坦称之为"语法"的东西更系统性地概念化为认识关系(见第九章),同时将我暂时描述的东西强调为"知者语法",并将其概念化为社会关系。将两者作为语码结合起来可以揭示以前被模糊处理的模态。伯恩斯坦的"语法"概念和新的"知者语法"概念现在都可以摈弃:它们代表了暂时的连接概念,使得继承模型的这部分内容能够延伸和融合。上面已经详述了这些步骤,捷径也变得非常简单:不同种类的审视力可以用它们社会关系的强度来进行概念化。[2]

正如图5.2所示,此处我将定义四种审视力:天生的、社会的、培养的和培训的。我使用"审视力"这个概念,但是人们也可以谈及"听觉""味觉""触觉"和"感觉"等,这主要取决于所讨论的知识实践。这样的语言强调了我的观点,那就是层级化的原则可以被描述为由知者和他们的行为所体现。(正如穆勒[Muller 2012]所强调的,层级知者结构可能包含对程序知识而非命题知识、对"知晓如何"而非"知晓什么"的强调。)相对最强的社会关系可以通过在探讨艺术能力时的"天赋"和"天才"的概念加以说明,也可以通过生物学和遗传学上对实践的解释加以说明,在实践中,正当知者被视为具有天生型审视力。

没那么确定但仍然相对较强的是正当知者拥有的、由他们的社会范畴所决定的社会型审视力,例如基于被建构为社会范畴的社会阶层或种族、性别和性取向等的立场理论。更弱一点的是培养型审视力,其规范性源于可以被灌输的知者习性,例如在文学或艺术批评中,规范性理解经常被视为源自长期接触大量伟大的文化作品。相对最弱的是培训型审视力,通过专业原则或程序的培训即可获得。例如,在科学中，处于特权地位的审视力，其源头更多的是它们的知识而非知者，原则上，每个人都可以通过培训而拥有规范性审视力。

图5.2 审视力与知者语法

需要强调的是，知识无处不在，知者亦然，即社会实践是知识-知者结构。因此，所有场域都包括审视力：知识语码场域包含培训型审视力，知者语码场域包含天生的、社会的或培养型审视力（见第九章）。例如，科学家就不仅仅遵循科学程序，他们也获得，如伯恩斯坦（Bernstein 2000: 164）所说的，"对源自实践的潜在现象的一种逐渐获取的感觉"。与此相反，人文艺术学科有理论和方法论等。一个关键的区别在于知识和知者是如何被阐释清楚的。对知识语码场域来讲，规范性的主要基础在于发展知识，培训专业知者是达到此目的的途径。对知者语码场域来讲，规范性的主要基础在于发展知者，创造专门知识是其途径。需要注意的是无论规范知者具有什么样的审视力，场域内的行动者都会在不同程度上识别和/或意识到那种审视。确定哪种潜在的知者会这么做经常要取决于实证研究。

这样的概念化给我们提出了第二个问题：为什么有些场域可能会比其他场域有更大的进步潜力呢？答案与潜藏在相关场域知者结构背后的审视力类型息息相关。上面概述的审视力呈现逐渐变弱的社会关系连续统，因此增加了对潜在知者开放的程度。这些不同的强度帮助塑造场域层级内的准入条件、位置和轨迹。社会关系越强，成员身上知者结构层级所附加的限制就越严格。天生型审视力对那些还不是特权知者成员的人来讲最难获得，因为如果知者生来是不具有天生型审视力，那么很少有幸运儿能后天获得。社会型审视力将规范性限制在难以加入的社会范畴内，培养型审视力提供了一种获取规范性的可能，即需要长期沉浸在一种存在、思考和行为方式中，培训型审视力为每个愿意接受专业原则和程序培训的人敞开大门。潜藏在场域内知者结构背后的那种审视力类型，可能对通过时空扩大它的认识群体至关重要（第三章）：审视力可能塑造社会性和知者结构发展的能力。此外，社会性反过来影响垂直性，即场域内知识建构的能力。也就是说，知者结构可能会影响知识结构。接下来我将探讨它们对社会性和垂直性的影响。

培养型和社会型审视力

前面我概述了两种对标准的批判，它们提供了人文艺术学科的不同画面：还原相对主义和在标准传统下的批判性工作。它们现在可以被重新描述为分别代表了社会型审视力和培养型审视力。为了阐明这些审视力对场域发展的影响，现在我将从知识场域的历史中为每种审视力挑选出一个案例来进行探讨。为了以第二章为基础，并阐述这种概念进步能加深我们的理解，我将聚焦英国文化研究的历史。

培养型审视力

面对大众媒体新的商业形式的兴起，20世纪60年代早期很多教育者支持教会年轻人如何"批判性看待、并区分他们观察到的好与坏"（Newsom Report 1963: 156）。英国文化研究的奠基人——理查德·霍加特，雷蒙德·威廉姆斯，E.P.汤普森和斯图亚特·霍尔——认为传授这种鉴别力的倡议通常伴随着"流行艺术"的贬值（Hall and Whannel 1964: 23–37）。他们同意需要培养批判性审视力，并确信"高等"文化具有价值，但却强调现存的标准没有将工人阶层的经验纳入其中，选择标准的基础可以扩展得更为广泛，以包括新的文化形式。通过他们对成人教育和第一次"新左派"运动的研究，他们力图使工人阶层学者能够批判性地欣赏"高等"文化和新媒体，因此将其带入原先被排除在外的文化对话中。这种"大众民主教育的尝试"（Williams 1989: 154）努力让更多人接触到基于利维斯文化批判的培养型审视力。在伯明翰大学当代文化研究中心（CCCS）的就职演讲中，霍加特将这描绘为：

不断增长的欣赏文学想象以探索人类经验的众多途径的
能力……通过创造最复杂、最全面的"对生活感受的感知"，
即对感受、感觉和思维以及对时间、空间和个人的感知。

(Hoggart 1963: 75–76)

文化研究的奠基者们认为需要新的教学方法来将这种审视力灌输
给新学者。他们尤其强调建构在学生经验基础之上的需求，正如威廉
姆斯所讲："我相信如果仅仅将交流视为简单的传播是不会有效的。这
依赖于，如果这是真的的话……真实的经验群体……分享真实的经验"
(Hoggart and Williams 1960: 30)。他们认为这种教学法应该始于但不终
于学者的经验。"经验群体"因此不是先在的，而是教师在课堂上通过
与文化作品的接触而创造的。例如，威廉姆斯（Williams 1968）认为
"假装他自己不是教师的教师……是一个可悲的无关人员"。他因此致
力于将（主要是）工人阶层的利益和经验融合起来，而不陷入"草率
的相对主义，他并不催促任何学生，因为'他们全都按照自己的方式
表现得很出色'"(Hoggart 1969, in 1982: 12)。简而言之，对"文化想
象"的培养要求明晰的和"计划详尽的大纲"，以帮助"填充不间断旅
行的感觉"，即对文化作品标准的欣赏，其中

老师和学生都信赖课程的总体目标以及额外的工作安排，
也信赖安排中每周的场所以及任何一周自身的状态。大纲作
为指导应该尽可能地清楚，并且与之相应的阅读清单也应
如此。

(Hoggart 1982: 9)

就阅读清单而言，随着场域不断开发它自己的研究语料库，对通
过接触范例来定向培养审视的强调，变成了聚焦于文化研究语篇的标
准。20世纪70年代早期，伯明翰大学当代文化研究中心从事了一项试
图"通过一套核心语篇来提炼场域"的大项目，其目标在于生产《文
化研究中的读者》，以"避免后来的学生不得不从最基础的内容重新开
始"(Hall 1971: 5)。这个标准的目的在于通过培养文化研究知者，而
为累积式知识建构提供基础。

培养型审视力的进步

运用上面阐释的概念，我们可以将早期文化研究所例示的那种标准批判描述为代表了层级知者结构，它通过培养行动者的规范习性而致力于将新的习惯融合于场域。如图5.3所示，三角形的顶端是理想知者审视力，基部代表了通过教育而融合的习惯的范围。那么这种层级知者结构的发展可以被理解为沿着两个方向进行：三角形基部的扩展代表了场域所包含的习惯范围的扩展；垂直箭头表明通过习性培养，知者向规范审视力的上升。新的知者由此被带入场域，并通过长期沉浸于师徒关系的示例和模型中，获得较强的规范性。伯恩斯坦认为层级知识结构通过它们的知者主动走向将更大数量的经验现象融入最小数量的原理中（Bernstein 2000: 161）。我们可以将层级知者结构描述为，通过它们的使用者，而主动将最大量的习惯融汇成最小量的审视力。因此，它们具有相对强的社会性。

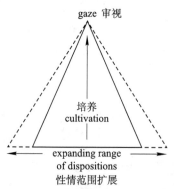

图5.3　层级知者结构的发展（培养型审视力）

这种相对强大的社会性是否能够建立积累式知识，依赖于规范审视力在多大程度上给它的实践者们提供一个共同的法庭或图书馆。培养型审视力基于以下信念，即知者不是天生的，而是通过重构他们的习性而创造出来的。层级化的原则由此体现在知者身上——培养型审视力存在于心灵之上（或者诸如触觉意义上的培养"感觉"等）。审视力是被融合的标准。其所采取的一种形式是文化批评者罗伯特·休斯所描述的"无形审判"：

> 每个作者的脑海中都存在着对逝去作者的无形审判，它的使命不是想象的行为，也不仅仅是对一些权威概念的战战兢兢的回答。这个法庭也对我们自己的作品进行评判。我们凭直觉从中获得标准……如果法庭不存在，每一个初稿都将成为终稿。
>
> (Hughes 1993: 111)

这个法庭的作品也可能代表一种精神图书馆，它使典故、参照、互文性游戏以及布鲁姆（1973）所说的"影响力焦虑"，即超越过去的欲望的无数副作用，成为共同默认的假设。

这种无形法庭或精神图书馆代表了进入这些场域的公共区域的通道。共享的越多，建构知识的可能性就越大，因为从标准模型中摄取的"艺术"或"文学"的层级化原则反过来被艺术或文学审视力投射到新作品上。这导致的不断演化的标准为争论提供了阿基米德支点。因此，对人文艺术学科而言，标准和教化审视力可能代表了其研究对象的基于知者的对等物，以及科学的专业原则和程序，即在延伸的认识团体内主体间争论的焦点和基础。因为培养型审视基于标准，即帮助发展"经验团体"的投入，所以它促成了就某事（标准）而进行的争论和进行那场争论的共享方式（共享的辨识力或知者习性）。

社会型审视力

批判的简化形式始于和早期文化研究的相类似的地方。它也强调被主导的社会群体无法接触文化产品创造和传播的途径，他们的经验通常被排除在标准之外。然而，它的不同之处在于它的基础是社会型审视。这种形式在20世纪70年代主导了文化研究。以前一直尝试将工人阶级知者纳入知者范围，这时的文化研究越来越多地关注将女性也包括进来。正如70年代伯明翰大学当代文化研究中心主任，斯图亚特·霍尔后来所阐释的："我们尝试吸引并引进优秀的女性主义学者"（Hall 1992: 282）。然而，"文化研究中的很多女性对这项善意的项目并不是特别感兴趣"，像霍尔这样的学者、而不是"善良的、转化的男性"被描绘为"拥有绝对的父权思想，并认为自己否定了自己"（同上）。男性实践者的实践和信念，被女性主义批评家重新界定为，具有性别偏见、并植根于不平等的权力关系中。这在决定标准例证时变得尤为凸显：

> 我们曾经说，这里没有领导；我们都是大学生和教师成员，学习如何进行文化研究。你可以决定你想决定的一切等等。然而，当涉及阅读清单这个问题时……现在我发现这是真正体现权力的性别差异本质的地方。

(Hall 1992: 282–283)

立场理论的影响显示，女性主义对文化研究新兴标准的批判指出选择的内容和基础都是父权的，否认了这种审视力以及拥有这种审视力的人的正当性。这一时期争论的拟人化本质回响在霍尔的论述中："谈论放弃权利与被剥夺发言权是完全不同的经历"（Hall 1992: 283）。同理，迈克尔·格林，其一生大部分时间都在伯明翰大学当代文化研究中心任教，他认为与女性主义和女性的接触是"很严肃、不愉悦、并且很艰难的"（1999年2月对作者的采访）。

因此，培养型审视力被重新定义为是一种基于社会的男性审视力。从这个审视力来看，将女性融入场域就是尝试给她们灌输知晓他者、而非她们自己的社会方式，这是符号暴力。因此其中的一个答复是提倡"我们自己的文学"和"我们自己的批评"或者"女性批评"，即分析女性文学作品的女性框架（Showalter 1977, 1989）。结果，20世纪70年代早期，为文化研究设立标准或列出共享阅读清单的尝试，作为一种将新成员纳入场域的途径，举步维艰。相反，将培养型审视力重新界定为社会型审视力的观点，开启了类似的针对场域内知识的帝国主义、西方、种族和性别化本质的争论，以前被排除在外的新的群体经常展示他们自己的社会型审视力（见第二章）。

社会型审视力的进步

基于社会型审视力的批判修正了将标准误认为无关社会和历史的本质主义诱惑。然而，正如早期社会研究所示，这不用避开对标准价值和培养型审视力的信念就能实现；因此转向社会型审视力并不必然与这样的批判相融合。这样的转向对知识和教育场域有重要影响。基于培养型审视力的批判力图通过扩大场域内知者结构的基础，将原来排除在外的知者融入其中（见图5.3），基于社会型审视力的批判创造场域内它们自己的新的知者结构。前者力图将更多潜在知者纳入既定的对话中；后者力图为已经规范的知者开拓出新的空间，以创造他们自己的对话。当一个场域从培养型审视力转向社会型审视力，如20世纪70年代的文化研究那样，它仍然基于知者语码，但是强化了支持那种语码的社会关系，影响了场域的历时发展方式。特别是，这可以带来影响英国文化研究的不同"声音"的分裂。

图5.4显示场域内社会型审视力带来的发展形势。（如第二章所强调的，这些倾向性可能因为致使条件缺席而无法实施，或因为对抗力量的存在而导致实施未能实现。）社会型审视力可能根据上面讨论的针对培养型审视力的两个维度来限制场域的社会性。首先，潜在知者的范围可能缩小。如果知者结构以一个单独三角形开始（图5.4，1），社会型审视力可能会增加第二个单独的三角形，而不是延伸三角形的底部（图5.4，2）。也许培养型审视力可以被来自不同社会背景的知者所共享，社会型审视力只会被那些已经拥有它的人所共享，除非其他人可以成功地改变性别、社会阶层背景和种族等。在"女性"这个庞大的社会范畴内，最初这可以显著地扩展为整体的场域：为以前被排除在外的社会群体开拓出新的空间。然而，只要它的社会范畴保持统一，新的知者结构就可以维持一个单数的、融合的三角形。如第二章所示，对社会范畴来讲，这种倾向性会随着基于其他社会范畴的更多形容词被加入进来而产生分裂，尤其是在教育扩招的条件下。随着不断增加的形容词（例如白人-女性-双性恋-西方-等），场域中会出现更多的独立知者结构，每一个都带着新的社会型审视力。这就增加了更多的带着较小底部的三角形（图5.4，3）。尽管涵盖了更多知者类型，每一个新的群体都有自己的知者结构，将作为整体的场域分割开来。结果就是走向水平知者结构（图5.4，4）。

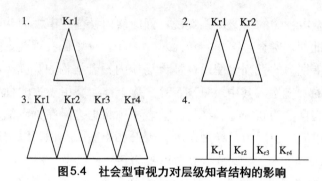

图5.4   社会型审视力对层级知者结构的影响

如果场域已经有一个水平知识结构，这个过程就进一步减少了成员接触主体间性争论和历时建构知识的能力——不存在层级化的共享原则。据说不同的社会群体具有他们自己的审视力，因此有自己的对象和标准，即每一个属于他们自己的文学、文化或艺术。因此就不存在阿基里德支点，不存在不同争论所共享的研究对象，也没有共同的处理方法。

第二个维度关注知者结构的高度，或者作为场域新手的知者习性和描述规范审视的知者性情之间的距离。这个距离可能会逐渐缩短，并逐步降低图5.4中三角形的高度。教学法不大可能聚焦于培养辨别力的漫长学徒期，而更关注移除意识形态障碍（包括先前的教育），使真实的社会人能够凸显出来，因此让人们意识到他们先在的社会型审视力。审视力仍然是进入公共领域的通道，但那个领域现在却更为有限。除非一个人已经是理想知者，否则就不可能进入或提升知者结构。这也分裂了社会实践。在英国文化研究中，例如，理查德·约翰逊（1979–1988年伯明翰大学当代文化研究中心主任）将20世纪80年代早期描述为经历了"由于不同政治运动中常常孤立甚至是敌对的观点，而导致的文化理论场域明显分裂"，这体现在一门"围绕场域内阶层、性别和'种族'的政治顺序，而非其他对张力和最佳选择的更综合的阐释"的硕士课程中（Johnson 1997: 65）。因此，当学生在与分割社会型审视力相关的方法间移动时，他们可能经历着分割式学习，而不是在通往培养审视力的连贯路径上；事实上，对硕士课程的一个常见的批评就在于其缺乏"连贯性"（同上）。

这种水平化过程的终点在于主观相对主义，即认为可能无限的不同知者的不同主观知晓之外空无一物。因此支持这种审视力的社会范畴被瓦解，并被个人审视力所取代，如下面的观点所示：

> 艺术世界已经丧失了它的信誉。选民已经延伸，事实上，已经变得普遍。我对"什么是艺术作品"这一问题的回答是"艺术作品是任何人将其视为艺术作品的任何东西，尽管它可能仅仅对那个人来讲是艺术作品。"此外，将任何东西视为艺术作品的理由将和人数一样多。
>
> (Carey 2005: 30)

从这个审视力看，批判性歧视只是被错认的社会力量。既不存在成就层级性，也不存在什么要传授和学习的东西，而只有横向增加的新的个人偏好清单（查阅Moore 2010）。这里只有轮流发言，而没有要参与的文化交流。任何"无形的法庭"都是个体自传的结果："我们将我们自己基于个人偏好的文化标准聚集起来"（Carey 2005: 242）。尽管像凯里（Carey）这样的批评家相信，这推翻了"艺术世界"的规则，因而是民主的，它通过清空意义的"艺术"而做到了这一点。此外，他认为因为现在不再有选举，选民变得普遍，这是误导。从这个角度看，任何事情都有可能发生：

> 如果这看起来像要将我们投入相对主义的深渊，那么我只能说相对主义的深渊，如果它是深渊的话，就是我们现实中经常所处的地方。
>
> (Carey 2005: 30)

现在回到在垂直语篇中寻求垂直性的问题，即它的层级性原则问题上，就是要在场域中进行从社会知者语码向相对主义者语码（ER–，SR–）的转换，其中场域包含每个孤立的知者的不同知识。知识语码和知者语码现在变成了水平的，降低了任何垂直性或社会性的期望。在涵盖大量个人审视力的情景中，尼采的格言"有很多种眼睛，即使斯芬克斯也有眼睛——因此就存在很多种'真理'，当然也可以说不存在真理"，是极为精辟的（Nietzsche 1968:§540）。

结语

"文化争论"和伯恩斯坦的"知识结构"概念都提出了人文艺术学科中知识的基础和发展的可能性问题。两者也仅仅呈现出问题的一部分。伯恩斯坦的模型将这些场域描述为具有弱垂直性和弱语法的水平知识结构——充满了弱点。它也表明了这些场域中审视力的重要性，但仍然没有将它们所采取的形式以及它们对场域的影响上升到理论层面。我认为，问题的这部分反映了知识构造框架的焦点。为了延伸这种观点，我概述了社会场域的第二个维度：基于规范知者审视的知者结构。我认为知识结构被垂直性和知识语法（或认识关系）所描述，而知者结构则被社会性和知者语法（或社会关系）所描述。"社会性"描述知者结构的发展是通过习性的累积融合而成，"知者语法"指的是合法知者被定义的方式。我们现在可以超越伯恩斯坦的"语法"概念，抛下"知者语法"这个暂时的支撑性概念，而选用认识关系和社会关系。因此，场域可以被更充分地理解为知识-知者结构，它们的形式被分析为专业化语码。这将继承到的模型扩展，并融合进更大、更系统的模型中，使得支撑知者结构的不同种类的审视力被概念化。

探索20世纪70年代英国文化研究中从培养知者语码向社会知者语码转向的影响，表明不同的审视力如何通过不同的方式塑造场域的社会性和垂直性。培养型语码因为融合了更多的习惯而为累积式知识建构提供了更大的机会。因此具有水平知识结构的场域，如果具有层级知者结构的话，可以通过融合而发展。这样的场域将"垂直性"显示为它们主要发展模式的产物，即社会性。此处融合是通过知者习性，而非显性知识构造来完成的。这构成了在知者身上体现为审视力的知晓融合。累积式发展的这种形式局限于知者定义的场域之内，局限于那些受到充分培养、并获得评价文化作品优点的规范审视力的知者，但将这种审视力定义为可教和可学的，促成了这个场域潜在的包容性，允许（尽管无法保证）累积式知识建构可能性的存在。相反，社会型审视力限制了社会性和垂直性，因为对场域内知者层级的接触和提升被限制在了特定的社会群体内。此外，这可能将场域分裂为独立的知者结构，走向主观相对主义。因此，培养型审视力的潜在规则是"习性必须联系起来"，而社会型审视力的潜在规则是"习性必须分离开来"。更宽泛地讲，我们可以说（例如，科学的）培训型审视力反映了知识层级，培养型审视力反映了知晓层级，社会型审视力反映为社会人的层级（尽管这些位置通常否认这些存在层级，并因此走向水平主义。）

　　因此，像人文艺术学科等场域内累积式发展的能力至少部分依赖于它们潜在的审视力——知者结构能够塑造知识结构。这也是理解具有水平知识结构的场域间差异的关键之所在——它们既不完全相同，也不限制在水平发展上。相反，具有水平知识结构的场域可以通过它们的知者结构（如果运作知者语码的话）进行"垂直性"发展；它们的"强度"存在于这些结构中（较强的社会性和较强的社会关系）；它们的层级性原则存在于审视力；基于这种审视力的本质，有些场域更倾向于社会性和垂直性。

　　本章的概念发展也将被"文化争论"的传统解释建构的"美学困境"所模糊掉的一种观点带入视野，即基于培养型审视力的对标准传统的批判性接触。与本质主义相反，这种态度认为文化的定义与处于社会–历史语境中的行动者，而不是普遍的和超越的行动者相关联。与相对主义相反，它强调存在可以被传授和学习的评判的主体间性基础。在前面引用的一篇文章中，罗伯特·休斯将无形审判描述为想象行为，而不是简单的战战兢兢回复社会权力的结果。这些行为不是由去语境化的知者在社会之外做出的，而是源于通过文化权威将个人的"内心"和社会的"外在"阐释清楚，即源于培养型审视力。因此避免符号暴力和相对主义的斯库拉和卡律布迪斯的关键，在于发现一种审视力以及培养那种审视力的方法，以涵盖来自宽广的社会背景的知者。这是人文艺术学科（包括教育和社会）所面临的紧迫任务。如果我们想要打造一种文化和平，不以不变的、社会强加的标准、对峙的争斗或相对主义为特征，而让每个人都加入可见审判的不断增长的文化领域，我们就不能对审视力视而不见。

注释

1. "审视力"是指知者，而非需要知晓的语篇，指潜藏在场域背后的原则的结果而非原则本身（查阅 Bernstein 2000: 172–173）。例如，"培养型审视力"塑造标准，并被标准所塑造；不代表标准的审视力自身，是一个带有独特社会关系模态的知者语码的结果（见第九章）。当考虑到"社会型审视力"，它将知识简化为知者，并把层级化原则的结果和原则自身结合起来时，这种区分的必要性就显而易见了。

2. 审视力在第九章被更为详尽地概念化为社会关系的两个次维度模态：主体关系和互动关系。

第六章

语义重力：专业教育和学校英文课程中的累积式学习

掌握语义重力是累积式学习的关键。

引言

一个幽灵，一个分割主义的幽灵在教育领域里徘徊。当知识或知晓与它的语境紧密相连，以致知识只有在其语境中才有意义时，苦恼就产生了。在知识领域，分割主义伴随着尚未成功与现有知识融合的新观点和新方法的累积而产生。这样的分割式知识建构限制了研究的解释力和累积式进步。在教育领域，分割主义反映在课程表或由一系列没有累积在先前知识之上的离散观点或技能构成的教学实践中。这样的分割式学习限制了学生将他们过去的经验扩展和融合，并将他们的理解适用于新语境中，如以后的学习、日常生活或将来的工作中的能力。在前几章，我们初步探讨了知识场域中知识建构的本质，此处我将焦点转到探讨教育场域分割式和累积式学习的条件上来。

使累积式学习成为可能是教育最核心的问题。正如布朗斯福特和施瓦茨所讲：

> 学以致用的信念在我们的教育系统中根深蒂固。大多数教育者想要学习活动收到更积极的成效，并将学习扩展到学习语境之外。
>
> (Bransford and Schwartz 1999: 61)

在发达的工业社会里，这一信念对经济和教育政策来讲，其重要性与日俱增。当前的争论表明教育必须让年轻人准备好"终生学习"，以适应在"知识经济"中工作快速变化的需求

（Field 2006）。政策强调工人需要不断建构他们的知识，学习新的技能，并为他们现有的能力赋予新意（Sennett 2006）。同时，分割式学习仍然是从中学到大学、从艺术到科学、从教育到培训的教育机构和学科规划中所面临的紧迫问题（如Christie and Macken-Horarik 2007；Wheelahan 2010）。正如这些学者所讨论的，这些争论经常忽视的一点是教育知识自身所发挥的作用，这反映了很多教育研究中的知识-无知（第一章）。例如，对"转换"的研究通常聚焦于知晓的形式（"知晓……""如何知晓"等），而非知识的形式上（如Brasnford and Schwartz 1999）。因此教育知识如何使累积式学习成为可能，并对其加以限制的问题依然存在。

正如本书从头至尾所示，伯恩斯坦的语码理论为解决这些问题提供了一个有意义的开端。前面几章已经扩展了语码规范理论框架内专业化维度中的关键概念，使用专业化语码（第二章）、认识-教育手段（第三章）、知识-知者结构（第四章）和审视力（第五章）等概念探讨了这些实践背后的原则。本章将继续使用专业化维度，但本章主要的理论焦点是一个全新的维度。这是对语义重力的简单介绍，它是源于规范化语言另一个维度的概念，是个语义性概念，接下来的章节（Maton 2013）将对其作更详细的探讨。

为了探讨累积式学习和分割式学习的基础，我将使用伯恩斯坦的"语篇"和"知识结构"模型（Bernstein 2000）[1]。这些概念因为知识所采取的形式而特别强调意义和语境关系的重要性，但却要求不断发展以处理课程和学习问题，在实践中实施，并揭示潜藏在两种类型背后的生成原则。首先，扩展模型用以描述层级和水平教育知识结构，以及累积式和分割式学习。第二，这些类型背后的组织原则被概念化为语义重力，或者意义的语境依赖程度。为了展示在累积式学习中知识实践的作用，我将使用这个概念去探索两种具有不同学科和教育水平的教育实践的例子：大学专业教育的"真实学习"环境和中学英语的主题"学习领域"。两者都致力于累积式学习，但经常都导致学生的理解受制于他们的语境。我认为这种分割式学习的一个基础在于它们目的与方式的不匹配，它们的目的是使学生习得培养型审视力，而方式却是将指导和榜样的作用最小化，这让很多学生不能认识或实施成功所必需的东西，而只能依赖于常识。通过用语义重力轮廓来分析学生的学习成果，我将展示这种不匹配如何导致学生的知识具有较强的语义重力，使跨语境和跨时间的知识传播变得难以实现。在本章的结尾处，我提出掌握语义重力，即能强化和弱化知识实践的语境依赖性的能力，是累积式学习的关键，更宽泛地讲，是融入一个进步社会的关键。

概念化累积式和分割式实践

在其后期的作品中，伯恩斯坦用"语篇"和"知识结构"(Bernstein 2000: 155–174) 勾勒出一个知识实践的模型。他首先区分"语篇"的"水平"和"垂直"形式。"水平语篇"指日常或"常识性"知识，"包含了一系列局部的、片段组织的、具有语境特殊性和依赖性的策略"（同上：157）。构成这种语篇的知识具有"碎片化或与语境及日常生活功能相关"的特点（同上：158–159）。换句话说，意义依赖于语境，因此一个语境下获取的知识并不必然在其他语境下有意义或与之相关："学习如何系鞋带与如何正确使用盥洗室没有联系。这些能力是分割的"（同上：159）。与此相对，"垂直语篇"是指"显性知识的特殊象征结构"（同上：160），或更学术地讲，是专业和教育知识，并"采取一种连贯的、显性的、系统性条理化的结构"（同上：157）。此处，意义不那么依赖语境，相反，而是和其他意义层级相关。

在垂直语篇中，伯恩斯坦进一步区分了"知识结构"。"层级知识结构"是显性的、连贯的、系统性条理化的和层级性的知识组织，通过新知识扩展原有知识、并与其融合来实现发展。相反，"水平知识结构"包括了一系列界线分明的方法，通过增加另一个不同的方法得以发展。显著的差异在于它们的发展方式：一个是通过知识的延伸和融合，另一个是通过知识的累积和分割。

伯恩斯坦的概念因此强调知识如何随时间而发展，这是理解分割主义的关键要素。然而，为了探讨教育实践，这个模型需要沿着两个主要方向发展。首先，知识结构的概念只描述了知识的生产场域。研究教育的融合方法要求能涵盖认识−教育手段所创造的竞技场的所有场域：生产、再次语境化和再生产（第三章）的概念。这很容易解决。我们可以重点通过将伯恩斯坦的发展模式应用于课程和教学概念来扩展这个框架。第四章根据一个学习单元（课程、模块、学年等）是通过延伸和融合，还是通过分割式聚集来拓展以前学习单元所传授的知识[2]，区分了层级和水平教育知识结构（或者课程结构）。此外，我们可以通过学生所学的知识是基于他们之前所学知识，还是与其他知识有严格界线来进行区分。这是为了描述已经讨论过的累积式学习，学生能够跨越语境和时间来传递知识，而分割式学习中这样的传递是被禁止的。[3]

发展继承到的模型的第二个方向是从对实践特征的类型学描述转到对它们组织原则的概念化。语篇和知识结构的两分类型提出了是否所有的水平语篇都是一样的，以及这些类型间是否存在飞跃。它们将范畴内和范畴间的变化模糊化，使对诸如如何培养学生从水平语篇向垂直语篇过渡的研究问题化。正如第三章所讲，尽管伯恩斯坦意识到了不同类型之间的差异，将这意识付诸研究却需要有能捕捉到这些差异的概念。与此相关的是，分割类型也导致了在实体研究中使用该模型的尝试出现问题。很难决定在序列的何处放置特定的学科、理论、课程等——很少有实践能符合这些类型，很多实践集合了这些不同类型的特点、并随时间变化的过程很大程度上避开了这些概念。同样重要的是，这个模型描绘了语篇和知识结构的特征，而不是决定语篇是"水平"的还是"垂直"的，或者决定知识结构是"层级"的还是"水平"的这样的东西。

尽管这很值得思考，并将我们的视野转向关键问题，这些概念，如穆勒所讲，"锁定在了早期讨论的（词汇）隐喻阶段，在那个阶段，这些术语更加有暗示性而非解释性"（Muller 2007: 65）。我将在第七章详述这个阶段如何和它们的两分类型的本质相关联。此处，我简要阐释，伯恩斯坦（Bernstein 2000: 123–124）本人认为这些类型代表了一个将实践理论化的有益开端，但是它们的生成能力却仍然相对很弱。因此这个模型需要进一步发展，以捕捉到潜藏在语篇和知识结构，以及课程结构和学习形式背后的组织原则。

前几章已经勾勒出探索这些组织原则的方法：专业化。简而言之，专业化语码包括知识实践和它们的对象间的认识关系，以及知识实践和它们的行动者间的社会关系（第二章）。每种关系都或强或弱地被强调

（+/−）为观点的基础，生成四种主要模态，其中的规范性是由以下因素决定的：具有显性原则和程序（知识语码）；态度、天赋或习性（知者语码）；专门知识和知者属性两者兼有（精英语码）和两者皆无（相对主义者语码）。第五章进一步区分了社会关系的强度，这导致了不同的审视（从最强到最弱）：天生的、社会的、培养的和培训的。专业化将实践背后的一套原则概念化，如研究所示（第十章），揭示了它们在塑造社会实践场域中的作用。本章我将探讨这些概念。然而，在为知识建构的基础提供启示的同时，它们没有直接捕捉语境依赖和意义浓缩的问题，我将要表明的是（第七章），它们是知识再次语境化的中心。为了探讨这些问题，另一个潜藏在实践背后的维度必须被纳入考虑范围：以语义重力和语义密度为中心的语义性维度。这个维度将会在接下来的几章里展开：本章将会介绍语义重力，第七章将运用语义密度来概念化语义语码的形式和拓扑的语义平面。第八章将基于这些概念来探讨聚集和宇宙学的不同形式。（另外，梅顿2013系统性地将这些概念动态化以描述语义轮廓）。

语义重力

　　伯恩斯坦的模型强调知识实践与它们的社会和象征语境的关系：语境依赖度的差异构成语篇和知识结构描述的一部分。因此人们可以通过意义与语境关联的程度将实践概念化。这种语义重力可形成或强或弱的连续统。当语义重力变强时，意义就与它的习得和使用的社会或象征语境联系越紧密；当它变弱时，意义就不那么依赖语境。人们也可以描述强化语义重力的过程，例如从抽象和概括的观点转向更具体或限定的案例；或者弱化的过程，例如从一个特殊案例的具体项目，到不那么依赖语境的意义的概括化和抽象化。

　　语义重力的这种概念化可以解决上面提到的问题。首先，如图6.1所示，语篇、知识结构和教育或课程结构，以及学习形式可以不仅被描述为类型，还可以被描述为连续统上的点。垂直语篇的语义重力比水平语篇要弱些。在垂直语篇中，层级（教育）知识结构体现出比水平（教育）知识结构更弱的语义重力，累积式知识学习展现出比分割式知识学习更弱的语义重力。我必须强调图6.1并不意味着，如层级知识结构并不必然与层级课程结构或累积式学习相关。每个由认识-教育手段创造的竞技场的场域知识构成经常都服从于实证研究。人们不可能用另一个场域的实践来"解读"一个场域的实践（第三章）。当然，图6.1显示"语义重力"可以适用于所有三个场域，因此能够得出更融合的对教育的阐释。生产、再次语境化和再生产的实践每个都可以被理解为实现不同程度的语义重力，使得变化能够随着场域间知识的课程化、教学化、知识化和再次课程化得到追溯。第二，图6.1中的箭头强调，语义重力用一个带着无限强度层级和过程变化阐释能力的差异关系概念，增大了这个模型的两分类型。显而易见，随时间追踪轮廓对理解累积式知识建构的致使条件是至关重要的。最后通过语义重力的术语来概念化知识实践具有重要的启发意义：它强调累积式知识建构和学习的一个条件可能是为了将知识去语境化、转换并再次语境化，从而掌握语义重力的能力。

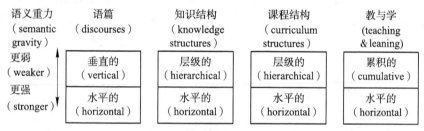

图6.1 语义重力与知识建构

现在我将运用这个概念来探讨教育实践的两个例子，目的在于让学生体验累积式学习，但结果却常导致分割式学习。这个分析本身通过使用同样的概念来考察不同的机构和学科语境：大学专业教育中的"真实学习"和中学英语以"旅行"为主题的学习单元中的实践，来阐释掌握语义重力的概念。

专业教育中的"真实学习环境"

随着"以学生为中心学习法"的兴起，专业教育近年来已经不断受到"真实"或"情景"学习的影响（第八章）。支持者声称对学生来讲，学习在他们教育要求之外仍是有用的知识，他们需要反映日常语境中知识现实和让他们带着现实世界实践经验接触到专家知识的任务（例如，Herrington and Oliver 2000）。因此"真实学习"经常与基于问题、基于案例和基于项目的教学法关系密切，其目的在于让学生接触到诸如设计者或记者的工作实践（Bennet et al 2002）。这样的"真实学习环境"据说能基于学生前期经历，提供给他们与未来工作相关的知识，而创造累积式学习经历。

为了分析"以学生为中心学习法"的一个案例，我将采用一项培养设计者（设计学习资源的专业人士）的硕士学位课程研究所收集到的数据。这项研究的一部分是探讨根据"基于案例学习法"的"真实学习"原则设计的任务。这个学习单元要求学生去分析两个真实的教学设计项目案例，每个大约包含15,000字的未经编辑的录音转写，录音内容是对三个从事该项目的工作人员的采访。评估任务包括为鼓励学生脱离语境进行思考而设计的一系列问题，如表6.1所示（Bennett 2002: 75—76）。

对目前分析来讲，这个任务有三个显著特征。首先，如表6.1所示，这些问题要求学生调动案例之外的知识。例如问题2引导学生将案例中的设计者经验与"你读过的其他文献"或"你自己作为设计者的经历"联系起来。第二，这些问题要求更多的概括和抽象：它们以要求学生描述案例中的主要问题开始，以询问他们学到什么问题结束。这两个特征通过鼓励学生去创造超越学习语境的意义来强调弱化知识语义重力的目的。

第三，这项任务体现了一种知者语码，它将专门知识背景化，并强调知者习性是成绩的基础。尽管"真实语境"倡议者赞成需要显性反映、隐性知识和教师的积极支持，被描述为"真实"制定的语境，特别不重视教师活动和直接指导（如Herrington and Oliver 2000）。与这些制定的"真实学习语境"相吻合，这个单元中的职员和学生的互动聚焦于解释任务的本质，而没有明显介入课程设计或原则的教学程序，以影响正在研究的语境。专门知识因此受到轻视：较弱的知识关系。相反，学生被期待能站在受访专业人士的"立场"，这是一个聚焦于他们习性的移情任务：较强的社会关系。此外，如表6.1楷体所强调的，问题关注从学生中引出"你作为设计师的个人经验",而不是将案例与课程设计的显性原则相关联。任务中的成就基于接触案例模型,因此具有知者语码的特征,包括他们自身资格经历——一种培养型审视力(第五章)。

表6.1 任务型问题

1. 描述产品开发过程中的主要阶段和关键点。每个阶段的主要问题是什么?

2. 本案例设计者的经历是如何与以下内容相关联的:

   a) 你所读到的关于多媒体设计和发展的其他文献,或者

   b) 你自己作为设计者的经历(比如在你自己的工作中或在EDGI913[本课程中的早期主题])

3. 选择案例中讨论的本产品的一个关键特征。

   a) 描述你认为它与最初的概念以及本项目的目标的关联性。

   b) 通过案例中的信息,你认为在开发这种特征时的主要问题是什么?

   c) 你认为该特征有效吗?说出你的理由。

4. 开发本案例中强调的多媒体CD-ROM存在的主要项目管理问题是什么?(用案例中的例子来支撑你的观点。)

5. 你认为你通过学习本案例,主要有哪些收获?

分析学生的反应

为了探索学生的理解,我们运用伯恩斯坦(2000: 131–141)的"外部描述语言"或概念和数据间相互解释的方式(见第七章),分析了他们的课程成绩。图6.2展示了为本研究特定研究对象而开发的外部语言。我应该强调这既不是"语义重力"的定义,也不是在实证研究中定义概念的唯一途径。每一个研究对象都要求他自身的转写手段,其他研究已经发展出不同的外部语言或者采用他们自己的数据来修正这个例子(第十章)。这仅仅提供了一个在"语义重力"和本研究项目数据之间互通的方式,这些数据在概念开发之前就运用先前方法进行了处理。贝内特最初的方案(Bennet 2002)建立在艾伦(Allen 1995)采用几个框架去对反思型写作进行分类的基础之上,这个方案后来在概念化"语义重力"和重新分析结果的基础上进行了修正。从左至右,

图6.2的纵列概括出：语义重力的相对强度；用于分析学生课程成绩的语码方案；对每种编码的描述，从学生答案中选出的每种编码的例证。使用这种外部语言，我们能从理论走向数据（从左到右），也能从数据走向理论（从右向左）。就编码方案而言，"再生产描述"（例如案例中的直接引语）代表了最高强度的语义重力，因为意义仍然被锁定在案例语境中引语的出处，"抽象"代表了最弱的语义重力，因为意义从案例中被去语境化了，以创造出适用于更多潜在语境的抽象原则。

语义重力 (Semantic gravity)	回应编码 (Coding of response)	学生回应采用的格式 (Form taken by student response)	学生答案例子引用 (Example quote from student answers)
较弱 (weaker) ↑ ↓ 较强 (stronger)	抽象化 (Abstraction)	汇报一个超越案例的普遍原则或程序以适用于更广泛或将来的实践。	在开发产品时，法律和知识产权问题是非常关键的。
	概括化 (Generalization)	汇报一个关于案例问题和事件的观察或者做总结。	当成员不全面了解项目理念时，很容易浪费宝贵的时间，并难以准时完成任务。
	评价 (Judgment)	超越汇报和信息阐释，提供价值判断或提出观点。	但每个隐喻提供一个现实主义的学习环境，……我觉得大柄苹果（Nardoo metaphor）隐喻促进了航海，而舞台迷恋隐喻（Stage struck）则阻碍了航海。
	阐释 (Interpretation)	通过解读案例中的信息或增添新信息来解释一个观点。可以使用其他文献或个人经历。	尽管没有在访谈中提及，但这可能会给团队带来麻烦，因为要采用新的软件，信息传输的方式也由插卡软件变为媒体设备。
	总结性描述 (Summarizing description)	对案例展示信息进行总结或综合的描述性反映，包括将将多个事件重述或重构为一个命题。不要提供超出案例的信息。	这涉及创造项目的整体结构和内容、设计信念和声明传递给客户，并让客户签发最终设计声明，给项目提供稳定的平台。
	再生产描述 (Reproductive description)	直接再现关于案例的信息，不需要阐释（比如引用）。	新南威尔士水土资源保护部（DLWC）借助伍伦贡大学的互动多媒体学习图馆（IMMLL）以开发教育多媒体程序包。

图6.2 描述语义重力的外部语言

学生对任务的回答被分解成个体的"意义单元"（传达单一连贯意义的语篇），每个单元都通过方案进行了编码。这项研究涉及12个学生，他们的课业成果总共包括1700个意义单元。如图6.3所示，分析表明几乎很少学生的课业成果（作为总量的百分比）包括"再生产描述"或直接引语。这并不足为奇，因为研究生通常都（或应该）很清楚他们上交的作业要超越引语，那些未加编辑的采访转写也没有被大量引用。然而，学生作业中大约三分之一的意义单元包括"总结描述"，超出一半的是"阐释"。相对较少的课业成果包含"评判""概括"或"抽象"。因此，本组学生做出的大部分课业具有相对较强的语义重力。意义与研究案例的语境密切相连，正如相对低的"评判"和"概括"百分比所示。应该强调的是，尽管评估任务要求学生超越具体案例，这种结果仍然存在。

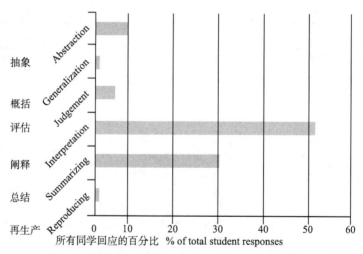

图6.3 所有学生对意义单位的反应

当然，人们也不应该期待大部分学生在其回答中能体现较弱语义重力，或者他们的作业应该是极度抽象的，脱离学习素材。然而，对比个体学生的回答表明他们中的一些人比另外一些更有能力超越案例。例如，图6.4对比了两个学生的作业。总的来说，A学生的答案比B学生能体现更弱的语义重力，他们不那么受案例语境的影响。

这种差异也体现在学生作业超越"再生产描述"或"总结描述"的例子中。例如，当学生C做总结时，仍然基于案例语境，例如：

> 任务和责任在这个"设计"层面仍然没有被澄清（Phillips & Jenkins 1998）。罗伯·莱特的反思……似乎反映了在课程设计问题的责任和这种项目的时间安排间的一种"平衡戏法"。

（摘自 Bennet 2002: 129）

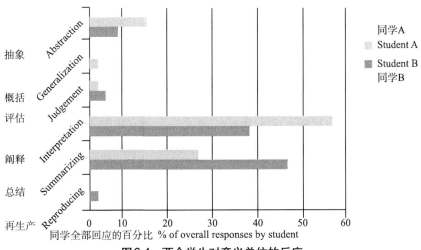

图6.4 两个学生对意义单位的反应

在本例中，学生运用其他的文献（"Phillips & Jenkins 1998"）来概括项目的设计阶段，但结果却仍严格地限制在案例的语境中（受访设计师之一，"罗伯·怀特"的经验），而不是开发适用于其他可能项目的原则。与此相反，学生D提供了更多抽象化原则，包括：

> ……人在设计和制作多媒体项目时应该牢记的一系列观点。这两个案例研究考察的问题激发了这些观点。这些观点随机呈现如下。

> 给你的产品开发设定优先性。知道什么是必要的和哪些方面是无关紧要的。

在某种情况下，你必须有精确的设计特征和内容。概括性工作不会让你在项目的最后阶段有效向前推进。

从小处入手设计你的项目。这样做，你将不会一直都在削减素材……

(摘自 Bennett 2002: 147)

因此，学生D将这些案例作为一个启动平台，提供可以适用于其他可能设计环境的知识。然而，这并非标准。当有些学生表达包含"抽象"的理解时，大部分仍然局限在教学语境中。

非培养型审视力

尽管"真实学习环境"的倡议者声称他们能使学生学到可转移到学习语境之外的知识，本案例和它所基于的更大规模的研究表明事实并不必然如此。此处讨论的学习单元中，很多学生的理解都呈现出更强的语义重力，植根于他们所处的语境。这表明累积式学习可能受到为克服语义重力、而由"真实学习"提供的方式匮乏的制约。运用强调学生在建构对实践的理解中自身作用的建构主义观点，"真实学习环境"通常期待学生做出基于个人经验的知识观点，并想象自己身处所研究的案例中（较强的社会关系），而轻视对所用程序或所学知识原则的直接引导作用（较弱的认识关系）。因此，尽管"真实学习"的支持者认为这能提升"高层次思维"（Herrington and Oliver 2000），知识本身并没有被明确化。此外，任务指向引导（并奖励）能显示学生作为课程设计者的培养型审视力（"你自己作为设计者的经验"，见表6.1）的回答，但是教学法提供了非常有限的例子（两个项目），和较少的投入（对参与者的采访转写）。因此这导致了很多学生的成绩并不理想。那些没有丰富经验和/或从这些经验中概括和抽象出原则和程序能力的学生就处于不利地位。缺乏评估所要求的培养型审视，他们仍然局限于案例的语境中。为了进一步探讨这个猜想，我现在将转向另一个研究单元，目的是使在不同的学科和制度背景下的学校英语课程中累积式学习成为可能。

中学英语课中的"旅行"单元

学校英语通常都是关于课程片段争论的焦点（Christie and Macken Horarik 2007）。最近为促进累积式学习而设计的一个英语课程案例是《旅行》，这是2005–2008年间澳大利亚新南威尔士州参加中学证书考试的学生的一个必修单元。（在2009年，必修主题从"学习领域"变为"所有物"，但对本单元及其形式的观点依然保持不变。）这个单元要求学生探索"旅行"这个话题，可以从"物理的""想象的"和"内心的"旅行等结构类似的选项中做出选择。此处聚焦于"想象旅行"，据说这涉及一些"将我们带入想象、推测和灵感世界"的语篇（Board of Studies NSW[BoS] 2006a:10）。在2005年，学生被问及如下问题：

> 学习想象旅行的概念在多大程度上扩展了你对自己、个体和世界的理解？
>
> 　　在你的答案中，请参照规定的语篇，从规定的小册子《旅行》中选出一篇文章，并根据个人选择选出最起码一篇其他相关文章。
>
> (BoS 2006b: 11)

规定的阅读内容包括两首诗、一个从三本书中选出的短篇节选和一本书的封面。规定的语篇包括：一本小说（奥森·斯科特·卡德的《安德的游戏》），塞缪尔·泰勒·柯尔律治的诗歌选集，莎士比亚的《暴风雨》，一本流行的科学史（梅尔文·布拉格的《站在巨人的肩膀上》和电影《超时空接触》）。

《旅行》的教学大纲尝试通过从特定的语篇延伸出去，以涵盖能适用于更大范围的潜在语篇的文学理解原则，来弱化学生理解的语义重力。例如，大纲认为学生将会学习如何"探讨和考察语言和语篇的关系以及语篇间的相互关系"，并学习如何"合成观点以辨明意义和发展新的意义"（BoS 2006a: 9）。它因此期待学生的理解能够展示出相对更高层次的抽象，并以"旅行"观点为中心，而不是以特定的语篇、文学类型或理论为中心。这个学习单元也包括传统文学经典之外的语篇

（例如电影），并要求学生通过选择至少一篇他们自己的语篇，来将他们的知识应用到课程之外。因此它的目的在于使学生能够学到学习新语篇的知识，实现累积式学习。

尽管与第一个案例处于不同的机构语境和学科中，《旅行》在采用使累积式学习成为可能的知者语码方式上与前者有相似之处。这个单元强调知者间的社会关系，并尽量避免传授专门的原则或程序。例如，评估问题询问学生"你对自己、个体和世界的理解"，并期待学生能与语篇产生共鸣（Christie and Humphrey 2008）。关于如何使用"旅行"的观点来选择、再次语境化或评估语篇或者这个观点到底意味着什么，学习材料几乎没有给出明确指导。与此相反，大纲中包含了最好的实践和指导模型。它提供了一本《学生答案》（BoS 2006b），由被评为中等或高分层级的文章范例构成，每篇范例之后附上评分员的评语。然而，这些评语十分简短，而且大部分是模糊的。例如，高分作文通常被描述为"复杂的讨论""有深刻见解"和"复杂且有目的的回应"（同上：114），或者"语篇选择明智"和"结构紧凑、重点突出"（同上：101）。评分员对中等作文的评论通常更长一点，但仍仅限于说明，例如，需要更少的描述和更多的"分析和评估"（同上：127），却没有详述分析和评估应需要包括哪些内容。因此所给出的成功范例是有限的，指导也是模糊的。

学生作文中的语义重力

为了展示《旅行》是如何与学生的理解相关，我将简要探讨学生作业中两个对比鲜明的例子。第一个是官方大纲中提供的作为高分范例的作文（BoS 2006b: 102–114）。[4]这篇作文的开头和结尾都将所选语篇与抽象观点联系起来，例如，它的第二句话是：

> 旅行，尤其在想象意义上，是一个过程。在这个过程中，旅行者会经历一系列挑战、偏离、偶然发现直到最后到达目的地，和/或实现蜕变。

> （BoS 2006b: 102）

从这个具有相对较弱语义重力的起点出发，这篇作文沿着每个目标语篇的具体特性展开，然后快速移动至更抽象的观点。在介绍和总结每个语篇后，选择、再次语境化和评估那个语篇与"旅行"这个显性抽象概念相关的特定方面。例如，对第一个关于科学史的语篇的讨论是这样开始的：

> 《站在巨人的肩膀上》将12位科学家的个人生活和成就描绘为过去2500年间的一个集体想象旅行。把他们各种生活视为历时线上的故事，布拉格描绘了一个累积和持续旅行的概念，这反映在他将科学视为一种"扩展的持续调查"的主题中。
>
> (BoS 2006b: 103)

这种内容的轮换在作文中反复出现。如图6.5所展示的，这篇作文的轮廓代表了重力波，即在具体例子和抽象观点间移动时，语义重力周期性变弱和增强的趋势。至关重要的是，这种高分答案既没有提供抽象的和去语境化的讨论——它包括具体的例子和权威的引语——也没有局限于它的语境。成功的关键代表了一系列语义重力的起伏，开头和结尾具有较弱的语义重力，以和"想象旅行"这个抽象概念相关联。

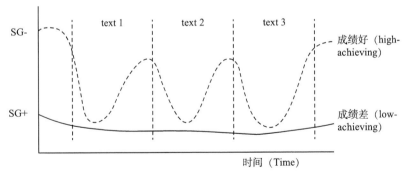

图6.5　学校英语课程两篇文章中的语义重力轮廓

驱动这种语义重力波前进的是培养知者语码。作文例示了一个知者语码，即专门原则和程序并不是学生观点的显性基础。尽管这篇作文包括抽象观点（例如"想象旅行的概念"），这些是知识观点的焦点而非基础（第二章）。不存在与"想象旅行"相关的语篇选择、再次语境化和评估原则的显性理论或方法论基础。相反，作为知者的学生是规范性观点的基础；是她的审视力带来了这些原则，即知者语码（ER−，SR+）。然而，这种审视力既不是基于生物学或社会范畴，也不仅仅是个人偏好。相反，该生展示了她的文学敏感性和禀性，即培养型审视力。例如，即便是讨论她自己，该生也会使用文学术语将她的经历和相应的客观化距离联系起来。

> 我认识到个体与他人合作完成重大任务、影响并激励他人的重要性，正如科学家"站在巨人的肩膀上"这一概念所固有的内容一样。

> （BoS 2006b: 103）

在对问题的回答中，她辨别出用于称呼的字面的"你"，并提供了一个合适的培养型知者，即通过介入语篇而转化的知者。

> 对想象旅行概念的研究大大扩展了我对通过挑战定义的自己、对寻求集体知识伟大任务一部分的个体，以及作为不容错过经历的世界的理解。

> （BoS 2006b: 113）

这种培养型文学审视力通过与低分作文对比，变得更为明晰。此处选择的例子是该水平下的典型，占学生作业的很大比例，并代表了一个巨大的反差。[5]作为整体的采取分级的形式，即对每一个所选语篇的讨论都有严格的界线。即使是把所有的语篇集合起来时，该生也对其加以区分。作文总结到："我经历了三次奇妙的旅行"，而不是包含三个语篇的一次旅行。和第一篇作文一样，对每个语篇的讨论都是从相对较强的语义重力开始，然而它仍然牢牢地限制在那个特定语篇的语境中，很少付出努力去探索更广阔的主题。此外，意义不仅和每个语篇的语境密切相关，也与学生的生活密切相关。例如，当讨论到《安德的游戏》这部小说时，该生这样写道：

> 我觉得我能在很多方面都和安德相连，我忍不住总想这个故事并不是真的，因为当读的时候，我如此投入以至于我真的以为发生在安德和我身上的事就是现实。

这篇作文因此具有高度的个体性和主观性。第一人称代词充斥其中，并标志学生个人的习性和经验是如何作为选择、再次语境化和评估语篇的基础。例如：

> 我很同情安德这个人物。我沉浸在小说中，和安德一起进行我的想象之旅，我觉得安德就是我自己的一个朋友。

作文不是通过学生作为一个习性受到语篇接触经验所培养的知者，而是通过学生作为一个已经规范化的知者的生活经历来获取意义。例如，"安东尼·布朗的图画书《胆小鬼威利》是另外一本我很喜欢的书"。此外，语篇的分级方面与日常生活中的分级语境相关。例如《安德的游戏》中的话：

> 将战斗学校想象成一个真实的地方一点也不难，因为我很熟悉我们周围的一些科学对象。例如，"桌子"对一个笔记本电脑来讲就非常熟悉。

简而言之，意义与语境密切相关，不仅仅指每个语篇的语境，也指日常生活语境。意义基于高度个人化和个体化的知者语码，其审视力并没有受到教育的影响。这代表了实现对水平语篇常识理解的个人审视，与主观相对主义很接近。

正如图6.5所示，这篇作文的语义重力范围较小，而强度较高。尽管两篇文章差不多每次都只讨论一个语篇，它们在语义轮廓和知者语码方面的差异却是显著的：第一篇通过文学知者的培养型审视力将意义融合进"想象旅行"的观点中，而第二篇将分级意义和分级语境及日常生活经历联系起来。第一个作者识别并意识到问题所面对的理想知者，并以文学专业学生的身份作出回复；第二个作者既没能识别，也没能意识到理想知者，并以他或她日常的身份进行回复。从语义重力来讲，似乎第一个学生能从每个语篇（和她自己与每个语篇的关系）

的具体基础中走出来以形成更抽象的观点，这些抽象观点与不同的语篇联系起来，然后适用于不同的具体语境，创造了我所称之为重力波的东西。与此相反，第二篇作文的意义受制于语境引力：学生不能走出单个语篇以及他或她的个人经历、感情和信念，创造出引力平线。

这些简短的案例强调，尽管课程目的明确，很多学生也许不能识别他们取得成功的要求，并将其付诸实践。教学大纲宣称，对高分作文的分析也确认成功是通过融合不同语篇中的意义来评估的。然而，关于"想象旅行"的观点意味着什么，或者该如何用它来分析语篇，课程文件却很少给予指导。因此，除非学生通过他们先前的培养和/或教育已经拥有一个合适的培养型审视力，他们可能会带着个人倾向的主观描述进行回复，经历着分割式学习，结果难以取得较高的分数。

结语

让学生体验累积式学习的愿景是教育的核心。然而，不理解教育所起的作用，教育实践就不大可能避免或者克服分割式学习。伯恩斯坦的"语篇"和"知识结构"模型为研究知识提供了有益起点，知识是其理论的基础。本章拓展其模型以涵盖更多的知识场域之外的实践，继续挖掘潜藏在知识形式背后的组织原则。前几章用语码规范的专业化维度探讨了这些原则。本章运用这些概念并引入语码维度成分，尤其是语码重力。将语篇、知识结构、课程结构、学习形式概念化为语义重力强度的实现，使得现存的两分类型阐释能够得到补充，进一步探索跨越生产、再次语境化和再生产场域的生成原则。因此这个概念进一步促进了对教育更融合和更深刻的本体论阐释。

使用这些概念来探索教育实践，并揭示知识实践所采取的形式，可能促进或限制累积式学习。实质上，对两个意在促进累积式学习的研究单元的分析表明，它们的效果并不必然与现实匹配。尽管两者处于不同的学科和教育体系的不同层级，两个单元都认为学生应该学习能适用于新语境的更高层次的知识原则。然而，对于这种知识的本质或它们如何再次语境化的原则，两者都很少提供明确的指导。相反，它们都基于先前经验、案例研究或实践模型将学生的习性强调为成就的基础。两者都导致学生的理解仅局限于他们的语境，受到相对强的语义重力的限制。

聚焦于专业化语码，这些简短但颇具说明性的分析表明，限制累积式学习的一个特征可能是学生在两个单元被期待展示出来的培养型审视力和缺乏指导之间的不匹配。培养型审视力源于习性的逐渐再次重塑，这要求在指导之下长期浸入无数各种类型的语境情境中（cf. Salomon and Perkins 1989）。这两个单元所提供的最少指导和有限模型意味着学生还没能识别和意识到作为接受培训的设计者或文学学生所必备的审视力，因而处于不利地位。对这些学生来讲，评估在很大程度上测验了他们先天的习性。颇具讽刺意味的是，这些教学方式远远不是真实的学习或代表一个旅行，限制了学生的学习机会，让很多人难以取得进步。

就语义重力而言，分析表明累积式学习需要掌握语义重力。本章分析的这些方法的倡导者认为传授和学习去语境化的知识，如抽象原则，必然导致学生不能在日常语境中使用那些知识。这种观点并不必然是错误的：传授与学习完全抽象的、去语境化的和概括的知识代表了弱语义重力。知识因此能自由流动，并永不再次语境化。然而，此处的分析表明他们提出的方案，如"真实"和"情景"学习，仅仅是在更强的语义重力层级上用一种平线代替另外一种。因为，为了避免明确教授专门知识，这些单元使得很多学生的理解仅仅局限于他们的语境。至于学校英语教学，这意味着依赖日常生活高度片段化的意义（水平语篇）。

我将进一步探讨这个问题。第七章认为两种平线间的错误两分法反映了二元思维方式，体现在如抽象/具体和语境独立/语境依赖等这些静态的对子上（第七章）。第八章描述这些是如何被聚在一起作为立场的二元星象，例如"以教师为中心"和"以学生为中心"，它们的差异缺乏经验基础。然而，我们已经开始克服造成这种平线二分的两元思维，因为语义重力的概念描述了一个可以被理解为随时间变化展示轮廓的强度连续体。这种概念化将我们从静态对比转向描述变化的轨迹。如图6.5所示，波浪轮廓显示了上面分析的中学英语单元中成绩的关键特征。当然，本章只是介绍性的。然而，对初中生物和历史课堂实践的主要研究揭示了这种轮廓——当将它和伴随的语义密度轮廓融合起来，创造出被称为语义波的东西（Maton 2003），这是累积式知识建构的关键特征（Macnaught et al. 2013; Martin 2013; Matruglio et al. 2013）。本研究和不断增加的其他研究（例如Shalem and Slonimsky 2010）正在表明很多学科学术成绩的关键不在于更强或更弱的语义重力，而在于通过强化和弱化他们的语义重力来扩大他们之间移动的范围，即本章结构所显示的轮廓：理论框架——案例研究1——分析——案例研究2——分析——理论综合。语义重力中的这些移动为知识的去语境化和再次语境化提供了一个必要（尽管不充分）的条件，因此使累积式知识建构和学习成为可能。

这个问题至关重要，因为分割主义的幽灵不仅徘徊在教育领域。社会现实主义认为作为市民积极参与公共领域事务就需要有处理有用知识的能力。这种能力依赖于经验，理查德·霍加特将其描述如下：

> 我从这种文化和这个社会得到的最好的益处之一……获悉知识生活、概括化及其与特殊事物的关系。
>
> （Hoggart 2005：65）

掌握语义重力就标志着进入了参加"社会应该怎样的对话"的通道（Wheelahan 2010: 163）。然而，人们并没有平等地掌握这种可及性，学生带着不同的语义范围进入教育领域。例如，那些基于伯恩斯坦（例如Hasan 2009）和其他理论家如布迪厄（1984）所做的研究表明，概括、抽象、客观化距离聚焦于形式而非功能，弱化和促进更大语义重力范围的其他意义取向更多地和文化资产阶级家庭，而非工人阶级家庭的社会化实践相关。那些处于社会底层为生计奔波劳碌的、对"世界重压"（Bourdieu et al. 1999）感同身受的行动者也许同样可以感受到语义重力的重量及其影响。因此，挖掘能将每个人的语义范围最大化的方式，也许不仅对累积式学习至关重要，也对建构更兼容和更具前瞻性的社会至关重要。

注释

1. 语义也可以通过伯恩斯坦早期的"精细语码"和"限制语码"概念引进来，这两个概念同样强调语境依赖性和意义的浓缩，而没有阐明它们的组织原则。他后来的概念被视为是发射台，因为它们在前几章已经得到讨论，并代表了更多的近期构想。
2. 第四章和第五章也介绍了知者结构，将知识和教育场域描述为知识–知者结构。此处为了简化论述，我仅讨论"知识结构"。
3. 伯恩斯坦将习得水平语篇的过程描述为"分割式教学"，并将它和垂直语篇的"机构教学"区分开来（2000: 159）。与此相反，累积式和分割式学习可以指对任何一种语篇形式的习得。
4. 见克里斯蒂和汉弗莱（Christie & Humphrey 2008），克里斯蒂和德鲁温卡（Christie & Derewianka 2010: 80–83）从系统功能语言学审视力对该作文所作的互补性分析。
5. 这篇文章作为他们所讨论的主体研究的一部分，被收入克里斯蒂和德鲁温卡（Christie & Derewianka 2010）。

语义密度：如何建构社会科学的累积式知识

$$\text{累积式模态} = \frac{SG^{i}-,\ SD^{i}+;\ SG^{e}+,\ SD^{e}-}{ER+,\ SR-}$$

引言

20世纪50年代早期，塔尔科特·帕森斯就因累积式社会学研究的匮乏而发出哀叹，并指出社会学理论上的失败之处：

> 大概最重要的因素恰恰是缺乏适当的理论运作传统，这种匮乏融进了实证研究者自身的"骨头"里，因此他们研究的问题、设计和假设是如此地基于"直觉"，以至于正面或负面的结果对充分概括的和融合的知识主体具有重要意义，造成很多实证研究的相互启发、并直接相互影响。
>
> (Parsons 1954: 350)

帕森斯所讲的"适当的理论运作传统"指的不是具体的理论，而是伯恩斯坦（Bernstein 2000）所讲的"层级知识结构"：一个系统性条理化的层级构成，它通过延伸和融合过去的知识，使一个连贯的经济框架涵盖更多现象来实现其发展。帕森斯的哀叹时至今日依然在回响：社会学和教育研究正遭受分割主义之苦。它们代表了伯恩斯坦口中的"水平知识结构"：界限分明的一系列知识，通过在原有方法的基础上增加另一种方法或取代原有方法而发展起来。它们通常在决定性"中断"的伪装下，刷新现有观点，而非融合关于更多现象的知识。正如第三章所讲，在社会学中，库恩称之为"革命性科学"的东西成为常态，而"常态科学"在一个时期内也可以是创新的。这就提出了什么使累积式知识建构成为可能的问题：一个"适当的理论运作传统"具有什么特征？

为了探讨这个问题，我通过尝试描述不同的理论传统来开启本章。聚焦于伯恩斯坦"知识结构"这个类型学典范（Bernstein 2000），我将探讨这个模型是如何强调，但却未能充分概念化所需要分析的东西。然而，我认为这些模型的本质限制了它们理解实践基础的能力，而没有展示出伯恩斯坦类型学的局限。简而言之，要理解使累积式知识建构成为可能的那种理论化，需要另外一种不同的理论化，一种通过对它们的组织原则分析以增加特征类型的理论化。前面几章已经开始探讨这个问题：第二章到第五章，从专业化维度详述了一些概念；第六章介绍了语义重力，即第二个维度，也就是语义性维度的一个成分。本章将引入语义密度的概念来继续展开语义性这个维度。将语义重力和语义密度结合起来，依靠随时间变化的语义语码和语义轮廓来概念化实践的组织原则。它们也揭示了规范化手段的一个新的方面，社会场域背后的生成机制（第三章）。

为了更深入地探讨不同形式的理论化是如何使知识建构成为可能，并对其加以限制，我将聚焦伯恩斯坦的语码理论和布迪厄的场域理论，可以说它们是研究战后教育社会学和语码规范理论基础框架的最有影响的方法。我通过语义语码和专业化语码来分析他们观点间的内部关系和观点与指示对象间的外部关系的组织原则。简而言之，我强调语码理论是如何通过概念间较强的垂直关系，达到语境依赖和浓缩的较高层级，并介入它们接触经验数据的显性"外部语言"，而场域理论则由水平方向相关的概念构成，这些概念的规范使用建立在不那么明显的培养型审视之上。然后我讨论了这些内部和外部关系的语码模态是如何使累积式知识建构成为可能、并对其加以限制的。本章的结尾处，我将本分析与语码规范理论发展中的两个框架所扮演的不同角色关联起来，并讨论了这些方法的拓展和融合如何为更强有力和更具兼容性的理论传统提供了可能性。

从类型到原则

很多方法都可以用来描述学术知识的形式。涂尔干（Durkheim 1938/1977）讨论了中世纪支撑起大学的三门学科和四门学科。库恩（Kuhn 1962）将科学分为"前-范式的""常态的"和"革命的"。更近一些，比格兰（Biglan 1973a, b）将学科分类为硬的/软的，纯理论的/应用的和生活的/非生活的；科尔布（Kolb 1981）区分了抽象的/具体的以及主动的/沉思的学科；比彻和特罗勒尔（Becher and Trowler 2001）基于上述两者的论述对学科"部落"进行了分类。我们可以为这些例子加上不断增长的清单：有效的/无效的、命题的/程序的、语境独立的/语境依赖的、个体的/区域的以及概念的/语境的等等。知识类型促成了欣欣向荣的产业发展。

这些模型都难能可贵地将知识作为研究对象纳入视野，从而克服了教育研究所特有的知识-无知。然而，由于它们的分割形式，其解释力也具有内在的限制性。不管是扩展还是收缩、重叠还是融合所描绘的知识形式，它们提供的一系列静态类型，很少能与经验实践和经验过程相契合。这些问题通常在这些模型被提出和争论时被提及。倡导者承认它们"不能在各学科中公平对待调查过程和知识结构的复杂性和多样性"（Kolb 1981: 245）。批评者聚焦于实验数据和类型匹配的难度，进而识别出缺失的知识类型，并进一步提出新的范畴。此类警告和批评强调了问题之所在，却通常误解了它的本质。问题不在于类型学是否能提供足够的范畴来捕捉知识实践的多样性，而在于这种理论化自身不能涵盖这种多样性。这并不是说类型学是走入歧途，相反它们是非常有价值的第一步。第二步是将生成这些不同类型（和其他仍然需要被描绘的类型）的组织原则概念化。为了阐释这种观点，我将考虑伯恩斯坦的"知识结构"模型。它通过将知识发展方式前景化而成为最相关的类型学；作为最强的分析性暗示，它揭示了这种理论化的局限，伯恩斯坦自己也强调这种局限性。

伯恩斯坦的类型学

伯恩斯坦（Bernstein 2000）描述了层级知识结构和水平知识结构

的两个关键差异，即穆勒（Muller 2007）所定义的"垂直性"和"语法性"。"垂直性"描述的是垂直知识结构内部观点间关系所采取的形式，尤其是在不断提升的抽象层次上，创造不断加大的融合命题，这将"较低层次的知识融合起来，并用这种方式来显示范围不断扩大、并具有明显差异的现象的潜在一致性"（Bernstein 2000: 161）。"语法性"描述的是观点和它们的指称物之间的关系，特别是一些知识结构是如何生成相当清楚的指称物（"强语法"），而其他的并非如此（"弱语法"）。据说这两个特征塑造了知识场域建构累积式知识的能力。它们反射在伯恩斯坦的个体理论中，包括内部（L1）和外部（L2）的"描述语言"。L1"是指创造概念语言的语法"或者理论的构成概念是如何关联的；L2"是指内部语言可以用于描述其他而非其自身的语法"（同上：132）或者理论的概念是如何和指称物相关的。伯恩斯坦将每种语言的"语法"描述为强或弱：强的L1中概念密切关联；强的L2中概念和数据以相对清楚的方式连接。

两个模型都强调观点间的内部关系和观点与指称物间的外部关系，并将其视为生成不同知识形式的关键特征。这指向了可能发现它们组织原则的地方。然而，这个模型提出了几个问题。第一，如穆勒（Muller 2007, 2009）所讲，伯恩斯坦的模型运用不/在场来描述"垂直性"：一个场域或者具有或者不具有垂直性。水平知识结构（以人文艺术学科为例）不具有垂直性的特征，可以被视为匮缺模型。然而，如第五章所示，这些场域确实能够进行融合性发展。第二，这个框架被分裂成关于内部关系和外部关系以及知识场域和理论的单独概念。对教育的融合阐释要求能涵盖两种关系和各层次分析的概念。第三，也是最为重要的，它们怎样才能被用于实体研究，以及它们怎样才能一起使累积式知识建构成为可能。这些概念从直觉上讲具有提示性，但却模糊不清；更为讽刺的是，它们展示了"弱语法""弱L2"。

研究继续

伯恩斯坦自己也强调了这些概念类型的局限性。他认为，在理论化阶段，理解组织这些两分法的原则在生成力上是"非常弱的"（Bernstein 2000: 124）。如穆勒（Muller 2006: 14）对知识模型的观点，

"尽管内容丰富，这项分析仅仅启动了研究"。然而，与支持不断创造类型的逻辑相反，接下来的是不屈从于经验主义的欲望，去画一个尽可能大的地图，并发展越来越多的范畴。相反，这种理论化必须为不同类型的理论化提供基础。伯恩斯坦的框架本身非常有效地为如何继续研究提供了一个蓝图。这个问题，如他所强调的其他观点一样（Bernstein 2000: 133），是每一个概念都是通过它的结果被人知晓的，不能被X所取代，也就是说，不能被作为一系列可能性之一的对内部结构的一个描述所取代（例如，W, X, Y, Z）。换句话说，这些概念重新描述经验特征而非概念化组织原则，它们强调累积式知识建构的在场和不在场，而不强调它的基础。关于什么使知识结构具有"垂直性"或"语法性"，什么使内部或外部描述语言"强"或"弱"的问题依然存在。因此，接下来要做的是将实践的组织原则生产性地概念化，以涵盖多样性，并提供展示这些原则如何在不同的经验实践中实现的方式。

前几章已经将一些组织原则概念化了。第二章到第五章开始描画语码规范理论专业化维度的轮廓，它将实践的社会场域描述为知识-知者结构，其组织原则被概念化为认识关系和社会关系的专业化语码。我将继续利用这个维度的一些概念。然而，此处我的主要焦点在于语码规范理论的另外一个维度，即第六章介绍的语义性维度。这个维度将社会场域视为语义结构，它的组织原则被概念化为基于语义重力和语义密度的语义语码。

语义的概念当然不会无中生有，也不会预示革命性"中断"的到来。语码规范理论预示了它自身不断重复的凝练过程，通过与实验研究、基础框架和互补方法的关系得到深化和延展（第十章）。语义缘起于这三种关系。首先，使用专业化的实体研究——包括第六章、本章和梅顿（Maton 2013）——通过强调这个维度没有明确捕捉到的意义语境依赖和浓缩的问题来"回应"这个框架。第二，这些问题由伯恩斯坦语篇和知识结构模型（Bernstein 2000）以及他早期对精细语码和限制语码的研究（Bernstein 1971）提出，并强调了它们的重要性。然而，在这两个模型中，它们仍然与两分类型融合，它们的组织原则也未能够理论化。第三，与系统功能语言学的跨学科合作（例如，Martin and Maton 2013），提出诸如"语法隐喻"等语言特征是如何在知识实践中表达出来的问题。这三点动力帮助强调什么内容需要被概念化。它们在语义中被概念化的方式同样有充分的理由：这些概念采取的形式基于伯恩斯坦的框架，尤其是"语码"和"手段"这两个核心概念。然而，为了解释它们为什么采取这种形式，首先需要引入和制定新的概念，因为，如我所讨论的，需要新的概念去揭示这种理论化的方式是如何使累积式知识建构成为可能的。

语义性

语义重力（SG）指的是意义与其语境关联的程度。语义重力沿着强度连续统可以表现得相对较强（+）或较弱（–）。语义重力越强（SG+），意义对语境的依赖就越强；语义重力越弱（SG–），意义对语境的依赖也越弱。人们因此可以描述以下过程：弱化语义重力（SG↓），例如从特定案例的具体细节，转向意义相对独立于语境的概括和抽象；强化语义重力（SG↑），例如从抽象或概括的观点转向具体的和限定的案例。[1]一个单独项目的语义重力的改变也可以被描述为意义根植于语境的重力过程和意义从语境停泊处释放出来的浮力过程。

语义密度（SD）指的是意义在社会文化实践中（符号、术语、短语、表达、姿势、行动和衣着等）被浓缩的程度。[2]语义密度沿着强度连续统可以表现得相对较强（+）或较弱（–）。语义密度越强（SD+），意义在实践中浓缩的就越多；语义密度越弱（SD–），意义浓缩的就越少。实践或符号中语义密度的强度和它所处的语义结构相关。例如，马丁（Martin 2013）显示"纤毛"这个术语是如何被生物学术语篇定位于：描述纤毛的物理成分和由纤毛构成的事物的构造结构；涉及将人体构造分类的不同方法的分类结构；一系列纤毛在其中发挥作用的生理过程和因果阐释。简而言之，鉴于它在生物学知识场域语义结构构成的意义关系系统中的地位，"纤毛"具有了相当强的语义密度。因此，一个术语代表了一个语义塔迪斯（时间和空间的相对维度）：更多的内容蕴含其中，远超过初始印象所包含的信息。尽管这种强度对符号自身并不是必要或固有的。在生物学中，由于其生产、再次语境化、再生产场域中不同的语义结构，在学术发表物中对"纤毛"进行描绘的语义密度很可能比在学校教科书使用中对它描绘的语义密度更强，后者反过来比它在课堂语篇或学生作业中的语义密度更强。此外，对那些也在日常中使用的术语（不像"纤毛"），这些教学中的应用，反过来很可能体现出比在水平语篇中更强的语义密度。[3]

将这些概念动态化，我们可以描述强化语义密度（SD↑），例如从表示少量意义的实践或符号转向牵涉大量意义的实践或符号，比如从对地点、时间段、习俗、观点和信念的讨论转向历史学中的"迈锡尼希腊"术语，或者用一片树叶内部的细胞、蛋白质和色素等结构来描述生物学中的"光合作用"。强化语义密度因此创造（或揭示）意义的星群。相反地，人们也可以描述弱化语义密度（SD↓），如从高度密集的实践或符号转向涉及较少意义的实践或符号。例如用简单术语来解释源自学术的专门概念，通常只会显示出非常有限的意义，这样就通过将该术语从它的语义结构中与其他术语的星群关系中移开，以弱化其语义密度。在单独术语层面语义密度的改变因此涉及聚集过程，即意义打包成为什么东西（如本句正在做的事情）和稀释过程，即意义被拆包或移开（例如描述什么东西不再意味着什么）。

语境的本质（作为语义重力）和被聚集的意义（作为语义密度）可以采取不同的形式，它们的本质可以通过其他概念来加以分析。因此语码规范理论的不同维度可能聚集起来形成进一步的区别。例如，第八章将运用专业化语码来描述语义密度的形式，它们涉及：形式定义（如概念）和经验描述的认识聚集和情感、审美、伦理、政治和道德立场的价值聚集。纵观本章当描述语义密度的强度时，我将聚焦于认识聚集（第八章我将回到价值聚集）。[4]

语义语码

语义性维度将社会实践场域概念化为语义结构，它的组织原则由语义重力和语义密度来赋予。与上面讨论的模型相反，"语义重力"和"语义密度"不是被多变的经验实践塞满的范畴。所有的实践都具有语义重力和语义密度的特点，实体研究的问题关注它们各自的强度。（这些强度实现的方式从经验上依赖于具体的研究对象；如我在上面所讨论的，"外部描述语言"提供了在概念和数据间互通的方法。）

　　语义重力和语义密度的相对强度可以独立发生变化以生成大量的语义语码（SG+/–，SD+/–）。如图7.1所示，强度的连续性生成了语义平面，具有无限渐变的能力。这些概念因此将类型学（通过改变"+/–"得到的四种主要语码）和拓扑学（语义平面），以及边界（创造四个语码象限）和连续性（坐标轴）结合起来。通过将它们的组织原则概念化，语义不仅给实践分类（例如Shay 2013）提供基础，也为从拓扑视角探索不同类型之间的差异及其强弱转化（SG↑↓，SD↑↓）的动态过程提供了基础。这些概念因此超越两分和均质化的范畴，例如抽象的／具体的、硬的／软的，或者纯理论的／应用的，以涵盖不同形式间及其内部差异。[5] 将知识形式的静态阐释动态化，对捕捉随时间展开的实践，如知识建构也至关重要。这些概念使得通过它们在相对强度量度上的位置，以及在最强和最弱语义强度间的相关语义范围内来研究实践的语义轮廓成为可能。例如，图6.4对比了学校英语低分作文所具有的语义重力的平线轮廓和高分作文的波浪轮廓。平线描绘的语义范围比波浪更低。

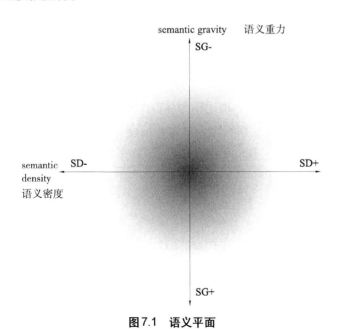

图7.1　语义平面

重新审视伯恩斯坦的类型，语义不仅通过将组织原则概念化，还通过使对教育更融合的阐释成为可能的方式将研究继续下去。继承的框架包括内部和外部关系、理论和场域的单独概念。与此相反，"语义重力"既不单单指外部关系，"语义密度"也不仅仅指内部关系（反之亦然），这样的还原主义将弱化它们的解释力。如本章将要阐释的，两个概念都能用于概念化知识实践的内部关系和外部关系（如本章开头主旨中的上标"i"和"e"所标示的）。它们也能用于分析不同层级，包括个体理论（本章）和整个知识场域（第八章）。此外，继承的模型仅仅关注生产场域（本章亦如此），这些概念也能用于分析再次语境化和再生产场域（如Macnaught et al. 2013; Maton 2013; Matruglio et al. 2013）。而且，如上面"纤毛"的例子所示，它们可以追踪不同场域间知识实践的变化，使得对争论的影响以及教育内外"意识形态作用"的分析成为可能（第三章）。

维度

与本书目前所展开的专业化框架相关，语义构成了理解社会场域的第二个维度。专业化和语义不涉及不同的经验实践，而是潜藏在同样实践之下的不同组织原则（因此可以同时使用）。两者都探讨规范语言的基础。因此，前面几章关于专业化语码的论述内容此处同样适用：一个特殊的语义语码或轮廓作为（通常口头的）"游戏规则"成为主导，但也许不是显而易见的、普遍适用的和毋庸置疑的。不是场域中的每一个人都可能识别并/或意识到需要什么，也许有多个语码或平面出现，也极有可能存在对主导权的争夺。因此人们可以描述诸如场域内行动者立场之间或教学实践和知者习性之间语码的匹配和冲突程度。

探讨这些维度也促进了对规范手段的理解。第三章将"认识–教育手段"假设为对潜藏在社会实践场域背后的生成机制的一种不完整的概念化。语义将另一个方面纳入视野。行动者争夺能将语义语码或代表它们各自立场的语义轮廓的规范性最大化的语义手段的控制权。无论谁控制了这种手段，都会建构场域的语义结构。语义手段因此是行动者斗争中至关重要的一个方面。因此将专业化和语义结合起来能为作为认识–语义–教学手段或我下面称之为ESP手段的规范性手段提供更充分的理解。

现在我将利用这些维度中的概念来探讨累积式知识建构。从根本上来讲，我将聚焦于两种理论化模式，以伯恩斯坦和布迪厄的研究为例。他们的方法所共享的充分特征使得这样的对比颇具意义：共同的意义基础、关系和现实框架以及类似现象的概念化（例如编码取向/习惯和竞技场/场域）。它们都是语码规范理论所基于的方法。在将语码规范理论的工具转向探讨它自身基础的过程中，我进一步揭示了它们在语码规范理论内部所扮演的不同角色背后的原理（第一章）。如前所述，伯恩斯坦的模型强调（概念或观点间的）内部关系和（诸如概念与数据间的）外部关系对知识建构至关重要，但仍未理清它们的潜在原则和相互关系。因此，在探讨它们如何结合使累积式知识建构成为可能或对其进行限制之前，我将依次分析这两种理论中的这些关系。我强调：我的关注点不在于理论本身，而在于每种理论所代表的理论化模式，我的目标也不在于决定哪种理论更好，而在于如何探讨他们的理论化模式如何为知识建构提供不同的资源。

内部语义关系

伯恩斯坦的内部语言

从伯恩斯坦继承的理论框架包括无数的处于不同发展阶段的部分。有些仍然处于描述类型的预知的、暗示的预备阶段，例如知识结构、描述语言、学术知识的个体/区域/语类模式以及教学身份的"萌芽轮廓"（Bernstein 2000: 65）。其他的部分更进一步将潜藏在这些类型和它们变体背后的生成原则概念化。在更发达的阶段，理论化的模式被描述为较弱语义重力和较强语义密度的概念发展。

图7.2描绘了这样的发展。它始于伯恩斯坦革新主义教学法的理论化（1977: 116–156）。这种分析首先描述了革新课堂的六个本质特征，比如老师对学生的控制变得隐性（图7.2的1）。然后通过调控教学关系的三个基本特征来描述这些特征："层级性""序列规则"和"标准"（图7.2的2）。前面的特征被描述为三个特征中的一个可能形式，例如隐性而非显性的。这些特征，反过来被聚集并浓缩（图7.2的3）为"有形教学法"（三个都是显性的）和"无形教学法"（三个都是隐性

的）的区别。此时此刻，理论化以类似于"知识结构"的方式创造了两分类型。当概念从经验描述中移出、并被浓缩为更大范围的潜在意义时（1-3），它的语义量度有所提升（SG↓，SD↑），但仍然展现出比第二种理论化所能实现的更强的语义重力和更弱的语义密度。

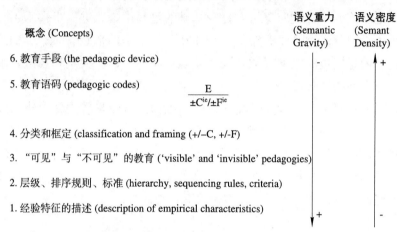

图7.2 伯恩斯坦语码理论的语义范围

第二种理论化的实现是在伯恩斯坦使用"分类"和"框定"的强度（图7.2的4）将潜藏在有形/无形教学法背后的原则概念化的时候。最初的描述现在变成了四种可能模态（+/-C，+/-F）之一(-C，-F)。这一步的三个显著特征是我们此处关注的焦点。首先，概念变得不那么依赖语境了：它们并不必然局限在对教学法的描述上。"分类"是指语境或范畴间边界的强度；"框定"是指这些语境或范畴内控制的轨迹（Bernstein 1977: 176）。第二，这种生成概念化因为超越具体案例，并将那些可能从未被实现或被观测到的模态理论化，而具有更强的概括性（Moore 2013 b）。第三，高阶概念将更大范围的意义浓缩在较低的层次上。分类和框定混合了前面的概念化（图7.2，1-4），这反过来被浓缩在更概括的概念"教学语码"中（图7.2的5），并被定义为：

$$\frac{E}{\pm C^{ie}/\pm F^{ie}}$$

E指的是（复杂的）语篇的取向：(　　　　) 指的是将这

种取向嵌入分类和框定价值中。

(Bernstein 2000: 100)

此外，这个概念将语码理论的其他部分联系起来，例如对精细和限制语码的研究（Bernstein 1971），因此将编码取向的不同社会分配过程和更广泛的社会秩序问题联系起来。这个概念"插入"从概念和研究而来的更广泛的既定意义中。

现在这离经验实践描述还有相当大的语义距离（需要通过低阶概念的翻译达到实践）。当焦点从经验现象背后的概念化原则转向用"教学手段"概念化生成那些原则的东西的时候，这些弱化语义重力并强化语义密度（SG↓，SD↑）的过程在更深入的阶段被不断地重复着（Bernstein 1990: 165–218）。在这个阶段，理论达到更高程度的抽象和概括（图7.2的6），伯恩斯坦将其浓缩进一个极度复杂的图表中（同上：197），这个图表不仅包括了众多层级（从家庭通过不同的语域和语篇达到"国际场域"）和大量的术语（例如"教学语码"，"ID"和"RD"），也包括它们之间的关系，例如 $\frac{\text{"ID"}}{\text{RD}}$，这反过来通过线条和箭头与其他术语相连。这样复杂的图表为极弱的语义重力和极强的语义密度提供了概要的图像。

理论这部分内部关系的发展因此沿着上升的语义轮廓发展到高阶概念。每次概念化遇到的问题都与已经理论化的原则有关，使得理论垂直延伸：从抽象到抽象，从浓缩到浓缩。当这些与低阶概念的关系被明确定义的时候，它创造了垂直的抽象–浓缩链条，例如，上面"教学手段"的定义也包括"阐述""分类"和"框定"。

这并不总是如此：伯恩斯坦框架发展所采用的另一种形式包括致力于更概括或浓缩更多意义的过去概念的新版本。例如，"教学语码"也包括前面的诸如"地位"/"个人"和"工具"/"表达"等这样的概念（Bernstein 2000: 89–100）。如前所述，这种语义语码和轮廓并没出现在伯恩斯坦框架的所有部分中，概念之间的关系通常也没有被明示，从而将框架的部分分裂开来。然而，在最发达阶段，这种理论化模式的内部关系旨在具有 SG^{i-}，SD^{i+} 特征的语义语码（"i"指代"内部关系"）。

布迪厄的内部语言

布迪厄的"场域"理论概念也是高度抽象和浓缩的。例如"习惯"包括很多独立于语境的意义，包括"组织活动的结果……存在的方式，习惯性状态"（尤其是身体），特别是一种素质、倾向、习性或爱好（Bourdieu 1977: 214，原文强调）。然而，是概念间的关系决定着内部语言的语义结构。布迪厄的很多概念都紧密相关。例如，"实践"的构成概念（"场域""资本"和"习惯"）和这些"符号暴力"的构成概念（包括"教学工作""教学权威"和"文化任意性"）被彼此所定义（Bourdieu 1977; Bourdieu and Passeron 1977）。概念之间同样存在着垂直关系。例如，实践逻辑被总结（Bourdieu 1984: 101）如下：

[（习惯）（资本)]+场域＝实践

这浓缩了一种观点，即实践源自个体在社会竞技场（场域）内争夺游戏的现状中已经固化和正在建构的习性（习惯），以及争论场域中个体的地位（资本）。然而，这些关系存在于语义重力和语义密度同等量级的概念之间。

这些概念因此更多地在水平上而非垂直上相关，理论化模式较少达到提升的层级。垂直关系不通过，例如，将"实践"背后的原则概念化，而是沿着语义连续统的方向移动。相反，这些高阶概念是由聚合的低阶概念之间建构的水平关系创造出来的（例如，场域、资本和习惯）。同理，在较低的层级上，"习惯"被定义为"已固化和建构中的结构"（Bourdieu 1994: 170），但这种"结构"背后的原则并没有被系统性地概念化：活动者的习惯是通过描述他们的实践展现出来的，而不是用组织原则来分析的（Bernstein 2000; Maton 2012）。

因此，这个理论化模式的内部语义关系具有比语码理论化更强的语义重力和更弱的语义密度的特征。这将潜在的刺激限制在了理论的发展上：无论答案（例如"习惯"）多么有提示性和洞察力，并不能引出关涉它们基础的问题（"习惯的组织原则是什么？"）。这降低了理论的垂直延伸。例如，布迪厄将"场域"结构定义为由"资本"（地位和资源）种类的交换率所决定的，它们的相对价值反映了拥有那些资本的行动者间的争夺游戏状况。如第三章所讨论的，这引出了它们的相对地位在特定时间是如何及时决定的或者行动者争夺的什么样的交换率机制这样的问题。布迪厄的回答反映了理论化的水平模式：场域和正当参与的限制是争论中至关重要的东西，是争论的基础和工具（Bourdieu 1994: 143）。场域不仅是事物，而是唯一的事物——没有需要探讨的生成机制，因此也没有高阶的概念需要被定义（例如第三章的规范性手段）。因此理论内部较少进行垂直延伸。尽管比经验描述展现出较弱的语义重力和较强的语义密度，这种模态，与语码理论化相比，致力于具有SG^{i+}，SD^{i-}特征的语义语码。

外部语义关系

语码理论的外部语言

语码理论的核心外部关系在于其与经验世界的关系。伯恩斯坦（2000）强调如果概念不切合实质问题，理论发展将是无效的。然而，这并不是提倡将概念强加于经验现象之上，也不是宣布对现实经验反映的可能性。相反，对伯恩斯坦来讲，概念和数据必须对话。这一立场对这些关系本质的三点启示应该引起我们的关注。首先，它提出知识和它的对象间的相对强的知识关系是规范的基础。第二，使理论和数据对话成为可能需要这些认识关系间的意义翻译方式，即伯恩斯坦（2000）所表述的"外部描述语言"。这代表了将理论概念和经验描述相互翻译的基础。第三，一旦这种外部语言确立下来以研究特定对象，分析的方法就对其他的研究者显示出来，并具有可再生性。因此"你是谁"被降低为规范性的基础，即知识和行动者间相对弱的社会关系（SR–）。任何理解理论的人都能看出分析是否与数据和证据支撑的结论相一致。这种理论化模式的外部关系因此具有知识语码（ER+，SR–）的特征。

对伯恩斯坦来讲，这种外部语言至关重要。他认为"一个理论和它所带来的描述原则一样好"（Bernstein 2000: 91）。在他自己的语料库中，这样的语言更多的是在讨论而非提供他所确认的东西（同上：121）。然而，无论是一个作者的数据库，还是概念框架，都不应该和理论化模式混为一谈：伯恩斯坦没有很高调地公布外部语言并不意味着这种模式不能生成它们。事实上，他的分类和框定概念中的诸多外部语言已经由其他学者提出并使用（例如Morais and Neves 2001; Morais et al. 2004）。同样的，表7.1示例了一种专业化语码的外部语言，它是在对一所澳大利亚大学中国学生经验进行研究的时候发展出来的（Chen 2010; Chen et al. 2011）。这样的语言源自理论和数据间不断重复的运动，而非预先存在的模型或者归纳生成的图式，直到两者间的翻译方式出现（Moss 2011）。例如表7.1源自研究、而非先于研究而存在。同理，第六章讨论的"语义重力"的外部语言（图6.2）也产生于数据和理论间的对话性协商：首先建构研究，随后在另外一项研究中发展"语义重力"，并使用这个概念重新分析编码图式和前期研究的结果。对研究对象的忠诚（较强的认识关系）是这样的外部语言的基础。因此，考虑到外部语言作为概念和数据特性间的转写手段，当研究不同现象时，就需要不同的外部语言来探讨同样的概念。例如，凯尔波特和谢伊（Kilpert and Shay 2013）发现，先前提到的"语义重力"的外部语言因为研究对象的差异而存在局限性，因此采用了另外一种图式。

无论内部语言何时概念化组织原则，都需要这样的外部语言。像类型学这样的低层次理论化产生的概念，对意义来讲更多地依赖它们的经验对象，因此不那么能被用于分析和将更大范围的问题情境联系起来。因为伯恩斯坦框架中的"分类"和"框定"（以及语码规范理论中的认识关系、社会关系、语义重力和语义密度）能够被用于分析大量的社会实践，人们需要建构它们是如何在所研究的特殊问题情境中被实现的。例如，分析表7.1所展示的外部语言的语义语码显示，概念和数据间的关系比理论内部语言具有更强的语义重力。它们被"限定在"特殊的经验语境中，在本案中，是指采访数据所显示的学生的教育经历。事实上，较强和较弱的认识关系和社会关系不同地实现于对课程、教学法和评估的讨论中。语言也展示出相对较弱的语义密度，带着对概念的描述和它们在较少浓缩数据中的实现——它们被"锁定"在特定的意义范围。这种外部语言的语义语码因此是SG^e+和SD^e-（"e"代表"外部关系"）。

表7.1 专业化语码的外部语言例子

重点概念		知识关系（ER）		强调的概念和	社会关系（SR）		
		指示	实证数据中的例子	强调的概念		指示	实证数据中的例子
课程	内容知识	ER+ 高度强调内容知识"认为其决定合法教育知识的形式"	由教师决定的课本中的信息就是每个学习单元的全部内容	个体知识和经验	SR+	个体经验和看法被视为合法的教育知识	[学生]事实上社会背景、……生活经验丰富的，……他们所需要下载其下来的框架。
		ER- 内容知识在定义上并没有那么重要	我们……展示给他们库中的数字化的资源，便于他们接触和其相关背景的读物		SR-	不重视个体经验和看法，将其与合法教育区分开来	网上讨论是混乱的，就像你参加了一项调查，每个人都告诉你他们的观点，这和课堂完全不同。
教学	教授内容	ER+ 学习者了解学习内容的程序，该程序决定教学形式	[教师]提取出他/她所知的最精粹的内容教授给学生，并指导学生学习任务	学习过程中的个体维度	SR+	明显强调个体学习者的偏好，并由此决定教学形式	通过协商选取适合他们的学习方法……就是要建构学生有助于学习的学习方法。
		ER- 学习者不清楚学习内容的程序，该程序不会决定教学形式	教师仅仅指出需要阅读素材……至于如何去该和理解，是学生自己的事		SR-	个体学习者的偏好不那么重要，也不能明显塑造教学形式	即使你提问的问题很好，老师也仍可能不予回答，因为他/她想先教授其他的内容。
评估	显性标准	ER+ 显性评估标准被用于评估学生的表现	当一个中国小孩将月亮涂成蓝色就是纠正他，告诉他月亮不能被涂成蓝色	自我评估	SR+	对学生表现的合法化评估存在于个体学习信念中	你所重视的东西与我的东西完全不同，不是吗？
		ER- 显性评估标准在评估学生表现上并不是那么重要	这并不像学习机器，学生必须弄弄对，[否则]病人就会死掉，并不是那样人的，对其解释更加开放		SR-	学生的表现不能用外在于学生标准来衡量	我是一个"考生"，如果老师不告诉我一个标准，我就不知道该怎么做。

来源：Chen, 2010: 83

与语码同等重要的是语义轮廓，换句话说，就是外部语言转换意义的方式。从右至左解读表7.1中的认识关系和社会关系，外部语言力图：通过从特定学生群体采访笔录的具体特性移开来弱化语义重力，通过将数据中的大量概念意义浓缩成概念来强化语义密度。从左至右解读，外部语言通过从抽象概念（"认识关系""社会关系"）依次转向在这个研究对象中概念所采用的形式（"内容知识""显性标准"等），转向这些形式是如何反过来在学生对他们经验的叙述中得以实现的（"内容知识被强调……"等），转向这些是如何实现在数据中的例子（引用学生的话）来强化语义重力。同时，浓缩的概念被分解，并对其进行详细阐释，随后通过依次加入经验细节，并提供在所报道的数据中找到的特定意义的指标，来弱化语义密度。因此，外部语言提供将意义的语义重力和语义密度强化或弱化的手段。

布迪厄的外部审视力

布迪厄也强调，他的概念力图介入与数据的对话，将其描述为"采取实证研究形式的临时构建"（Bourdieu and Wacquant 1992: 161）。针对经验主义，他警告说，接受参与者的叙述是危险的。针对理论主义，他也反对将现实模型和模型的现实混为一谈（Bourdieu 1977: 29），并强调区分"理论理解的理论目的和实践理解的现实性直接目的"（Bourdieu1994: 60）的差异。这与伯恩斯坦的关注点相似。布迪厄的不同之处在于他如何尽力避免这些问题。对布迪厄来讲，它们意味着需要双重的"认识论断裂"，第一个从参与者的观点，第二个从客观的观察者的观点。至关重要的是，要运用人相关社会定位的影响，"将自己与对象的关系客观化"（Bourdieu 1993b: 53）。布迪厄通常运用行动者的社会地位和他们所处位置的观点来理解理论和数据间的关系（Maton 2003）。

这种方法为理论的外部关系提供了两个关键性启示。第一，在这个理论化模式中，不存在理论和数据间翻译的显性原则（没有外部语言）。相反，布迪厄试图创造出具有充分通用性的概念以灵活适用于任何研究。正如华康德所讲："布迪厄没有在他的概念中展示能带来相对明确意义的'强迫的当务之急'"（Bourdieu and Wacquant 1992: 35–

36)。问题在于，如斯沃茨所总结的，"这种迷人的概念贯通有时会使概念本身在实践中所指的东西变得模糊不清"（Swartz 1997: 109）。正如人们普遍认为的那样，这打开了循环和即兴解释的可能性，例如：行动者因为他们资产阶级的习惯而做出资产阶级的选择，他们资产阶级的习惯通过他们所作的资产阶级的选择体现出来（Maton 2003）。布迪厄承认这种可能性，并声称要"敏锐地意识到这种危险"（Bourdieu and Wacquant 1992: 129），但他除了提出警惕外，并没有详述去如何避免这种危险。简而言之，理论和数据间的外部关系具有相对较弱的认识关系（ER–）。

第二，布迪厄的理论化强调发展社会学"审视力"或习惯，即"社会学家行业构成普遍所必需的一系列习性"（1993a: 271），而不是外部语言：

> 任务在于生产，如果不是一个"新人"的话，至少是一种"新的审视力"，一种社会学审视力。没有真正的改变、转念、思想革命以及整个社会世界观的转变，这是很难实现的。
>
> （Bourdieu and Wacquant 1992: 251）

此处的重点在于知识和行为者间较强的社会关系（SR+）。布迪厄理论的外部关系因此具有知者语码（ER–，SR+）的特征。

语码理论强调认识关系间意义的转换，而场域理论则强调社会关系间意义的转换。布迪厄始终用主观术语来描述他的方法："审视""思想革命""思考工具"和"习性"等。这强调了第五章所探讨的一个问题：伯恩斯坦"语法"概念所指向的认识关系不是知识实践唯一的外部关系。伯恩斯坦也将他自己和布迪厄的理论分别视为强语法和弱语法——对后者是一种片面的解释。然而，那个模式具有更强的外部关系：社会关系（或者第四章和第五章暂时所称的"知者语法"），它通过知者审视将概念和数据联系起来。每一个场域都涉及专业化审视力，问题在于凸显哪种审视力。例如，带着培训型审视力，对专门知识的理解就形成了规范性审视力，而不是定义规范原则和程序的审视力。与此相对，布迪厄理论化的模式是基于培养型审视力，在教师的指导下长期沉浸在一系列语境中塑造了知者习性，这些知晓的方式定义了适当的调查程序和评判方式。简而言之，对布迪厄来讲，关键在于学习"社会学行业"：

> 你有一些概括的方法原则，在某种意义上讲被铭刻在科学习惯中。社会学家的专长正是已经习惯化地对对象的社会学建构理论。当你拥有这种专长，你实际上就掌握了这些基本概念所包含的一切：习惯、场域等等。
>
> (Bourdieu et al. 1991: 253)

语码理论的外部关系代表知识语码，而场域理论的外部关系则代表知者语码。然而，双方都共享具有较强语义重力和较弱语义密度（SG^c+, SD^c-）的语义语码。"社会学审视力"的目的在于捕捉特定语境下意义的具体特征。例如，布迪厄认为"一个人无法掌握社会世界最深刻的逻辑，除非他沉浸于经验现实特征中"（1993a: 271）。对语码理论来讲，这意味着通过外部语言概念的投入，而对场域理论而言，这意味着科研者的投入。

相比于外部语言的显性翻译，这种培养型审视力对意义所做的事情就不那么显而易见。任何强化和弱化语义重力和语义密度的过程都难以观察得到。当研究发表在经验描述和理论化描述间转换时，意义可以在语义量级的不同位置上呈现出巨大的跳跃（干涉阶段是不可见的），而不是通过展示追随语义重力和语义密度强度范围的上下持续运动来展示语义流动（Maton 2013）。这种轮廓经常体现在布迪厄的主要研究中，例如《教育、社会和文化的再生产》（Bourdieu and Passeron 1997）和《区别》（Bourdieu 1984），这包括高度理论化的讨论和作为独立部分或呈现不同字体的经验描述。在其他学者的研究中，这一轮廓更像是概念和它们表面上的经验实现之间的意外跳跃。

累积式和分割式模态

到目前为止，我们已经分析了两种理论化模式（由语码理论和场域理论展示）的内部和外部关系。它们在内部关系上展现出对立的语义语码，在外部关系上展现出相同的语义语码，但是嵌入在不同的专业化语码中：

- 语码理论化的内部关系目的指向比场域理论的内部关系较弱的语义重力和较强的语义密度（SG^i–, SD^i+）；
- 两种理论化的外部关系展示较强的语义重力和较弱的语义密度（SG^e+, SD^e–），但是语码理论化受到知识语码（体现为描述的外部语言）的支撑，而场域理论化则展示知者语码（体现为"社会审视"）。

以上已经分析过内部关系和外部关系的本质，关于这些语码是如何使累积式知识建构成为可能或对其加以限制的问题依然存在。

累积式模态

语码理论所展示的有意独立于语境之外、并进行意义浓缩的那种理论化，我将其称为累积式模态，可以总结如下：

$$\frac{SG^i-, SD^i+, SG^e+, SG^e-}{ER+, SR-}$$

这种语码融合使得知识建构沿着两个主要方向进行。正如上面所讨论的，它的内部语义语码（SG^i–, SD^i+）为理论的垂直延展和那些垂直关系的强度提供基础，也就是说，它将变得完全独立于语境或浓缩，以及每个概念层级与高阶和低阶概念完美融合。它的外部语义语码（SG^e+, SD^e–）为以下两者提供基础：理论与经验数据相连并确保它不能随意变动，和理论所包含的实质问题范围的水平延伸，使得它的用法跨越不同的语境。然而，非常关键的是，它的潜在知识语码（ER+, SR–）提供了一种理论与数据间意义互通的方式，创造了随时间变化的语义波，因此使得这些问题情境中的知识发展成为可能。

更具体地讲，这种模态因为它对意义的作用而使知识建构成为可能。图7.3描绘了这三种语义轮廓。[6] 一个包括语境独立和高度浓缩概念的理论，缺乏操作这些概念和使经验数据能够"回应"的方式，发展成为高语义平线（A1）。缺乏这些概念的表述性实质研究随时间发展为低语义平线（A2）。

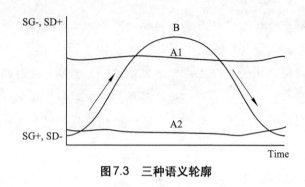

图7.3　三种语义轮廓

与此相反，累积式模态形成语义波（B）。一方面，如上向箭头所示，它通过将组织原则抽象为能超越语境的具体参数的浓缩语言而将意义从一个语境的语义重力中提升上去。这使得这些概念能适用于更大范围的语境。另一方面，如下向箭头所示，这种潜势通过每个语境特征的对话来具体化，并通过充实概念的方式得以实现。描述的外部语言显示概念是如何在具体的研究对象中实现的。因此，累积式模态能够加强和削弱理论中的低阶和高阶概念之间以及理论和数据之间的语义重力和语义密度，并随着时间的推移追踪波剖面。这使得知识的去语境化和再次语境化成为可能，并使跨越不同语境和时间的知识建构成为可能。

累积式模态也在这两个方向促进知识建构。从内部来讲，原则的每次概念化都提出了什么反过来生成那些概念的问题，并指向未来更概括、更抽象和更浓缩的理论化时刻。它的外部关系，基于内容语码，使得概念和数据间的对话成为可能，所以要"回应"新的问题情形，需要理论的清晰化、修正或延伸。当然，这种潜势可能不会被识别或意识到：并不是所有的行动者都拥有必需的语义编码取向。例如，有些学者批评分类类型未能适合经验数据就放弃了它们，而不是通过将这些类型背后的原则概念化和为它们的翻译发展外部语言而进一步发展其内部语言。然而，这种理论化模式使累积式知识建构的潜能成为可能。

分割式模态

与累积式模态对比，那种被场域理论所例示的理论化，即为分割式模态，我将其总结如下：

$$\frac{SG^{i}+,\ SD^{i}-,\ SG^{e}+,\ SG^{e}-}{ER-,\ SR+}$$

在培养型审视力的基础上，这种模态代表了社会学和教学中大多数方法的重要进步。布迪厄的场域理论是其中最强大和最精细的那种，它揭示重要问题的能力不应该被低估。然而，这种被场域理论例示的理论化，如它现在所示，与累积式模态相比，对知识建构的促进作用相对较弱。

从内部来讲，它较强的语义重力和较弱的语义密度反映了问题有即刻终止的趋势。尽管概念间的水平关系很强，理论的垂直延伸却相对受限。从外部来讲，培养型审视力为数据"回应"理论提供了隐性和间接的方式，因为意义的翻译是通过行动者的习惯来完成的。在图7.3中，沿着一个平线（如抽象理论化），跳向另一个平线（经验描述），然后返回，没有表现出显性的上向或下向转换，如很多研究的分支语篇所显示的那样。这也将减慢发展的速度。布迪厄将这种习惯描述为持久的和可转换的：它通常采取重复的和长期暴露于语境的方式来促进习惯的显著变化。因此，回到布迪厄前面的引语中来，实际掌握浓缩在概念中的意义需要时间、长期的经验和支持"真正的转化、转念和思想革命"的亲密的教学关系。一旦理论"被转化为习惯"，这些习性在语境中又变得持久，并可以进行转换。这种理论和不同研究对象间对话的知者语码方式因此发生了比（知识语码）外部语言描述更为缓慢和间接的变化。这些结果展示在布迪厄理论的发展中。尽管他将他的框架描述为"暂时的建构"，这种方法基本上是通过将理论适用于新的话题，而不是通过创造更概括和浓缩的新概念的方式向前发展的。当概念发生变化，它们变得非常缓慢，例如"习惯"从一个认识性更强的焦点进化去涵盖物质，但却保持基本不变（Maton 2012）。

更为关键的是，知识场域的累积式知识建构是一种合作，这种模态依赖"社会性"（第五章），即培养型审视力被分享的范围。不幸的是，即使是在该理论的主要倡导者中，布迪厄的社会学审视并没有被广泛拥有。尽管他的概念被广泛应用，很少有研究能相互依赖。事实上，其他学者对概念的"发展"已经变得不那么概括和浓缩。研究者们不断地给"习惯"和"资本"冠以前缀（"机构习惯""家庭习惯""性别资本"等），去指示社会生活的竞技场或被研究的行动者类型，将概念锁定在特定的语境中。此外，与布迪厄自己明确禁止的做法相反，研究通常单独使用个体概念，将它们与支持它们意义范围的语义结构分离开来。例如"习惯"通常被有规律地简化为社会阶级背景、社会化或机构文化的同义词。在赞扬布迪厄观点的同时，这些学者也因此强化了框架内部语言的语义重力，弱化了其语义密度，简化了它的潜能以使累积式知识建构成为可能。

结语

累积式知识建构需要一些能让行动者共享的东西，一种使他们的研究"直接接触"的主体间成分。不管被描述为与生俱来的天赋（Parsons）、新审视力（Bourdieu）还是"社会学想象"（Mills 1959），社会学经常重复强调的是研究者需要共享"适当的理论运作传统"。然而，学者对这种传统的本质仍存在争议。理论的理论大行其道。尽管大部分模型体现理论化的形式，那既不能被充分视为也不能作为知识建构的基础。前面我提到要解释语义概念所采取的形式，需要首先介绍它们，然后付诸实施。我们现在需要考虑其原因。使用这些概念强调，这些分类类型是如何比拓扑语码体现较强的语义重力和较弱的语义密度。这并不是要消解分类学，如伯恩斯坦（2000: 133）对这些观点的论述，这"并不意味着我们抛弃了这个概念语法，而应该意识到它是什么，这是值得思考的东西"。它们的价值主要在于提供概念化组织原则和这些概念的潜在外部描述语言。

使用专业化语码和语义语码，我们现在可以沿着伯恩斯坦的蓝图，并通过将知识实践的结构描述为一系列可能性（ER+/–, SR+/–; SG+/–, SD+/–）而使研究继续发展，尽管它们中的一些可能永不会被实现或感知到。这些概念不是对实践经验的再次描述，因此提供了它们原则的生成性理论化。它们也能够被用于分析所有的社会场域层级，和随时间变化的过程层面实践的内部关系和外部关系。本章已经考察了理论，但对课程大纲和课堂实践的研究表明这些概念可适用于生产、再次语境化和再生产领域。它们因此可以浓缩不同问题情境中更多的意义。使用语义概念的近期研究已经探讨了生物学和历史（Martin and Maton 2013）、设计研究（Shay and Steyn 2014）、工程学（Wolf and Luckett 2013）、环境教育（Tan 2013）、人类学（Hood 2014）、爵士乐（J.L.Martin 2013）、新闻学（Kilpert and Shay 2013）、市场营销（Arbee 2012）、物理学（Lindstrøm 2010; Zhao 2012）、社会学（Stavrou 2012）、教师教育（Shalem and Slonimsky 2010），以及教育之外的领域，例如共济会学徒制（Poulet 2011）。因此语码能够达到语义量级（SG−，SD+）的能力提供了跨越每个具体研究详情的基础，因此使得对不同问题的实践研究相互启发，并能够直接相互影响。（因此本章选择了一个高度浓缩和语境独立的主题）通过将研究继续下去，语码规范理论因此能揭示和体现在更抽象层面创造观点的原则，将较低层次的知识融合起来，并涉及不断增大的不同现象范围。

然而，如本章分析所揭示的，一个理论内部语言具有较弱的语义重力和较强的语义密度是不够的。目的并不仅仅在于语境独立和浓缩。这样的概念要求翻译以介入经验数据——按照语义轮廓的方式，上行的必然下降。这依赖于培养的知者语码，概念发展的趋势可能导向缺乏必备审视力的知者将框架分割和片段化。朝向概念描述的行动因此以增强理论内部关系的语义重力和减弱其语义密度为代价，降低了它跨语境知识建构的能力。此外，因为这种审视力的运作方式并不是那么显而易见，这样的倾向性很难通过公众讨论而抵消中和。相反，外部描述语言使得概念和它们在特定研究对象上的实现之间的意义翻译变得明晰起来。这种知识语码使培训型审视力成为可能——它将理论和数据关系间的选择、再次语境化和评估原则公布于众。

然而，此处有一个本质性张力：单一语码无法解释累积式知识架构的发现和展示。外部语言的知识语码给研究结果赋予特征。学习如何能创造这样的外部语言也许不仅需要显性的原则和程序，还需要模仿和学习。另外，很少有人只用一种外部语言，而是改为培养型审视进行研究（如第九章所示，人们从审视开始，以洞察结束。）然而，提出累积式模态的目的应该是让这个程序尽可能地清晰。因此，本书的续卷（Maton et al. 2014）包括对发展定性研究的外部语言（Chen and Maton

2014)、混合方法研究（Howard and Maton 2014）和实践（Carvalho et al. 2014）的阐释。然而，这些不是千篇一律的模式：每项研究的微小细节都要求学习如何去观察或倾听，或如何去处理，对经验极为关键的焦点的特征。

将规范语码的工具转换到它的基础框架上，从而揭示语码规范理论基于这两种方法所建立的不同方式。社会学和教育研究的二元星群（第八章），建立了"要么/要么"而不是"两者都"作为该领域的默认设置，使得一些学者可能误读了该分析，认为它谴责了场域理论。然而，这种框架是值得思考的，也是值得进一步研究的：这个分析强调了它所提供的东西以及一个不同的理论化模式如何才能进一步发展，而不是取消理论。通过大量的分析，布迪厄认为，进行社会学思考等同于通过一种关联和现实的方式来思考诸如社会场域的斗争、地位、习性和权力等问题。他的著作使我们意识到什么问题是重要的，以及如何去思考它们。伯恩斯坦的语码理论最先进的部分进一步显示了创造新概念工具，主要是"语码"和"手段"的基础，这些工具使得这些问题能够被更加强劲地概念化，使得这种社会学审视力的工作机制更显而易见、更明确，也更为可及。社会学既是工艺，又是科学——它需要一种审视力，一种眼界尽可能清晰的审视力。一种适当的理论运作传统不仅在认识论上是强大的，而且在社会上是具有兼容性的。通过将审视力的工作机制清晰化，我们有机会让那种审视力广为人知。我们攀上两个巨人的肩膀，不仅能看得更远，还能做得更多。

注释

1. "↑"（强化）和"↓"（弱化）的意义在所有的语码规范理论概念中是等同的。因此"弱化语义重力"被标示为"SG↓"，尽管较弱的语义重力（SG–）通常处于语义平面和量度的上部。
2. 语义密度不应该和语言学概念"词汇密度"混淆，后者关注语篇中不同类型词汇的数量。
3. 此处我描述认识集聚程度，常识理解可能展示较强的价值集聚（第八章）。简而言之，例证并不表明水平语篇的匮缺模型，后者可能会展示不同的较强语义密度。

4. 什么类型的语境生成较强或较弱的语义重力，什么样的意义使语义密度的不同强度成为可能，这是富有成效的探索领域，对它来讲，现存的类型学研究可能被证明是极有价值的第一步。如本章所强调的，类型学和语码都是有效的；如第十章所强调的，这些模型有可能和语码规范理论相互融合。

5. 当抽象的/具体的或纯理论的/应用的等概念可以被重新描述为连续统的终点时，它们的定义是模糊的，并引发了强烈的争议。它们删除体现原则的实例，将语境依赖性与浓缩合并起来，嵌入两分语篇中，而两分语篇则将相当多的价值负荷灌输于每个范畴之中（见第八章）。简而言之，它们比语义概念展示出较弱的认识集聚、较强的价值集聚，和范围有限的语义重力。尤其是，使用诸如抽象/具体的或纯理论/实用的等范畴去分析诸如抽象/具体或纯理论/实用等范畴对揭示它们的意义和局限性收效甚微。

6. 这是个简化的体现，语义重力和语义密度相互关联，正如它们在此处所分析的理论一样，见Maton（2013）关于语义轮廓的多样性和复杂性的论述。

宇宙学：如何赢得朋友和影响他人

真理不是信念的保证。信念不是真理的保证。

引言

为了社会科学的累积式进步，仅发现能够建构知识的实践是不够的，它们也需要被广泛地实行。一个框架为研究提供更多解释力和进步潜力，不是被采纳的保证。第七章中分析的两个理论——布迪厄的场域理论和伯恩斯坦的语码理论——就是很好的例子。近年来，布迪厄之星在知识天空升起，他的概念被运用于一系列学科之中。但是，这种概念化的形式对于累积式知识构建比较不利，许多用法是敷衍的、简化的，或使单个概念脱离于更广的赋予意义的框架。相比之下，语码理论所代表的概念化模式使得对越来越多现象的解释融入了简练的框架。但是，伯恩斯坦相对低姿态，"在社会科学和教育领域，解决持续争论和困境的巨大潜力……远未被挖掘（Power 2010: 239）"。正如玛丽·道格拉斯所写：

> 他的思想的动力和原创性本应当产生更大的影响。
> 他是在社会科学领域发起革命的第一人。这场革命尚
> 未到来不是任何人的直接过错。

> (Douglas 2000)

那么，为什么这场改革未到来——是谁或是什么的间接责任呢？

通常认为伯恩斯坦太过难懂。评论者宣称"他的很多读者发现，他的想法很难理解、晦涩难懂"（Atkinson 1985: 6），指

责他使用了"难以破译的具有社会学特有风格的密码"（Barcan 1993：156）或者认为他使用想象出来的例子，不能与实证数据相匹配（Power 2010）。伯恩斯坦的著作确实高度理论化，在最小限度的实证阐述中配以复杂的概念图表。似乎研究的实质对象被长期简化，热度在降低，留下的是浓缩的理论描述，有点像概念的存储方块，使得读者必须加入自己的例子。所以，他的大部分社会学理论正好放入三册薄薄的论文集当中（Bourdieu 1977, 1990, 2000）。与此相反，布迪厄的理论以结构化和普通的方式呈现，体现在通常由厚书籍组成的大型文本汇编中，里面承载经验描述，并辅以数据图表。布迪厄的写作像是按词付费，伯恩斯坦像是自己要为纸墨买单。然而布迪厄也同样地被批评为晦涩。评论者谈到"几乎每个人都抱怨布迪厄委婉且非常难懂的风格"（Nash 2001：65），并将他的写作定性为"不必要地冗长、晦涩、复杂并令人望而却步的"（Jenkins 1992：10）。因此，采用实证例子并不能保证理论不被视为难懂晦涩的，反过来，这种印象对其被广泛采纳并不致命。正如戴维斯（Davies 2010：35）所说，称伯恩斯坦的理论太难的人，也常常"过度沉迷一个或多个大师并不明朗的文章或者近来结构主义和后结构主义的遁词"。

晦涩难懂是个人观点，每个人都会是令某人厌烦的对象。宣称理论是晦涩的，只会使问题更难理解。抽象晦涩的理论本身并不重要，抽象和浓缩的形式才是关键所在。第七章分析了两种理论的抽象化与认识论聚集形式；在这里我研究为什么这些形式所确认的价值不同。然而，这些问题不是两位理论家所能解释的。例如，一项引用了莱夫和温格（Lave and Wenger 1991）的"情境学习"理论的研究，结果表明对累积不管用，结论部分它提出问题，文章如何才能够"在文献中表现突出，即便在累积式研究上的直接产出没有多少"（Lang & Canning 2010：299）。本章在第七章的基础上探讨这个问题：为什么在如社会学和教育研究的场域中，更强大的理论处于边缘地位，而较弱的理论却处于显著地位？这是为了将焦点从理论转向它们被定位的场域。因此，这两个章节分析的结合探索了场域中立场的组织原则（第七章）和场域的组织原则（这一章）之间的关系如何构建它们的不同地位。

我先扼要重述伯恩斯坦的方法论如何帮助克服知识-无知，但是需要扩展来涵盖知识构建相对较弱的场域。通过概念化知者结构（第四章）和审视力（第五章），我描述前几章是如何开始这个过程的，但是它们自己又产生了实践如何与有特权知者的审视力相联系的问题。为了研究这个问题，我介绍在实践的社会场域中基于规范化进行宇宙学分析的概念：宇宙学、星团、星群、聚集和承载。这些概念考查观念系统或宇宙学如何支撑践行者选择及安排立场的星团和星群，这反过来塑造了场域中被视为可能的和规范的事物。它们的组织原则通过结合专业化概念和语义性概念进行探讨，以区分聚集的认识论和价值论形式，由此，立场充斥了承载不同规范性的意义。

通过这些概念，我分析了教育研究的框架，这个框架出自20世纪90年代起占领场域的"以学生为中心学习法"的拥护者。首先，我强调术语"以学生为中心"和"以教师为中心"如何代表紧密相连又界限分明的星群，并且掩盖了其他可能性。第二，这些星群的主导性评价代表一种知者语码，它低估解释力但强调道德观。"以学生为中心的学习"主张表现出概念间且与数据的模糊关系，但是道德意义的语义密度相对强大——价值论聚集——在支持者身上充分体现，而在反对者身上难以体现。第三，我运用这项分析和第七章的分析来讨论理论的累积式和分割式模式如何被价值论宇宙学所定位，定位的方式表明知识构建必须包括不涉及道德和政治的实践。我通过讨论宇宙学分析的能力进行总结，以探索及改变场域的基础，因此我主张更广泛地采纳累积式实践。

观星

传统的社会学方法对知识主导地位问题的回答强调知识实践的之外关系（见第一章）。大多数方法探索社会权力，呼应了马克思的名言：任何时代的统治思想都是统治阶级的思想。例如，布迪厄认为，在"立场场域"中实践的相关地位反映了"地位场域"中它们赞助机构的相关地位（第二章）。许多社会学分析采用这种方法（通常较不复杂）的形式，比如突出控制者的作用或者统治群体的共享价值观。从这个角度看，为什么是特殊的思想而不是其他思想为统治阶级服务，这是没有理由的。因此，它们将知识实践建构为任意的附带现象，这遮蔽了塑造社会场域的（如前几章所表现）知识实践的之内关系。

伯恩斯坦的语码理论开始显示知识实践的之内关系，但是我认为，他的理论还需要发展。"教育知识语码"（Bernstein 1977）和"知识结构"（Bernstein 2000）两个概念大部分阐明的是知识清楚且界限分明的场域，而当知识不清晰时，概念的阐释性较小（见第四章和第五章）。例如，自然科学所代表的"等级知识结构"中的支配观点，被认为是由它们相对的解释力和概念经济所激发：恒星理论在更少但更整合的命题中涵盖更多现象。然而，这个模式对阐明"水平知识结构"中观点选择的基础较不明确，代表性例子是知识结构化程度较轻且轻视观点正确性的人文和社会科学。什么让观点在这里引起关注？

前面几章已经开始解决这个问题。第四章表明，将社会场域看成*知识−知者*结构突出了水平知识结构场域同样可以具有等级知者结构，从而避免匮缺模型的可能性。在这个知者−语码领域，想法或实践的支配地位受它们反映规范知者审视力的能力激发。第五章深入这个分析，探索一系列此类审视力。然而，立场如何与规范知者和知晓方式相联系的问题依然存在。从立场理论来看，这是直接而清楚的：践行者明确地限定（通常主导的）社会群体，从而成员所说或所做的任何事情都是规范的。然而，尽管立场论在文化研究的历史中发挥了重要作用（第二章和第五章），但它对许多学科而言（包括社会学和教育）具有边缘性。在这些场域中，实践与规范知者审视力的关系是间接而隐晦的。换句话说，布迪厄的思想和"情境学习"不是直接和明确地规范化特殊社会群体或被其规范化。第五章描述了代表一种审视力的立场理论，并强调培养型审视力的重要性（参见第六章）。然而，这些场域中培养型审视力的基础尚未被探索。观点和实践如何在人文社会科学领域中发光且被广泛采纳，仍不明朗。

这一章指出，场域还有更多内容待研究，而不止是评估等级知识结构的解释力，或者直接表现"之外关系"研究所强调的社会权力或者立场论所引发的社会权力。同样也存在价值论力量：观点和实践具有情感上的效果。然而，如波顿（Boudon 2008: 349）所说，"价值论情感——例如，X 是好的、规范的等这些——是最重要的社会现象之一以及最不被系统掌控的社会现象之一"。因此，为了涵盖各学科的场域，我们需要一种解释不同实践评估的方法，来整合对所有这些权力形式的分析。

宇宙学分析

在思考无效用的理论数十年来如何占据哲学领域时，格尔纳谈到：

> 我们需要的不是用一个单词来表达想法，另一个单词来表达感情，而是需要一个单词来表达产生强大情感的观念集（也可能是相反的）。

(Gellner 1959: 2)

格尔纳所建议的单词是"意识形态"，他将其描述成"具有强大吸引力的思想系统"（Gellner 1959: 2）。虽然"意识形态"这个单词包上了政治意义外壳，并且经常与科学形成对比，但是格尔纳的观点可以延伸囊括所有想法和实践系统，包括科学理论：每一个都或多或少具有"吸引力"。不过，对于哪一个使得一些想法和实践有吸引力而另一些不那么热门，格尔纳并没有为此提出一个术语。而我提出宇宙学[1]这个概念。宇宙学是社会场域的基本特征，决定了践行者和实践被赋予不同特征及评估的方式。宇宙学是信念系统的逻辑或者由社会场域中的活动体现的世界看法。宇宙学建构场域中践行者和实践等级的过程，是通过两个主要维度实现的，我称之为宇宙学 4C 分析：内部关系的团聚、群聚；外部关系的聚集和承载。

团聚和群聚

就内部关系而言，等级首先包括想法、实践、信仰和属性的团聚——或者，为了简洁，即"立场"——通过它们之间的联系以及与其他星团的对比。这些星团可以排列进整合性较强或者较弱的星群，它与其他星群之间存在更强或更弱的界限。星群的排列形成布迪厄（Bourdieu 1991）所称的"多种可能性空间"：场域中立场的变化和组合被践行者认为是可能的。例如，当两个有界限的星群之内立场紧密联系，那么，一种立场的采用可能在践行者看来，必然需要采用同一星群内的其他立场，而排斥来自对立星群的立场。

星群及其排列的本质，当然不是必不可少也不是一成不变的。在天文学中，历史上"星群"指的是一组可以在天空中形成虚构画面的星星。对于一群特殊的观看者来说，它们可能是连贯的有必要基础的，但也不完全是这样。例如，普勒阿得斯是一个开放的星团，星星因为引力相互吸引，虽然它们与金牛座中的星星没有实质的天体物理学关系，但也出现在金牛座的星群中。相似地，星群在这里被理解成从时空某一点到具体宇宙学践行者的看似连贯的群集。不同的宇宙学可以生成不同的星群。因此，星群所包含的立场以及星群内部和星群之间的关系可能根据不同的践行者而不同、随时间改变，也可能成为斗争的对象。

聚集与承载

就外部关系而言，宇宙向星群灌输了立场之外的意义。第七章介绍了语义密度的概念，它是指在实践中意义的聚集程度。语义密度可以在强度连续体上表现为相对较强或较弱：语义密度越强，实践中聚集的意义越多；语义密度越弱，实践中聚集的意义越少。这种聚集可以呈现许多不同的形式。例如，使用专业化的概念，我们可以区别以下概念：

认识论聚集，意义聚集（来自其他概念或经验指代）强调认识关系；

价值论聚集，意义聚集（来自情感、美学、伦理、政治和道德立场）强调社会关系。[2]

这两种形式描述了分别由知识语码和知者语码驱动的聚集。正如专业化平面所定义的（图2.1），不仅存在两个更多的主要语码（精英语码和相对主义者语码），而且认识关系和社会关系在强度连续体上可以发生变化，并具有无限分级能力。因此，人们可以描述各种不同的形式，以及增强和减弱每种形式语义密度的过程[3]。换而言之，星星的群集具有或多或少的天体物理学意义以及或多或少的占星学意义；同样地，实践的语义密度可以在认识论上变强变弱以及在价值论上独自变强变弱。第七章探索了认识论聚集（运用布迪厄和伯恩斯坦的理论）；这一章探索价值论聚集。

外部关系的第二个特征是在实践内聚集的意义可以以不同方式被承载。例如，聚集了一系列政治意义的社会科学概念（较强的认识论聚集），与其他意义相比时，可以（在一个连续体上）被正面、中立或负面地表现。因此，星群可以或多或少地聚集认识论和/或价值论意义，这些意义被不同程度地正面、中立以及负面承载。

宇宙学

将这些内部和外部关系联系在一起：星群结构定义了场域的可能性空间；聚集在它的构成立场、星团和星群中渗透意义；承载决定它们的正面和负面评估。宇宙学提供这些过程的组织原则，因此决定什么观点具有"吸引力"，及其方式和程度。虽然场域的形式不断变化，并随时间改变，但是实践的每个社会场域都有宇宙学。此外，通过实践的规范性语言，践行者争取对规范性手段（第三章和第七章）的控制，这"确定了"场域内语码规范的相对价值和它的宇宙学本质；因此"吸引力"的基础服从持续的斗争。

宇宙学的组织原则是多方面的；这些原则应当依据问题－情境进行分析。专业化语码（认识关系+/－，社会关系+/－）和语义语码（语义重力+/－，语义密度+/－）中的关系强度多样，使一系列可能的宇宙学得以概念化。然而，为表现主导教育研究的形式，我要简单区分：

认识论宇宙学，立场的"吸引力"是基于它们相对的解释力，例如强调连贯性、整体性、经济性和正确性；

价值论宇宙学，衡量立场的基础是基于，是否具有将知者置于亮处的能力。

（正如上文提到的，这些分别反映知识语码和知者语码；所以，人们也可以最简要地描述各种宇宙学，既强调也低估解释力和知者反映。这里还有许多宇宙学可以探索。）

在这一章中，我特别研究价值论宇宙学。然而，宇宙学的分析不局限在知者-语码场域。所有想法和实践的系统——科学的、宗教的、政治的、伦理的、美学的、运动的、语言学的等等——都包含立场的语义结构，这个结构选自潜在的队列、被排列成类型、聚集意义并承载评估。从不确定的数量中，所有的系统识别和命名特殊的星星（例如概念），并给它们之间建立关系（因果的、时序的、联想的、构成的等等），以此创造星群的语义结构。这远远超出了学术界。例如，广告和公共关系领域尝试聚集和承载践行者和符号（昴星团是斯巴鲁汽车的车标，其广告尝试灌输"可靠性"或"性价比高"的概念）。还需要说的是，这些星群也可以在运动当中：新星被添加，星星之间的新关系建立，旧星星被删掉，旧关系被改变或抹掉。意义也可以被添加或者移除，并服从重新评估。因此，不同于静态的知识结构，宇宙学分析可以解释宇宙的运动和形成，其中包括分析星群的基础。

我现在用这些概念分析教育研究中的观星。首先，我考察它的内部关系，重点关注场域的主导描述如何构建它的可能性空间。我先识别构成星群的中心符号，如"以学生为中心的学习"和"以教师为中心的学习"。我接着解释它们各自的关联符号，利用场域描述来显示集中于这些术语的星群结构。第二，我研究教育研究的外部关系，利用专业化和语义性来分析聚集的基础和立场的承载。接着我将这些分析与第七章联系，来研究场域中理论不同定位的可能原因。

内部关系：星团和星群

教育研究的主要看法集中于它的两个最重要的术语："教学"与"学习"。从20世纪90年代开始，一系列立场聚集在"以学生为中心的学习""以学习为导向"或者"学习"，与另一个表现为"以教师为中心""以传授为导向"或者"教学"的群体形成鲜明对比。由此形成的星群是多名的和二元的：它们以许多名字为人所知，同时也会遭到反对。但不管如何定义，"以学生为中心的学习"（下文称为"SCL"）取得优势以及"传授"的湮没在很大程度上是有预兆的。支持者认为教育中发生了前所未有的改变：

在20世纪90年代，我们见证了先前从未遇到的学习理论汇集。这些现代的学习理论不是为传授设计的传统客观主义基础，而是基于实质上不同的本体论和认识论……我们相信，过去的十年见证了历史上学习理论最根本和革命性的改变……我们进入学习理论的新纪元。从未……有这么多理论基础共享这么多的设想和共同基础。

(Jonassen and Land 2000: iii, v–vi)

像这样对变革的谈论并非不寻常。例如，巴尔和泰格（Barr and Tagg 1995: 13）宣告了从"传授"到"学习"的"范式改变"："这个变动改变了一切"。这些主张的实例数不胜数，但具有一些共同特点。第一，它们强调SCL包含的系列"学习理论"，包括："基于问题""基于课题""探究式""开放式""建构主义""情境的""真实的""发现式"，以及其他。第二，当注意到"人们对SCL的定义产生了大量的分歧和混淆"（Farrington 1991: 16），支持者持有的系列立场也总是与"以教师为中心"相反。例如，正如表8.1所展示，乔纳森和兰德（Jonassen and Land 2000: viii）基于先前的大量研究，提供了"传统的教学"和"以学生为中心的学习环境"的关联符号清单。同样，这不是反常的；列表的清单可能会过长。第三，立场的选择和"聚集"的基础都不是由明确和详尽的框架构成的；例如，虽然"建构主义"被认为有影响力，但它却很少被明确地定义（Matthews 2000; Tobias and Duffy 2009）。

表8.1　以教师为中心和以学生为中心的学习环境（基于约纳森、兰德2000）

以教师为中心	以学生为中心
传输/习得	解读，建构
掌握，执行	意义生成
外部现实	内部现实
二元论，绝对主义	文化相对主义，视角的
抽象的，象征的	语境的，真实的，经验的

（待续）

（续表）

以教师为中心	以学生为中心
个体解读	社会协商，共同建构
思想主导	团体型，文化调节
管理的	有目的的
还原主义	复杂的，自我建构
个体的	合作的
理想主义者，理性的	实用主义者
编码，保留，恢复	表达与反思
内部的，思想的	社会的
善于接受的，再生产的	建设性的
符号推理	情景学习
心理学	人类学，社会学，人种志
实验室	在现场
理论的	日常的
中央处理架构	分散架构
客观的，可塑的	经验的，可解读的
符号加工者	符号创建者
脱离实体的	经验的
概念的，记忆的	理解的
原子论者，可分解的	完全形态
独立的	新兴的
拥有的	分散的
客观的，稳定的，固定的	主观的，语境化的，流动的
构造合理的	结构不良的
脱离语境的	嵌入经验的
顺从的	自我调节的

虽然表8.1所列的立场有不同的焦点，缺乏连贯性，但是这些星群反映了一个潜在的宇宙学。为了开始探索这个宇宙学，表8.2重新排列

表8.1的立场并形成四个原则相对的小组：抽象－具体；客观－主观；个人－集体；实证主义－阐释学。

抽象－具体

这组对立词代表语义重力的极化强度（第六章）。以教师为中心的立场是"脱离语境的""抽象的、象征的""理论的""概念的""脱离实体的"和"客观的"。相反，以学生为中心的立场是"语境化的"或者"在现场的"，更接近学习者"真实的和经验的"现实，较不抽象且更扎根于"主观"和"日常"。在定义引力中心时，学习者是检验标准："经验的"和"经验"四次出现在以学生为中心的星群中。

表8.2　以教师为中心和以学生为中心的星群

以教师为中心的星座	以学生为中心的星座
抽象	**具体**
抽象的，象征的	语境的，真实的，经验的
理想主义者，理性	实用主义者
符号推理	情境学习
实验室	在现场
理论的	日常的
客观的，可塑的	经验的，可解读的
脱离实体的	经验的
概念的，纪念的	理解的
脱离语境的	嵌入经验的
客观	**主观**
传输/习得	解读，建构
掌握，执行	意义生成
管理的	有目的性的
还原主义	复杂的，自我建构
编码，保留，恢复	表达与反思

（待续）

（续表）

以教师为中心的星座	以学生为中心的星座
符号加工者	符号创建者
善于接受的，再生产的	建设性的
客观的、稳定的、固定的	主观的，语境化，流动
结构良好的	结构不良
服从的	自我调节的
个体	**集体**
个体解读	社会协商，共同建构
个体的	协作的
思想主导	团体型，文化调节
内部的，思想的	社会的
原子论的，可分解的	完全形态
独立的	新兴的
拥有的	分散的
中央处理架构	分散架构
实证主义	**阐释主义**
外部现实	内部现实
内部的，思想的	社会的
原子论的，可分解的	完全形态
二元论，绝对主义	文化相对主义，视角的
心理学	人类学，社会学，人种志
实验室	在现场
客观的，可塑的	经验的，可解读的

客观－主观

这个星群回应社会科学中长期的"结构与能动性"之争。以教师为中心的立场被构造为客观主义："稳定的、固定的"和"客观的"外部结构施加于"顺从的""善于接受的"和"再生产的"学习者的思想上。相反，以学生为中心的立场是主观主义的，涉及"自我建构的"

和"有目的的"学习者的"解读"和"建设性的""意义生成"。值得注意的是，是学习者而不是教师（更不是两者都）显示出主观主义和能动性。

个人－集体

第三组对立词将"个体的""原子论的"和"独立的"以教师为中心的立场，与"社会的""团体型""协作的"和"整体的"（"完全形态"）以学生为中心的立场相对比。

实证主义－阐释主义

这个星群包括不同的本体论、认识论、学科和方法。通过"客观的"和"可塑的"方法，"以教师为中心"等同于"原子论的"和"外在现实"的实证主义研究。"以学生为中心"则与研究内在精神生活的阐释学相联系，并采用文化相对主义、视角主义和人本主义的方法，在整体视角中提供内部人士对日常经验的看法。

可能性空间

在下文谈到理论如何在场域内定位时，我再回头讨论这些对立词。这里我强调关于教育的这一看法如何通过建构星群内部和星群之间的关系，界定可能性立场的范围和组合。首先，星群内部立场的关系被认为是有必要相关联的。这产生的一种结果是，不管是否明确讨论、参与或同意对方，与一种立场（比如"理论的"）相关的践行者会与同一星群的其他人相关联（如"还原主义"）。它也遮蔽了研究实践、课程建设以及教学间的差异：从本体论到评估的聚集立场。正如马修斯（Matthews 2000: 161）所说，建构主义已从一种学习理论成为"一种教学理论、教育理论、教育管理理论、思想起源的理论、个人知识和科学知识的理论，甚至具有形而上学和意识形态的地位"。因此，星群包含认识－语义－教育手段（第三章和第七章）创造的整个竞技场。每个事物在每个点上体现——都离不开星群。

第二，星群之间的关系被认为是有强边界的。虽然一些评论者宣称两极间存在连续统，但大多数讨论只突出了两极本身，而未考虑星群立场组合的可能性。例如，"以知识为中心"的立场可以与"以教师为中心"等同，即使与教育学的行为主义理论根本对立，以及实证主义认识论被认为是构成后者的基础。在二元星群中，你在这两者里必居其一：以学生为中心或以教师为中心、实证主义者或反实证主义、能动性或结构，以及理论的或经验的，等等。

外部关系：聚集和承载

由教育研究的主导看法建立的星群并不是平等的。例如，一个经典的论述列出了SCL的一系列基本原则：

> 依赖主动而不是被动的学习，强调深度学习和理解，增加学生的责任和义务，增强学习者的自主意识，教师和学习者之间的相互依存关系（而不是学习者的完全依存或完全独立……），学习者–老师间的相互尊重，以及教师和学习者教学过程中使用的反思方法。

(Lea et al. 2003: 322)

这些描述在"以学生为中心"的星群中聚集了积极的特性，而在"以教师为中心"的星群中表现了负面的特性：积极而非消极的学习、深度学习、提升的责任和义务、增强的自主意识、与依赖或独立相区别的相互依存，以及相互尊重和自反性。实际上，这些特点通常出现在各个星群的历史叙述进程中。为了探索形成不同承载的宇宙学，我将通过探索认识关系和社会关系，来讨论该场域的认识论和价值论聚集。

作为信念的认识关系

认识论宇宙学将规范化建立在更强大的认识关系上：就像概念整体性和正确性所呈现的，有"吸引力"的星群是有更大解释力的星群。相反，SCL的特点是增加了分割的术语并轻视研究证据：更薄弱的认识关系。首先，正如上述所讨论的，SCL是多名的星群，包含不断增多的方法。虽然它的立场彼此间相互联系，但是这些关系只是被简单地提到而不明晰。正如拥护者所承认的，"在定义方法时缺少关注和一致性，导致了过量的同义词……以及不能直接对比研究或教学实践"（Lea et al. 2003: 321）。这可延伸至相对比的星群："以教师为中心"是一个笼统的术语，适用每个先于SCL或建构主义出现的术语。

第二，SCL所宣称的优势很少是以能被实证探索的方式来阐明的（Tobias and Duffy 2009）。SCL的定义压缩了有关其效用的宣称，但是大多包含目标和断言。考察支持SCL的论文的引用是引人思考的。来源的引用就好像研究（比如Brandes and Ginnis 1986和Cannon and Newble 2000）通常是教学实践的指南。被引的基于研究的来源通常由小规模研究构成，且结果普遍表明SCL的成功。这些研究虽然表现为提供了学习中结果改进的证据，但往往集中于教师和/或学生有关动机和介入方面的认知。例如，莱亚等（Lea et al. 2003: 322–323）基于三项被引研究，宣称证据对照显示SCL比传统的方法更有效，该研究被其他论文效仿（例如，O'Neill and McMahon 2005: 33; Foo et al. 2009: 31）。这个研究的证据跟来源包含：对108名商务专业学生的认知调查（Prendergast 1994）；商务信息技术模块的行动研究，但缺乏对比的基础（Hall and Saunders 1997）；以及（引自论文本身）一项心理学课程的"小案例研究"，它的"目标不在于呈现直接可泛化的结果"，它总结"我们确实无法说激活传授引起了任何改变"（Lonka and Aloha 1995: 366, 351, 364；原文强调）。

基于不足证据的确信宣称表明，SCL主张中认识论聚集相对薄弱：对于术语的意义如何与经验证据相联系，很少有系统论述。事实上，研究的元分析表明学生对学习的控制越强，学习动机就会越高，但无法促进随后的学习（Hattie 2009: 193–4）。更普遍的是，元分析的结论通常认为证据的平衡对SCL并不利；例如：

> 将初学者教导为中级学习者这个阶段，控制研究的任何证据都几乎一致地支持直接的、强有力的传授指导，而不是基于建构主义、最低限度的指导。即使对于有大量储备知识的学生来说，学习过程中强有力的教学指导很多时候与无指

导的方法效果一样。无指导不仅通常成效不彰；而且有证据
表明可能带来负面效果。

(Kirschner et al. 2006: 83–4)

　　SCL主张与反对这些主张的研究证据之间存在潜在的不一致，但
支持者可以避免，原因是较弱的认识关系使改变条件和重塑策略成为
可能。首先，在提及其他方法的时候不理会负面的证据。例如，对于
上面提到的结论，施密特等（Schmidt et al. 2007）和赫梅洛·西尔沃等
(Hmelo Silver 2007）认为，基于问题的学习和探究式学习不同于发现
式学习，因此需要将其摒弃。相似地，有观点认为"许多机构或教育
者宣称将以学生为中心学习法付诸实践，但实际上并未做到"(Lea et
al. 2003: 322），这挑战了其所评价的SCL的纯粹性。因此，如果一项
研究展示的教育法形式不能实现如深层学习，那么将被认为是没有研
究过SCL的，因为按照定义，SCL是能够实现深层学习的。因此，该
意义蕴含在定义中，不随经验的不确定性而动摇。

　　第二种策略强调SCL星群的多名本质。正如研究述评所总结的：
"纯粹的研究在20世纪60年代行不通，在20世纪70年代行不通，20世
纪80年代也行不通"(Mayer 2004: 18）。尽管如此，同一思想通过新名
字反复地重现，"像不能回归坟墓的僵尸"(同上：17）。重新命名的过
程使得支持者免受先前失败的经验证据的影响。此外，这些名字并不
能持续很久，就像自由浮动的能指寿命有限：术语得以流传时，道德
指控减弱，新颖和激进主义的主张产生问题。因此，SCL名字的激增，
突出了其面对反复失败证据的重塑能力以及展现新面貌的需要。

　　总之，相对解释力似乎不是教育研究中星群不同承载的决定因素。
虽然SCL的主张仅有少量证据支持而大量证据反对，但正面的评估并
未受此影响。对于拥护者来说，SCL类似基于信仰的宗教：信仰就是
一切，包括坚信一定存在支持该信仰的证据。这往往通过支持者的确
信——自满螺线得以巩固。不同于待检测的推测，这些主张缺乏证据支
持，且被当作已证明的事实无条件地重复。接着，不断累积的引用，
产生指向广泛研究的印象。重复的主张因此反复增强，强化了确信感，
认为它们是有根据的。随着重复主张的发表数量不断增加，这种对主

张准确性盲目乐观的全盘接受，反过来产生更大的确定性。这样一来，SCL 的认识关系成为了信念。

影响知者的社会关系

术语虽然展现更弱的认识论聚集，但"以学生为中心"和"以教师为中心"的确显示出相对强大的语义密度，不过属于不同的类型：价值论聚集。更确切地说，这包含与社会群体直接关联的主张。描述经常将"以教师为中心"等同于先前由教育服务的教师和精英群体，而把"以学生为中心"等同于到目前为止被边缘化的社会群体，如"成人学生、留学生和残疾学生"（Lea et al. 2003: 323）。然而，表达主张的语言经常不太直接地揭示知者的社会关系。

首先，SCL 立场中术语的内涵源自日常用法，不会通过技术化改变。正如系统功能语言学所示，学术语篇具备一种能力，可以通过根本地改变语篇意义的方式，如"语法隐喻"（Halliday and Martin 1993）这种资源，重组日常语篇。因为世界通常不是它所显现的，所以需要这种转化的意义来使常识知识无法达到的理解成为可能。虽然社会科学通常使用源自日常语言的词汇，但是，这些词汇的定义可以通过涉及其他概念和经验指称物，在认识论上聚集脱离日常用法的意义；也就是，更强大的社会关系。相反，SCL 中定义的特征是认识关系更为薄弱，这限制了这种能力，并为如"发现""真实的"或者"在场的"这种术语的常识性内涵进入学术语篇提供了更大的空间。

第二，SCL 立场通常是在语言充满显性态度的语境中被引入，使用了系统功能语言学家称作"情感""判断"和"鉴赏"的术语（Martin and White 2005; Hood 2010）。例如，拥护者声称，"一种使在线体验人性化，并具有更多的同情心、共情力和开明性的需要"要求"真实的学习"，这是一种他们宣称能够产生"深入和终身学习"，并拥有"真实世界的相关性和实用性"的方式（Herrington et al. 2003: 69, 64, 62）。这些术语代表价值论承载。此外，与"真实的学习"相对的非真实方法很可能是残酷、无情和思想封闭的，并且提供浅显、短暂、无关或者无用的学习。这种价值论承载也会呈现出更显性的社会或政治形式，例如一些主张称基于设计的研究是"有社会责任的"（Reeves et al. 2005），或者相对于其他方法，将后结构主义方法视为"批评理论"的普遍自我评价可能不具备社会责任感和社会批判性。

因此，围绕中心符号如SCL的意义积聚，使人们产生这样的想法，认为立场是政治进步的或保守的，伦理上更好或更差的，等等。换而言之，认识论宇宙学形成的星群通过聚集世界的正式定义或描述，表征意义结构，而价值论宇宙学形成的星群通过聚集践行者对于世界的取向，表征情感结构。回到表8.2中列的四组对立词，以教师为中心的星群被建构为提供从上至下的方式，产生远离日常经验的空中楼阁，否定践行者的创造性能动性，拥护个人主义，以及表现机械论世界观——一种精英主义、主导的、新自由主义和还原论立场。相反，SCL被构建为提供"自下而上的看法"，强调有创造力的践行者的主观能动性，拥护社会和集体的努力，以及表现整体的和语境化的观点——一种平民主义、解放主义、共产主义和人文主义立场。此外，以教师为中心的立场与传统和过去相关联，它与"前所未有的……改革性的"以学生为中心的星群形成对照（Jonassen and Land 2000: iii, v–vi）。

星群内部聚集的情感结构反映与其关联的践行者。这些价值论承载的术语可以成为"绑定"（Martin and Stenglin 2006）或团结践行者的图腾。正如布迪厄所认为的，"品位有分类作用，它将分类物归类"（1984: 6）：你对电影、家具、音乐、服装等的选择可以传递关于你的信息。同样，学者对于理论、引用、写作风格、人物、标题、标点等的选择，通过立场所分配的价值论承载的星群，提供了有关他们是什么样的人的信息。这些信息不需要很明确，因为道德定位通过践行者的审视力实现，类似我们半意识地"猜测"人们的口音、服饰、身体步态等。这些培养型审视力是"对游戏的感觉"的一部分，它通过长时间沉浸在实践的社会场域获得（第5章和第9章）。因此，人们的知识选择有分类作用，它们循规蹈矩地将分类物归类。它们展示你的内心是否想法妥当，你的美学的、伦理的、道德的或者政治的联盟是否正确，由此判断你是我们之一或者是他们之一。换而言之，价值论宇宙学形成一个层级知者结构（第四章），即根据践行者被认为有多品行端正、正直正义、品德高尚、合乎伦理或者政治进步而形成的等级。

在这些场域里，正如蒙田（Montaigne 1580/2003: 338）所说："我们所做的任何事情都在暴露我们。"（因此，第七章高度浓缩和脱离语境的主题选择把我置于黑暗处。）

当对立星群中的立场紧密联系，比如SCL的拥护者所表现的那样，那么这个等级过程可以使得星团增长，由此践行者通过采用与其他立场相联系的，且在价值论上承载为激进的、批判的和为被统治的他者效力的立场（即便在效果上有损社会正义），授予进步主义资格。相反地，等级过程通过将其他践行者、思想和实践与负面术语密切关联，从而进行星团衰减，所以这是通过关联来认定过失。（例如，第七章开头引用塔尔科特·帕森斯的话；他是一个结构功能主义者；结构功能主义通常被描述为保守的；第七章的内容必须是保守的。这种无理的逻辑链在认识论层面缺乏根据，但这无关紧要。）这种术语也可以被用作狗吹口哨：通过其他群集术语的使用，立场不需要明晰即可被暗示，并引发价值确认或不认可。因此，使用术语"教学"（或更差，"传输"）来指代教学关系，可能被认为是拥护行为主义、实证主义、专断强制、学生无权、脱离学习者体验和保守主义。

定位理论：高度和纬度

我们已分析了统治教育研究的宇宙学，现在可以探索理论的知识构建能力如何能够塑造它在场域中的地位。第七章显示理论化的累积式模态使得随时间变化且遍及各种经验现象的知识构建成为可能。它内部更强大的认识论聚集和意义抽象使理论的垂直延伸范围更广，而在外部，描述语言在来自多样问题–情境的概念和数据间进行转化。相反，理论化的分割模态较少有这种能力，因为概念间较薄弱的垂直关系，以及依赖审视力来关联概念和数据。为了解释为什么是分割式而不是累积式知识在教育研究中更广泛采纳，现在我关注它们的语义语码如何通过场域的主导宇宙学，也就是认识关系和社会关系进行建构。

高度：作为研究客体的知者

理论化的累积式模态实现了更广的垂直延伸，朝向更高水平的认识论聚集和语境独立。达到这种更高的认识论-语义范围通过减少冗长的描述，也减少了语篇容量；例如，第七章可以写成下列公式：

- 累积式模态 $= \dfrac{\text{语义重力}^{i}-, \text{语义密度}^{i}+; \text{语义重力}^{e}+, \text{语义密度}^{e}-}{\text{认识关系}+, \text{社会关系}-}$

- 分割式模态 $= \dfrac{\text{语义重力}^{i}+, \text{语义密度}^{i}-; \text{语义重力}^{e}+, \text{语义密度}^{e}-}{\text{认识关系}-, \text{社会关系}+}$

然而，在削减语篇的过程中，理解的难度加大了：弄清概述的意义要求理解符号及它们的关系。因此，语篇是否被认为是难懂的，取决于践行者是否掌握那种知识或者存在学习它的机会和想法。为什么更多的践行者不这么做，其中一个原因可能取决自认识-语义范围中的"高度"是如何构建的。换而言之，这个认识论聚集是如何被认识的？

主导教育研究的价值论宇宙学用人文主义的术语将知者的之外关系建构为认识关系，并作为研究对象：研究内容和研究方法都被人格化了。继而理论的衡量依据的是它们感知的经验距离以及这些践行者的语境：它们被分配给人类世界之上的不同高度。累积式理论化不仅在语义范围上达到更高的高度，而且认可伯恩斯坦（Bernstein 2000）所谓的经验和理论描述之间的"话语距离"，并生成描述的外部语言来跨过该间隙（第七章）。因此，语码理论化包含一个更全的语义范围；正如研究所表明的（第十章；Maton et al. 2014），研究可以涉及难懂的抽象概念和丰富的经验描述。然而，主导教育研究的价值论宇宙学通过两种方式把语码理论与更高的高度中更稀薄和寒冷的空气相联系。首先，语码理论的二元星群论否定抽象和具体的可能性，以及能够在这两极之间运动的可能。因此，语码理论化达到更高的语义范围意味着它必须保持在它的最高高度——范围中的最高读数被突出，其牵涉的更大语义范围则被隐藏。回顾表7.3，只有位于顶端的语义波能被看见。第二，概念和常识意义之间的话语差距，被构建为所表达的经验与非学术知者的经验之间的性情距离。正如上文所讨论，这些特性（抽象的、空洞的等等）与负面承载的星群相一致，比如"以教师为中心"和"实证主义"。

相反，分割理论分布在一个更低更温暖的高度上，更接近日常经历。但是，这不是因为它们用日常语言表达，或者必然涉及践行者。例如，基钦（Kitching）运用后结构主义理论对学生散文的分析，表明了他们如何"想起无人的事物世界——经常是机械或机械论的世界；经常是空间或地理事物的世界……但是，不存在可清晰辨别的人"（2008: 20–21）。事实上，不同于立场论，作者在语篇中被移除；"散文自身看起来没有主体或创造者"（同前：21）。然而，分割理论经常与"能动性""意义生成"和主体的生活体验相联系。这种联系，至少部分，是通过否认经验和理论描述之间的任何话语差距得以实现的，这紧接着可能表现为无间隙的紧密交织。例如，许多后结构主义的著作包含对经验现象的影射和联想性描述，这些又用理论术语进行重述，但没有解释它们的关系。换而言之，它们从表7.3的一个水平线跳到另外一个，然后又跳回到原来。这个结果不像是理论与数据间的对话，而更像经验服从于理论话语规则的独白。相比被理论转化，意义更像被理论或是负载理论的作者阐释所掩盖。然而，主导的价值论宇宙学构建这种意义显性转化的不足，通过在社会世界的意义生成活动中施加较少影响，以及较少抽象化具体和经验现实来实现。

纬度：作为主体的知者

累积式理论化的第二个特征是更高程度的解释性纬度：使少量更高层级的概念囊括具有相对精密度的广泛现象的能力。然而，教育研究的价值论宇宙学通过减少提供给践行者创意地运用概念的空间，将这些更强大的认识关系建构为必然降低说明性纬度。尽管即便对自然科学或数学历史的最浅薄认识都揭示了这个妥协的错误性，但是累积式理论化的这种描述使"它的误传成为……一个封闭的、比例复杂的理论大厦，不允许任何对话性。人们要么接受它的全部并受其范畴控制，要么认为它毫无用处"（Moss 2001: 117）。相比之下，分割式理论化是基于培养型审视力来转化理论与数据的。例如，布迪厄的概念被描述为"用来刺激想象的墨迹测验"（Gorard 2004: 9）；同样，比如"政府性"和"生命权力"（福柯）以及"配置"或"机器"（德勒兹）等概念可能刺激思考，但是它们与经验参照对象的关系是含糊的。这些较薄弱的认识关系为践行者提供了更大的说明性纬度来阐释理论。例如，回顾布迪厄"惯习"概念的使用，雷伊引用自己的话来总结：

> 矛盾的是，惯习概念的不精确也构成了潜在的力量。它使**改编**成为可能，而不是在经验研究中**更具限制性**地直接采用。

(Reay 1995: 357)

雷伊（Reay）还两次引用了布迪厄的说法，"一个人不能理解社会世界最深刻的逻辑，除非他沉浸在经验现实的具体性中"（Bourdieu 1993a: 271）。这里的"改编"和"采用"是什么意思？累积式理论通过外部描述语言使概念的系统性改编成为可能，来浸没于经验现实的具体性中。然而，布迪厄的理论化模式不包括这样的语言（第七章）。因此，对于雷伊来说，"改编"具有更加说明性的意义，布迪厄的引用被理解为描述了研究者的沉浸，而不是经验现实中的概念。相反，"更具限制性的直接采用"是用来描述通过累积式理论化实现的精确性。因此，雷伊假定了指称精确和解释学空间之间的协调关系：更薄弱的认识关系被视为给社会关系提供了更多蓬勃发展的空间。由于二元的星群，说明性纬度因而与践行者的创造力和能动性概念相联系，而解释性纬度与践行者的意义生成、将概念运用于数据的理论主导性相联系。

浮士德条约

复述伯恩斯坦（Bernstein 1977: 157）的话，在价值论宇宙学占领的场域，理论更少从概念和经验层面上进行检验和探索，而更多根据人文和社会的潜在模型来评估。引用布迪厄的话，这些场域不言而喻的信条是浮士德条约：累积式知识建构的代价是忽略了人类世界、限制了创造力以及与统治力量联合。由于它的属性化高度，累积式理论化与冰冷的知识世界有关，而分割式理论与温暖的知者世界相关（Geller 1959）；由于它的属性化纬度，累积式理论化被认为是限制性的，而分割式理论则可以产生创造性和能动性。

由于每个场域二元星群内不同立场间的强烈联系，累积式模态所认同的理论和践行者继而可以通过认同客观主义、个人主义、实证主义和保守主义立场进行星团衰减，而分割式理论的拥护者则不管自身立场的影响，可能进行人本主义和进步主义资格的星团增长。例如，伯恩斯坦的语码理论受到指责，认为它给能动性提供了很小的空间，体现的是精英主义信念，将先决的概念特点强加于数据之上，忽视经验的和其他负面承载的立场，并且通常缺乏证据 (Atkinson 1985; Davies 2010)。然而，累积式理论化更经常地被明确妖魔化为他者，分割式方法通过这种方式构建它们自己的价值论积极性。使用"一连串变化的暗喻、换喻和拟人手法"(Nietzsche 1873/1954: 42)，场域的传统叙述中表达的二元和价值论承载的星群——例如，"批判性"相对"进步主义"的"认识论困境"（第一章）——宣称的不是分割式方法"无可替代"，而是"只有一个选择，且在伦理上站不住脚"。（当然，讽刺的是这些趋向精炼的方法突出了他者的影响。）考虑到这种吸引人的假象的信条特征，累积式理论化在教育研究中依然被边缘化不足为奇。

结语

坎德拉在《生命无法承受之重》一书中问道：

> 我们将选择什么？沉重或轻松？巴门尼德在公元前六世纪提出这个问题。他将世界分成相反的几对：明亮/黑暗，精致/粗糙，暖和/寒冷，存在/不存在。对立词的一半他认为是积极的（明亮、精致、暖和、存在），另一半是消极的……他是正确的还是错误的？这就是问题。

> (Kundera 1984: 5)

这种问题包含实践的每一个社会场域。在理解它们如何被回答时，大多数社会学方法突出社会权力，却忽视某些知识实践会比其他实践提供更多解释力的可能性。伯恩斯坦的"知识结构"模型将这个问题带入视野，但让这些问题在例如人文和社会科学等场域尚无定论。相反，这一章表明，所有社会场域的答案不仅可以由社会权力和解释力决定，而且可以被价值论力量所塑造。它提出宇宙学的观点作为整合这些内容的方式，以探索格尔纳所描述思想的基础，这些思想可以产生强大的情感，或者反之。这种方法将践行者的实践当成群集观点，该方式塑造了社会场域的"可能性空间"，聚集了不同种类的意义，并通过不同方式承载这些意义。

使用这些概念表明，当场域中的知识被相对薄弱地构建且正确性被低估时，那么立场的层级将更少与解释力或显性的社会主张相关，而更多与属性化的道德德行相关。因此，由于缺乏层级知识结构，宇宙学分析可以避免这些场域的匮缺模型；基于价值论宇宙学，场域同样具有等级知者结构的特征。因此这也揭示，展现作为规范知者的资格是如何比"表达"社会范畴更复杂的。具体来说，扩展"语义密度"的观点强调，具有更薄弱的认识论聚集的观点可以有更强大的价值论聚集。这建立了知者的社会关系，它是隐性的并受到价值论承载的立场星群的影响，而不是对社会群体身份的显性和直接宣称。规范性审视力的拥有继而是通过人们对思想和实践的选择展现出来。通过采纳正确的立场，践行者由于价值论承载的意义聚集，不仅沐浴在明媚的阳光里，也证实了自身的规范化审视力：他们显示对价值论宇宙学的认可；反过来，价值论宇宙学体现他们的审视力。主导社会学和教育研究等场域的培养型审视力的组织原则，由此构成了专业化语码和语义语码——培养型审视力在这里是一种被融合的价值论宇宙学。当然，践行者在不同程度上识别和/或实现审视力；确定哪个潜在的知者这么做，经常取决于经验研究。因此，分析场域的结构包括探索占据场域的宇宙学、践行者的审视力以及两者之间的关系。

正如这一章所强调的，真理不保证信念，信念也不保证真理。虽然累积式理论化为构建强有力的和累积的知识提供了更强的能力，但是统治教育研究的宇宙学阻碍了它的广泛采用。首先，场域的二元星群将它从"可能性空间"中排除——累积式理论化不能够被大多数践行者视作可选项。第二，它的组织原则与统治场域的组织原则不一致：累积式理论化更大的（认识–）语义范围和知识语码与场域的价值论宇宙学存在双重语码冲突。相反，形成分割式理论的更小（认识–）语义范围和知者语码则与场域的语码更匹配。这些场域中的星球地位至少部分地取决于，与这些语码相关联的不同高度和纬度是如何被价值论承载，从而正面或负面地体现人文学科的。因此，方法的边缘地位，例如语码理论，可能较少源于晦涩，而是被遮蔽；较少源于信息量密集，而是被误传。

这种分析的共鸣远远超出了教育研究领域。相似的宇宙学可以在人文学科和社会学科中找到，产生了围绕"两种文化"中心符号的星群（Snow 1959），即知识生产模式一/模式二（Gibbons et al. 1994）和旧/新教育社会学（Young 1971）。尽管宣称具有"革命性"，SCL 支持者所表达的主张同样存在已久。比如，伯曼探索了18世纪初的启蒙运动是如何发展普遍主义、统治和本质主义概念的，即便他是出于"对经验多样化和文化相对性的感知"（Berman 2009: 10）。这些星群通过拟人观的周期性波动得到增强，其认为，人类社会是一个人类的传说，将由人文主义语域中的参与者来讲述（Maton 2005b）。由此而产生的星群与SCL的星群非常相似，所以人们可以回应格尔纳使人厌烦的悲恸：

> 那么，这些是熟悉的整体对峙：一个颗粒的、冰冷的、技术的和自然的世界，面对一个整体的、渗透意义的、赋予身份的和社会–人文主义的世界。

（Gellner 1987: 176）

虽然这个分析与人文和社会学科的各项研究产生共鸣，宇宙学概念自身不限于这些场域和实践。语码规范理论的维度使各学科场域的组织原则得以探索。例如，使用专业化语码和语义性，不仅强调价值论宇宙学而且强调认识论宇宙学，以及其他潜在的形态。此外，宇宙学分析不限于显性描述知识场域的研究：所有的实践都能反映宇宙学。例如，马丁等（Martin et al. 2010）展示了澳大利亚历史科目的课程、教科书和其他教学材料中具有中心性的一系列"–主义"，它们形成二元对立（例如"国家主义"相对"殖民主义"）。通过分析课堂语篇中围绕中心符号团聚的术语，例如这些"–主义"和历史上的践行者（例如，胡志明和法国殖民主义者），他们揭示了教学和学习中产生的承载价值论的星群。例如，这个"定位为赞同民族主义立场、批判殖民主义立场"的过程（Martin et al. 2010: 451），目的是让学生学习正当的培养型审视力，以顺利完成澳大利亚的学校历史课。因此，宇宙学分析可以被用来探索知识生产、课程、教学和学习实践，涵盖认识-语义-教育手段的场域，从而使对教育的综合性描述成为可能（第三章）。

值得注意的是，价值论宇宙学经常生成二元星群：以学生为中心的学习、上述案例以及在前面几章提到的二分模型都给出了两极的对比。然而，宇宙学分析自身不是二元的：它强调立场及其组合可能在数量上无止境，并提出问题，为什么某些立场被选择，并以特定的方式围绕特定的中心符号团聚和群聚，而不是选择其他立场，或以其他方式，或围绕其他符号。星群可以呈现许多形式。因此，它通过超越现在的可能性空间，提供可能性，让不可能的事情变得可能。然而，正如这章开始所述，识别能够构建知识的实践并不意味着它们会被广泛地运用。如何落实实践是一个严肃的问题，它要求，尤其是，研究践行者的编码取向以及他们的社会和制度地位与轨迹。这种分析超越我这里涉及的范围。尽管如此，将宇宙学概念化突出了什么会改变，并强调它们是社会性构建的，并受制于践行者之间持续的斗争。

不过改变游戏规则并不容易。首先，二元星群强化了不可比较的信念，限制了建设性的争论。特别的认可给予那些在寻找解释力时吸收对立星群立场的践行者；如同道格拉斯（Douglas 1975: 174）对伯恩斯坦的描述，它们"既不是鱼、肉，也不是飞禽……而是不寻常的动物"。（语码规范理论尤其从场域理论和语码理论获得洞察力，所以很可能引起来自二者的困扰。）争论不是探寻哪种理论能更好地服务于什么样的目的，而是只是简单询问哪种理论更好。第二，价值论宇宙学促进了对话语中道德或政治意义的痴迷，这使得将场域置于更坚实基础的尝试产生问题。转述波普尔（Popper 2003b: 255）的话，没有任何的合理论述会对未采取合理态度的人产生合理效应。厌恶争论的人大量存在。

然而，人文和社会科学不像主导看法表现的那样两极分化。不止一个宇宙学活跃在这些场域，但不是所有践行者都能识别或实现主导语码。此外，正如布迪厄会认为的，知识场域的幻象不是基于盲目的信念，而是基于道理、严谨、精妙和证据来创建强大的解释。许多践行者仍渴望参与那些既批判社会不平等、又对克服不平等有建设性作用的知识实践。因此，通过揭示价值论宇宙学的效果并展现累积式理论化提供强大解释力和实用启发的能力，以表明好观点也可以产生坏的社会学，这仍然是很重要的（Bourdieu et al. 1991: 251）（第十章）。这样一来，强调解释力而非价值论纯粹性的研究空间可以得到拓展。通过从占星学到天文学的进步，那么我们将有机会触及星星。

注释

1. 尽管理论化方式不相同，不过我对术语的选择是受道格拉斯启发的（Douglas 1970）。
2. "语义重力"可以同样分为多种形式的重力和浮力。为了简便，这一章将只集中于对"语义密度"的探索。
3. 第九章进一步将认识论聚集区分为本体的和话语的形式，价值论聚集区分为主体的和互动的形式。

第九章

洞察、审视力、透镜和4-K模型：场域中的激烈斗争和根本转变

差之毫厘，谬以千里

引言

巴塞尔·伯恩斯坦喜欢附录。文章后的附录往往会涉及待发表的新思想。事实上，他将每篇论文都看作是"我将来会想什么而不是我眼下在想什么"(Bernstein 2000: 211)。某种意义上，本章是一种伯恩斯坦式附录。本章所讨论的概念将在未来论著中进一步论述和探讨。本章涉及的理论基础其概念性比较强。了解前序章节的观点有助于理解本章的内容。如果你把审视力与价值论宇宙学结合得好，像在第8章所分析的那样，那么你就打下了良好的基础。如果你从本章开始阅读，那么你一开始就找错了地方。我写这一章，因为这一章要讨论前序章节中提到的问题，来开启新的讨论方向，以期指向未来具有更强解释力的分析。这也体现了语码规范理论研究永远在路上的本质（第十章）。

本章关切的问题与知识和知者的累积式发展有关。前序章节讨论了实践社会场域的相关概念，尤其是知识－知者结构（第四章）、认识关系和社会关系（第二章）。简而言之，知识建构靠的是认识关系的特定模态，即立场之间的认识关系以及立场与能指（如概念和语料）之间的认识关系所形成的特定模态。这些模态扩大了语义范围，并追溯语义波（第六、七和八章）。知者建构靠的是社会关系生成的审视力如何影响场域的社会性，或者说如何整合和归纳践行者的秉性（第二章和第五章）。对场

域的这种理解延伸和整合了伯恩斯坦的语码理论，克服了教育研究中普遍存在的知识无知和该理论受知者无知的潜在影响。然而，概念的发展不仅要解决问题，同时要提出问题。本章讨论的主题是认识关系和社会关系的细微差异会造成重大的不良后果。

认识关系问题

许多问题都是围绕理论和语料之间的紧密关系是否足以实现知识建构这样的问题展开的。从我们继承来的分析框架看，答案是肯定的。伯恩斯坦把"强语法"看作是"能够相对精确地进行经验描写和/或者能够生成经验关系形式模型的显性概念语法"（Bernstein 2000: 163）。虽然伯恩斯坦表面上引入它是为了区分"水平知识结构"，但他（Bernstein 2000）还用"语法"来描述"层级知识结构"。因此，社会现实主义者提出所有知识场域都具有不同程度的"语法性"，并且越强越好，因为没有歧义的指称能对竞争性主张与证据进行比较，从而为选择提供基础（Muller 2007; Moore 2013b）。但是，"语法"概念本身是有弱语法的：其指称对象含糊不清。与此相关的是，伯恩斯坦的定义既包含了"经验描述"又包含了"形式建模"，它们与经验世界之间的关系是模糊的。例如，被称为"具有强大语法的水平知识结构"的场域，包括经济学和语言学，据说"它们的强大是因为它们解释经验现象时有严格的限制"（Bernstein 2000: 163）。这就提出了"强语法"的经验精确度的问题：理论是否足以清楚地定义其指称对象，而不论它们与经验世界的关系如何？这些"严格限制"能获取什么样的"权力"？有什么样的代价？

"认识关系"中的语码规范理论对"语法"概念进行扩展和整合，不仅适用于知识语场，还为研究提供了更清晰的方法，它作为"专业化语码"的一部分，揭示各种现象的组织原则。但是，本书到目前为止尚未深入探讨认识关系。前几章主要考察了与知者的社会关系（见下文），重点讨论的话题是知者语码主导社会学和教育研究。因此，在扩展和整合"语法"时，上述问题尚待解决。此外，这些问题是语码规范理论这样的实质性研究最为关注的。有关强认识关系场域的研究，包括经济学、语言学和物理学（请参见下文和第10章），强调知识语码内部之间差异理论化的必要性。这些场域里的纷争和变化不只是对明确定义的证据的竞相解释，正如"语法性"各种概念所暗示的那样。竞争不只是在共享"游戏规则"之内发生；规则本身常引发争议，例如哪些明确定义的指称可以构成规范性证据。因此，强认识关系是不能保证积累知识的建构。

这个问题也牵涉到现实主义的教育理论。主导教育研究的价值论宇宙学生成二元星群（第8章）。现实主义和实证主义立场在二元星群里是不做区分的：它们的实践被分配给同一个带有负能量的星群。从这个角度来看，强调本体论或认识论差异的传统现实主义者策略，就是一种同行之间极不寻常的吹毛求疵。因此，要使现实主义的方法变得可见，既需要揭示这种宇宙学的影响（第8章），又要区分其知识实践的组织原理。但是，就继承来的模型而言，二者都是"强语法"，就改善的框架而言，它们都表现出强认识关系。简而言之，认识关系内部的差异尚未理论化。

社会关系问题

对知者语码复杂性的探索是贯穿本书的主题。在识别社会关系中的差异方面，知者语码的概念化超越了认识关系的概念化。第2章将立场理论概念化为一种社会知者语码。第5章和第6章讨论了作为一系列知者语码的基础的各种审视力。第8章通过分析主导教育研究的价值论宇宙学，将注意力从个人审视力转移到对场域的讨论。这些分析突显了规范性如何强调知者的类别（例如性别）和知晓方式（例如培养）。这些章节尚未涉及人文学科和许多社会学科的知者–无知和匮缺模型。

然而，这些分析区分了社会关系之间的差异，也触发了审视力之内和之间的差异问题。首先，目前尚不清楚在社会关系中如何表达"知者类别"和"知晓方式"才能产生不同的审视力。第5章通过社会关系的一系列优势讨论审视力，但是没有描述是什么产生了这些优势。其次，实质性研究强调了每种审视力可能呈现不同形式的可能性。第2章和第5章探讨了早期英国文化研究中培养型审视力的拥护者与那些在

20世纪70年代中期因女权主义"干预"而提出社会型审视力的拥护者之间的斗争。第8章，尽管专注于教育研究，但是提出了近年来主导文化研究的"批判"理论和"后-"理论，其中体现了另一种培养型审视力。然而，这些新方法的支持者对早期文化研究持批评态度。简而言之，早期和后期的文化研究都研究培养型审视力，但是，一种研究强调关于文化的重要著作，另一种研究强调文化研究的重要著作，双方各持己见，互不相让。此外，使用专业语码研究历史和英语课程和教学的实质性研究（第10章）强调培养型审视力基础的转向，从历史事实到史学，从文学到文学批评。因此，此类研究提出了如何将特征概念化的问题，也提出了如何分析各种审视力内部差异的问题。

冲突与转变

这些认识关系和社会关系问题共同关注的是实践，该框架认为这些实践共享同样的规范化基础。也就是说，它们强调语码冲突和语码转换的差异，第4章通过"两种文化"的辩论和学校音乐课说明了这一点。区分自然科学与人文科学的"互不理解鸿沟"（Snow 1959: 4）被概念化为知识语码与知者语码之间的语码冲突。英格兰的学校音乐课程则涉及多种语码转换：从小学阶段的知者语码到中学早期的知识语码，再到GCSE（译者注：英国的普通中等教育证书）资格认证的精英语码。这些立场共享了专业化语码：现实主义和实证主义方法强调认识关系；早期的文化研究、立场理论和"批判"理论强调社会关系。所以，问题的关键是知识语码之内和知者语码之内的差异，而不是之间的差异。此外，就社会关系而言，这些问题进一步突出了不同审视力内部更高层次的差异。

本章提供一个模型用于研究这些差异，揭示尽管它们可能看起来是很细微的区别，但它们的影响绝对不小。这个模型通过阐述专业化语场的核心概念来说明这一点。如图9.1所示，知识实践存在两种关系：知识观与其研究对象之间的认识关系；知识观与其主体之间的社会关系。在这里，区分每种关系里两个组成成分可以深化这些定义的内涵。这些构成成分相结合，产生认识关系模态或者洞察，形成社会关系模态或者审视力。这种概念上的发展引出了两个概念：关系冲突，具有相同专业化语码但不同洞察或审视力的实践之间发生冲突；关系转变，在语码保持不变的情况下，洞察和审视力之间的关系发生转变。各个学科都证明了这种冲突和转变带来的影响，包括经济学、语言学、物理学和文化研究。

图9.1　知识实践的专业化

就认识关系而言，这些简短的分析表明，与语料的牢固关系并不能保证会有进步发生，同时也揭示了不同的模态能促成或制约累积式知识构建的方式。就社会关系而言，以前对英国文化研究中不同审视力如何影响进步形成的分析（第2章和第5章），现在从关系冲突和转变的角度对其重新进行系统地概念化。早期和当前的文化研究都提出培养型审视力，但是却把培养分别根植于关于文化的名著和关于文化研究的名著。用于区分洞察和审视力的各种透镜可以探索这种差异。以人文科学和社会科学中的"语言学转向"为例，这些透镜的变化对知识和教育场域的实践具有深远的影响。最后，整合四个部分可以形成知识实践的"4–K模型"：知者、知晓、其他知识和已知。最后，我认为，考虑这种"伯恩斯坦式附录"中引入的概念，可以启发更具实质性的研究。

认识关系

认识关系（ER）这个概念强调，实践的专业化可以通过与之关联的对象以及关联的方式来实现，或者通过与它们聚焦对象的关系和与其他可能的实践之间的关系来实现。因此，人们可以从分析的角度区分实践与实践所适应的世界之间的**本体关系**（OR），以及实践与其他实践之间的**话语关系**（DR）。如图9.2所示，就知识观而言，它们是：知识与其研究对象之间的本体关系；以及知识与其他知识之间的话语关系。[1]

图9.2 认识关系

每种关系都可以在强度这个连续统上或强或弱地进行分类和框定，来描写知识实践是多么有力地限制和控制规范的研究对象（本体关系）以及建构研究对象的程序（话语关系）。每种关系可能在强度上有区别，于是有了认识关系的强度公式：

认识关系（ER）+/−＝本体关系（OR）+/−，话语关系（DR）+/−

随着时间的流逝，两者都可以得到加强和削弱，从而认识关系的强度发生变化：

认识关系（ER）↑/↓＝本体关系（OR）↑/↓，话语关系（DR）↑/↓

如图9.3所示，这些强度的连续体勾勒出一个认识平面，有四种主要模态或洞察：

- 具有情境洞察特征的实践，相对强地限制和控制其研究的规范对象，但相对弱地限制和控制了构建问题−情境的规范方法（本体关系+，话语关系−）。简言之，研究什么很重要，但如何研究不重要。因此，知识实践因问题−情境而变得专业化，可以通过一系列方法解决：程序多元论，或程序相对论（话语关系最弱时）。

- 在实践强调教义性洞察的地方，对规范的问题−情境的定义不受限制，但是规范性方法与其他可能的方法之间的关系则限制得相对紧、控制得相对严（本体关系−，话语关系+）。规范性始于使用专业化方法：研究什么不重要，如何研究很重要。这样一来，理论信条或方法论信条就与本体乱象结合在一起，或与本体相对主义结合在一起（在本体关系力度最弱时）。[2]

- 基于纯粹洞察的实践，相对强地限制和控制规范的研究对象和规范方法（本体关系+，话语关系+）。因此，规范性由"什么"和"如何"赋予——人们必须用特定的方法研究特定的现象。用规范的方法分析其他现象，或用其他方法研究规范现象都是没有价值的，不足取的。

- 知者实践或无洞察实践，相对弱地限制和控制着规范的研究对象和规范性方法（本体关系−，话语关系−）。由于社会关系的强度不同，这些较弱的认识关系可能构成知者语码（认识关系−，社会关系+）的一部分，其中规范性来自主体的属性，或者构成相对语码（认识关系−，社会关系−），其中"所有东西"都取决于社会关系的强度。因此，可以将其描述为无/知者洞察。

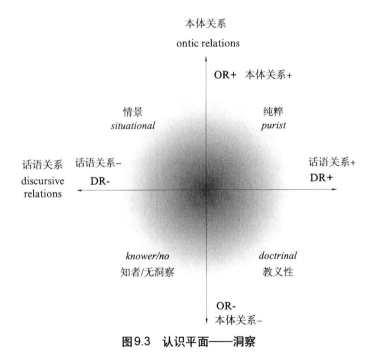

图9.3　认识平面——洞察

这些洞察初步揭示出认识关系的复杂性（或者说，存在不止一种"语法"，也不仅仅只有"强"/"弱"）。情境的、教义的、纯粹的洞察体现了强认识关系的模态（认识关系+）；无/知者洞察体现了弱认识关系（认识关系-）。与语码规范理论中所有语码概念一样，本体关系和话语关系的强度是相对的，它们代表了具有无限渐变的连续性。因此，上述模态包含了认识平面内的一系列可能性，正如在谈到弱关系程度时讨论"多元论"和"相对论"一样。

认识关系的冲突和转变

我们使用这些概念探索强认识关系的实践之间的差异，分析它们对构建累积式知识的影响。与专业化语码一样，含有洞察的概念常在生产、再语境化和再生产的研究中出现，包括认识-教育场域以及教育以外的所有实践。[3] 为了举例说明其有用性，我将简要讨论以下来自知识-语码学科的例子，主要关注社会科学和自然科学（经济学、语言学和物理学）在其生产和再语境化方面的讨论。为了方便解释，我探索对比鲜明的模态，即教义洞察（本体关系-，话语关系+）或曰"重方法，轻问题"；以及情境洞察（本体关系+，话语关系-）或曰"重问题，轻方法"（仿伯恩斯坦的一句名言）。我将说明这些洞察对解释力、斗争策略和知识建构的影响。

经济学

在2000年代，包括"异端经济学"和"后孤独经济学"（Post-Autistic Economics, PAE）在内的各种方法，在该学科中显示出了发展势头（Lawson 2006; Fullbrook 2007）。尽管这些方法包容性质相异的项目，但这些方法与数十年来一直主导经济学的"正统"或"新古典"方法相反。异端经济学与正统经济学之间发生了激烈的斗争，包括2000–2001年法国和英国的学生抗议活动（Fullbrook 2003b）。然而，两个阵营的拥护者都是受知识语码激励的：他们的规范性基础是，强调认识关系，轻视社会关系。他们的差异在于强认识关系的内部，在于他们在本体关系和话语关系的不同强度。简而言之，他们的斗争可以理解为洞察之间的认识关系冲突，这些洞察提供了有关该场域性质的相互竞争的看法。

正统经济学的一个典型特征是坚持对数学建模价值的信念。正如女权主义经济学家所说：

> 对于主流经济学家来说，理论意味着模型，而模型意味着以数学形式表达的思想。……学生学习的这些模型是理论。在高级课程中，经济理论以更精细的数学模型展示。……他们了解到，规范的争论方法是在模型框架下和计量经济学建构的证据形式下进行的……声称模型不足不是什么大不了的……真正有价值的是提出了一个更好的模型、更好的理论。

> （Strassman 1994: 154）

实际上，各种经济学家都强调，使用正规的数学模型对于正统经济学的规范性来说是必要的（Lawson 2006; Fullbrook 2007），例如：

> 要在当今大多数顶尖级经济期刊上发表文章，就必须提供数学模型，即使它对你的言语分析没有任何帮助。

> （Lipsey 2001: 184）

这些相对较强的话语关系（话语关系＋）为创建知识创造了一种通用语言，使几十年来该场域内形成了显著的凝聚力。正如以上引述所说明的那样，数学建模既可以训练学生共享的审视力，也可以评估教学和知识上的进步。事实上，主流经济学已经形成了强大的惯例：几代学者的著书立说，汗牛充栋，不断扩大社会生活领域的知识。但是，这些知识现在被广泛描述为与经验现实脱节。杰出的经济学家认为，该学科"已经越来越成为数学的神秘分支，而不是处理实际的经济问题"（Friedman 1999: 137），并且"是浮于空中的理论体系，与发生在现实中的事情几乎没有关系"（Coase 1999: 2）。

这种明显的矛盾，在语码规范理论对实践基础和焦点的区分的角度上看，可以理解为规范性语言（第2章）。就焦点而言，新古典主义模型严格地限制它们要处理的现象的参数，并且明确其指称。例如，模型限制变量，或者从限制性假设入手。（当我在大学学习经济学时，论题的开启通常是"用两种产品讨论一个国家的两种世界……"。）但是，焦点和规范性的基础不同，这为实践提供了组织原则。从基础上讲，这样的模型并没有相应地限制规范性洞察所处的现象：它们表现出相对弱的本体关系（本体关系-）。正如评论家所言，新古典经济学常常掩盖了模型（具有严格定义的界限和变量）所构建的"现实"与经验现实之间的差异，很难将成果应用于规范性问题-情境专业化。正式的数学建模被规范为对分析所有经济现象有效，并且特定模型的结果被刻画为产生不受限制地应用于世界的知识，包括与模型条件不同的问题-情境。

评论家把正统经济学的教义洞察（本体关系-，话语关系+）描述为在虚构世界中迷失了，认为它过分地维护理论原理和方法程序（如后孤独经济学的拥护者对"孤独"的过分描述）。他们认为，其建构积累式知识的能力是以解释能力为代价的。相比之下，尽管异端经济学的方法多样，它们强调所要解决的问题的重要性以及在理论和方法上更大程度的多样性。例如，后孤独经济学的一位主要倡导者在撰写大学课程时指出：

> 我们的观点是：课程不再侧重于工具（在约束条件下最大化，寻找局部和一般极端情况），而是侧重于问题（收入、贫困、失业、货币政策、国际贸易、欧盟、发展中国家、移民、新经济、生态等）。只有在分析这些问题出现局限性时才用到工具，而不是为工具而工具。

> (Gilles Raveaud, Fullbrook 2003a: 30)

这样的论点试图通过重申本体论关系（对"问题"的解释）和淡化话语关系（使用特定的"工具"）作为规范性的基础，来重新表达该场域里的认识关系：情境洞察（本体关系+，话语关系-）。（拉瓦德的

"问题"规模强调本体关系的强度不是由大小决定的；"情境洞察"中的"情境"是问题-情境，而不是实质语境。）

然而，尽管异端经济学家呼吁理论和方法上的多元化，并回归现实世界，以重振该学科的解释力，他们也强调了潜在的成本。正如许多评论家所指出的那样（Lawson 2006），异端经济学的方法除了对主流经济学的反对外，几乎没有什么共同点。情境洞察的优势地位可能重新与现实相联系，但代价是凝聚力的问题、专家身份和初学者的问题和学科碎片化的问题等等都会出现。

因此，主流经济学和异端经济学之间的斗争体现出不同洞察之间的认识关系冲突。他们共享的专业化语码提供了一个最弱的讨论平台，而他们的不同洞察则为该场域的成就提出了不同的定义。这里简要地强调一下，为控制教义和情境知识语码之间的认识-教育手段而进行的斗争，对于该学科而言并不是小事情：洞察会带来潜在的收获和损失，包括解释力和凝聚力。

语言学

在这些斗争中，洞察与不同的策略相关联，正如另外一个知识语码场域——语言学所示。语言学这个学科在研究方法上长期存在不和，最引人注目的是乔姆斯基转换语法和系统功能语言学（Systemic Functional Linguistics, SFL）。系统功能语言学界的两位领军人物认为，"差异的背后"是SFL研究语言的方法是"文本驱动"的方法：

> 全面了解语法在自然文本中是如何运作的是人们的首选。但是，与此相反，乔姆斯基目前的框架中最关注的是理论驱动：之所以选择这些对象，是因为它们在理论上能取得成绩，所以没有理由扩大研究范围。

（Matthiessen and Martin 1991: 14）

他们对问题和语料的选择阐明了这种差异：系统功能语言学专注于自然语言，探索实质性问题。而乔姆斯基的研究经常使用虚构的例子来支持旨在寻找虚构问题的解决方案的论点。系统论学者认为，现象推动系统功能语言学的理论发展（本体关系＋，话语关系−），而理论则驱动乔姆斯基学派语言学的焦点和例子的选择（本体关系−，话语关系＋）。

情境洞察和教义洞察之间的关系冲突反映在他们的论证方法上。例如，马丁指出，系统语言学家批评乔姆斯基语言学，认为其实证不足；但乔姆斯基学派的语言学家采用了一种"无视语类"的态度，其中涉及"还原式共选"："以自己的方式重组他人的作品……然后根据自己的'内部'标准使其变得荒谬"（Martin 1992: 147）。系统功能语言学的著作用乔姆斯基的术语进行改写，并根据这些术语指责其有缺陷。换句话说，这种（神圣的）理论相对于其他（世俗的）理论的专业化是关键（话语关系＋），而不是与理论规范相关的问题−情境的专业化（本体关系＋）。因此，实践中的洞察导致了这种与其他观点互动的认识逻辑，这可能会影响解释力和累积式发展。情境洞察形成对其他概念和方法的再次语境化，以此帮助解释现象，鼓励跨学科合作，更充分地了解经验现象。相比之下，教义洞察则基于对概念的还原式共选，证明自己的方法优于其他，从而不问复杂的现实来保持理论的纯粹性。[4]

物理学

认识关系的冲突不仅限于社会科学：另一个例子是理论物理学。伯恩斯坦（Bernstein 2000）将物理学描述为原型分层知识结构，以三角表示，三角的顶部具有最小数量的命题或公理，涵盖底层的大量经验现象（参见第4章）。[5]物理学目前有两个主要的三角关系：量子力学和广义相对论。伯恩斯坦提出这样的建议："使用者将这些场域高度整合为命题"（Bernstein 2000: 161）反映在当前的全体符号中：将这些理论整合后归入大一统理论。然而，"从事基础物理研究的人群分裂了"（Smolin 2006: xvii），他们不仅是在解决方案上有分歧，而且对科学规范性的理解方式上也有争执。

创建大一统理论的主要方法是弦理论，已有众多出版物和学位论文。许多物理学家认为，它的地位重新阐明了该场域背后的认识关系。

一方面，该理论通过宣称弦理论是基础物理学的唯一规范性方法，以此主张强话语关系。例如，斯莫林认为：

> 很快就出现了一种几乎狂热般的气氛。你之前要么是弦理论家要么不是……感觉一个真正的理论已被发现。别的什么都不重要，都不值得思考。

> (Smolin 2006: 116)

另一方面，本体关系得以削弱，淡化了对需要规范性洞察的现象的限制。尽管对以数学精准定义的指称有严格限制，但是弦理论的规范性语言所限制的焦点与其基础不符。弦理论通常被描绘为能够统一自然界中的所有粒子和力，并有望对所有实验做出清晰明确的预测（Greene 2005）。与此同时，它还涉及与实验隔离的多维世界的复杂模型。评论者认为，这并不是因为该理论已经超过了当代实验技术的能力，而是因为每当面对不确定性时，其推崇者总是移动他们的目标。例如，理查德·费曼（Richard Feynman）说道，这只是临时借口而不是解释（Davies and Brown 1988: 194–195）。此外，尽管已知弦理论与观察到的关于世界的事实不符，但是实验并不能证明它是假的，因为大量可能的弦理论（多达10的500次方）意味着仍然可能存在其他未知理论。

评论者把弦理论的教义洞察（OR–，DR+）描述为将模型的真实性作为真实性的模型。尽管弦理论的指称可能是清晰明确的，但它们并未提供决定知识观的方法，因为该理论只定义它能发挥作用的世界。例如，获得诺贝尔奖的物理学家谢尔登·格拉肖（Sheldon Glashow）认为，尽管弦理论学者尚没有发表理论作品或没有做出新的、精确的和可证伪的实验预测，他们仍然坚持认为空间是多维的，"因为弦理论在任何其他类型的空间中是行不通的"（Glashow and Bova 1988: 25）。基础物理学标准模型的先驱马丁·韦尔特曼（Martin Veltman）直言道："弦理论是一派胡言，与实验没有任何关系"（引自 Farmelo 2009: 438）。

这些评论者强调，既需要通过确定规范限制（本体关系+）的实验使大胆猜测与现实世界更紧密地联系，又需要与其他理论结合，例如圈量子引力论、因果集理论和扭量理论（话语关系-）：情境洞察。结果出现了物理学中的认识关系冲突，这对于该场域的累积式发展具有潜在的影响，因为：

> 那些相信[弦理论]猜测的人发现自己与那些只相信实际证据支持的人处于一个截然不同的知识世界。

> (Smolin 2006: 198)

对于许多评论者来说，这种关系冲突"表明某种东西是一种严重错误"（同上），不是因为相互竞争方法的存在（多元观点是受欢迎的），而是因为对选择方法的竞争存在。

对知识建构的洞察

正如这些讨论所说明的那样，知识语码不是通向建构累积式知识之路：强认识关系本身并不能保证知识的发展。累积式知识的建构既需要多元观点，也需要选择观点的共享手段，这两种不同的洞察用不同的方式促进和制约知识的累积。

正如正统经济学和弦理论所说明的那样，教义洞察促成了知识建构，尽管有代价。通过将范围广泛的现象纳入严格限制的方法范围内，它可以将不同的问题整合到总体研究范式中。这种身份、地位和成就的认识基础还可以促进参与者之间的凝聚力。例如，在基础物理学中，评论家指出"你要么是弦理论家，要么不是弦理论家"，因此"与物理学其他场域不同，弦理论家和非弦理论家之间有明显区别"，其中前者之间的观点超乎寻常的一致（Smolin 2006: 116, 271, 273）。截然不同的方法为培训新手提供了明确的焦点，使他们获得规范性洞察和辩论的共同基础。事实上，通过将具有理论语言的研究者聚拢在一起，教义洞察可能会激发兴奋、创新和共同目的。对那些被语境依赖模型分割的、那些理论性不强的新兴场域，教义洞察可以将其整合。

但是，依然存在潜在的代价。强话语关系的学科性可能成为一种束缚。例如，主流经济学被描述为：

当涉及新思想时，思想相对开放，但是遇到可选性方法论时，思想则是狭隘的。如果不构建模型，无论多么有洞察，它都不是经济学。

(Colander et al. 2004: 10)

同样，评论者认为弦理论垄断了规范性，因此"对于年轻的理论物理学家来说，不加入这个场域相当于断送职业生涯"（Smolin 2006: xx）。教义洞察虽然提供选择观点的方法，但是，可能会限制多样性，许多有成效的观点不考虑其潜在的解释力，只因为其来源相异，而被抛弃。此外，知识得以建构的代价是可能越来越脱离真实世界。上面讨论的例子强调了形式模型的发起者如何假设其对开放系统的适应性，正如布迪厄（Bourdieu 1977: 29）所说的那样，把模型的现实当作现实的模型。值得注意的是，评论者认为，新古典经济学、乔姆斯基语法和弦理论都是研究虚构世界的。而且，正如这些学科的例子所暗示的，教义洞察可能屈从于被压制对象的回归：现实世界。规范性方法使用的范围越广，世界"反击"的可能性就越大，并揭露其效度的缺失，同时鼓励该场域内不满的参与者采取现实主义的回应，最终走向关系冲突。这样一来，教义洞察意义上的场域建构能量和解释力都可能受到限制。

情境洞察（本体关系＋，话语关系－）提供了一种方法，可以使人们对新方法展开辩论，并呼吁恢复到真正的、具有振兴作用的硬发展。严格限制和控制的问题－情境可以为参与者的辩论提供一个阿基米德式的论点，而程序多元主义可以鼓励真实世界问题的多面性和复杂性存留经验上的精准性。它们结合起来可以鼓励提出更多的解决方案，诸如异端经济学中方法的多样性和弦理论的可选方法，以及真正的跨学科合作。例如，在情境洞察方面，系统功能语言学家和现实主义社会学家越来越多地将语言分析和知识分析结合在一起，以更充分地指导教育实践（请参阅第 10 章）。

但是，如果弱话语关系变得太弱，导致程序相对论，情境洞察可能会影响行动者在由此产生的众多观点中自愿选择的能力。缺少用于培养或培训新手的明确方法，可能增加方法之间的碎片化，从而使场域不完整。同样，如果强本体关系变得过于强大，导致一系列模型被严格限制在问题-情境中，将难以整合对不同现象的理解。

简而言之，洞察具有不同的力量和趋势，我在这里仅说明了其中的一部分。在特定情况下，多大程度上通过洞察实现或限制累积式知识建构，仍然需要进行实质性研究。但是，这里所进行的简短讨论指出，没有哪种洞察可以保证强大的累积式知识建构。例如，情境洞察对于介入其他方法可能是有价值的，而教义洞察则可以将这种介入在方法中再次语境化。此外，在第7章中概述的语义语码的轮廓表明，一个关键因素可能在于理论或场域是怎样随着时间的推移增强和削弱它们的本体关系和话语关系。事实上，知识场域状况的关键问题可能是了解哪些洞察何时对什么最有价值。

社会关系

正如前面的章节所揭示的那样，社会关系强调，知者可能会根据是谁（例如社会类别）和他们是如何知道（例如培养）或知者类型和知晓方式来对实践进行专门化。由此我们可以从分析上区分：实践与参与其中的行动者之间的主体关系（SubR）；和实践与所采取的行动方式之间的互动关系（IR）。如图9.4所示，对于知识观来说，这些就是知识与其主体之间的主体关系，知识与主体的知晓实践之间的互动关系。[6]

图9.4　社会关系

这些关系中的每一种关系都可以在强度连续体上进行强分类和强框定或弱分类和弱框定。因此，它们描述了知识观如何有效地约束和控制规范的*知者种类*（主体关系），以及通过与重要他者互动而规范*知晓方式*（互动关系）。这两种社会关系形式多样。主体性有许多潜在的基础——社会阶层、性别、性行为、人种、种族、性取向、宗教、地区等——从而定义规范知者的类别。类似地，有许多"重要的他者"（也许是客体或主体）和互动手段，可以用来定义规范的知晓方式。这就像精神科医生的诊疗，涉及很多不同因素，如外部刺激和人的心理、师徒关系、亲子互动，等等（我将在下面进一步讨论这种多样性的含义）。两种关系在强度上可能独自发生变化，产生社会关系的强度，例如：

社会关系（SR）+/− ＝主体关系（SubR）+/−，互动关系（IR）+/−

两种关系也可以独自增强或减弱，从而引起社会关系的变化：

社会关系（SR）↑／↓ ＝主体关系（SubR）↑／↓，互动关系（IR）↑／↓

如图9.5所示，这些强度的连续体通过四种审视力创造了一个社会平面，第5章总结了主要的模态：

- 当规范性基于具有社会型审视力的知者时，实践强力约束和控制有规范性诉求的知者类别，但相对弱地限制他们的知晓方式（主体关系+，互动关系−）。例如，立场理论把规范性根植于一种具体的社会范畴上（社会阶层、性别、种族等），不考虑知者间过去或现在的交往互动。
- 当规范性基于具有培养型审视力时，实践较弱地约束和控制知者规范性范畴，但较强地约束和控制与重要他者的规范性互动（主体关系−，互动关系+）。这些通常涉及通过以下方式获得的对实践的"感受"，例如加入"实践群体"（Lave and Wenger 1991）；持续接触典范，例如伟大的艺术品；在公认的大师手下长期做学徒。

- 当规范性基于具有天生型审视力时，实践严格约束和控制规范知者的种类和规范知晓的方式（主体关系＋，互动关系＋），如相信上帝对某个/些选民的行为，宣称基于社会范畴身份和与重要他者经历的规范性（例如立场理论就需要自我意识高的团体中的自由知者的指导）。

- 对规范知者的种类和规范知晓的方式约束和控制相对弱的实践（主体关系－，互动关系－），具有较弱的社会关系，结合认识关系的不同强度，可能形成一种知识语码（认识关系＋，社会关系－），这种语码得益于强调拥有专家知识和技巧的培训型审视力，或者一种提供空白型审视力的相对主义语码（认识关系－，社会关系－）。

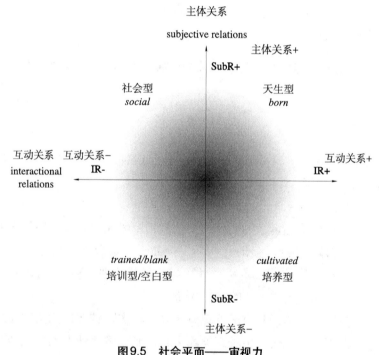

图9.5　社会平面——审视力

社会型、培养型和天生型审视力代表着强社会关系的关系模态（社会关系＋）；培训型/空白型审视力代表弱社会关系（社会关系－）。

所有的关系强度都是相对的，具有无限的渐变力，在社会平面上呈现多种差异。

社会关系的冲突与转变

对审视力的概念化，使人们对展现强社会关系的实践及其对累积式进步的启发有了更深入的了解。为了探索这些影响，我将接着前几章对知者语码进行分析。首先，我将从培养型审视力和社会型审视力之间的冲突和转变，对第2章和第5章中讨论的英国文化研究进行概念重构，突出主观和互动关系方面的变化。然后，我将根据第8章扩展这种分析，来说明一种新的培养型审视力是怎样主导文化研究的。要弄清楚这与导致场域浮现的培养型审视力之间的不同——通俗地讲，审视力之内关系的差异本质——我接着介绍另外一个理解审视力和洞察的重要概念：透镜。

从培养型审视力到社会型审视力

从20世纪50年代后期到70年代中期出现的女权主义"干预"，英国文化研究代表了一种知者语码，其规范性基于培养型审视力。文化研究的先驱大多来自非传统的社会背景（霍加特和威廉姆斯来自工人阶级；霍尔来自牙买加），曾接受文学教育批评（牛津大学的霍尔；剑桥大学的威廉姆斯和汤普森）。在他们的教学实践和出版物中，他们曾试图通过先前被教育边缘化的社会群体（例如工人阶级和成年学生），来削弱知者之间的界限、控制规范性知者类别——弱主体关系。与此相反，他们保持了相对较强的界限，并控制人们知晓的正当途径——强互动关系。在20世纪60年代初期，文化研究的主要目标是，通过教授对经典文化作品的欣赏，培养学生的批判性思辨能力，这里通过将利维斯文学批评方法用于对"大众艺术"的研究，扩大了"文化"的定义（Hall and Whannel 1964）。到了20世纪70年代初，通过各方努力，创建了经典文集，由此，这个目标更加集中于教授对文化研究经典作品的欣赏（第5章）。尽管如此，整个时期，文化研究一直都得到了培养型审视力（规范性的关键）的支持（主体关系–，互动关系＋）。

在20世纪70年代中期，女权主义立场理论试图重新阐明这些社会关系。男性学者过去的作品被描绘为反映男性审视力，理解妇女的经历被认为要有女性学者的审视力，这就是强主体关系（社会关系↑）。相反，经验的其他方面，例如教育背景的差异，被降为规范性的基础，这就是弱互动关系（互动关系↓）。以前的准则、理论和方法被认为反映了社会统治，新的、反映性别的方法被推陈出新。但是，学徒制进入这些方法并不是新的规范性审视力的基础，据说这些方法是来自先前存在的审视力（一旦从重男轻女的意识形态中解放出来）。这样，这种社会审视力（主体关系+，互动关系−）通过种族和性行为的类似"干预"，引起不同社会类别的共鸣。

由这些干预引发的文化研究之间不和，现在可以被概括为社会关系冲突，即带有不同强度主体关系和互动关系的社会型和培养型语码之间的社会关系冲突。正如第2章和第5章所说，这些差异是根本的。场域里的领军人物证明了斗争的激烈性质和他们个人付出的代价，社会型审视力帮助英国文化研究在制度和思想上留下了轨迹。与上文讨论的洞察类似，很清楚没有任何审视力能保证进步发生；前面的章节认为，每种审视力都以各种方式促成和制约累积式发展。例如，培养型审视力为社会性提供更大的潜力，这样为知者建构和知识建构提供了具有包容性的基础。但是，在这种培养型审视力中（请参见下文），文化作品的评估基础通常被描述为非社会性的不具有历史意义的，并且仅存于这些作品中。这无形中限制和固化了这个场域，限制了把新型知者培养为具有规范性审视力的可能性。相反，社会型审视力为弱势群体在高等教育场域里拓展机构和学科空间献计献策。但他们扩散和分裂的倾向降低了场域的社会性，使知识建构出现问题，使赞助者在制度上处于弱势（第二章）。

一种新的培养型审视力

第2章和第5章讨论20世纪70年代末和80年代的文化研究中培养型审视力和社会型审视力之间的社会关系转变，通过讨论这些转变带来的影响探讨这两种审视力对知识建构的启发。但这并不是故事的结局。尽管立场理论在此期间逐渐受到重视，但它们并没有完全垄断这个场域。而且，文化研究从此由一系列不赞同社会型审视力的"后-""批判-"和解构性理论主导。要了解最新发展，我们可以借鉴第8章中对教育研究的宇宙学分析。受这种方法主导的场域具有价值论宇宙学特点。也就是说，这种方法的地位主要基于反映发起人能力的具有道德或政治色彩的星群，而不是基于它们相对的解释能力。因此，在参与者的层面上，这种知者语码的强社会关系不是基于"表达"型社会范畴（主体关系-），而是基于能够识别和实现表面上"道德的"或"激进的"立场的审视力。在最近几十年里，文化研究中的这种立场反映在那些折中的和变化多端的权威人物的著作里，这些人主要来自欧洲大陆。他们的立场有些是流星在坠落到地面之前，燃烧得明亮但很短暂；有些是消失但稍后重新出现的彗星，而其他立场在文化研究星群里则表现得更持久。了解什么立场具有"批判性"，其中又有哪些上升或逐渐消失，就会有布迪厄所谓的"游戏感觉"，参与者长期沉浸在某种社会实践场域中获得的感觉。换句话说，与重要的其他立场相比，它们展示的是强互动关系（互动关系+）。因此，规范性的基础就是培养型审视力，一种通过长期接触典范而获得的审视力。

乍看起来，这种培养型审视力暗示着回归本源，回到了文化研究的开始。但是，正如第5章所强调的那样，"批判性"理论的作品强烈反对过去的培养型审视力，包括反对利维斯主义左派的场域起源。此外，他们的互动关系中的"重要他者"发生了变化：从文化的伟大作品到文化研究的伟大作品。这就引发了有关如何去发现此类差异、以及这些差异对累积式知识建构有什么影响的问题。因此，我现在来讨论审视力和洞察的内部差异。

透镜

到目前为止，本章已经讨论了组织原则的两个概念层次。首先，我从专业化语码的角度对知识实践进行概念化，提出了认识关系和社会关系。其次，我将认识关系模态概括为洞察，把社会关系模态概括为审视力，并探索了它们的本质关系。我现在开始讨论第三层次的组织原则：透镜。如上所述，主体关系有许多潜在范畴，互动关系有许多与"重要他者"互动的方式——知者种类和构成审视力的知晓方式有很多。同样，洞察中本体关系要研究的对象和话语关系要研究的知识实践有许多。这些关系中，每一种关系都与某个事物有关系；那个某物呈现的形式就是我所称的透镜。于是就有了透镜冲突和透镜转变。每个透镜都以特定的方式重新聚焦审视力或洞察，帮助塑造知识实践和社会场域。

回到英国文化研究，早期与现在的培养型审视力之间的主要差异，在于它们相对强的互动关系，规范性知者应该彻底熟悉"重要他者"。采取的形式维度有多样。在这里，为了简洁，我将描述培养型审视力的两种透镜：本体透镜（"重要他者"被看作是研究的对象）和话语透镜（"重要他者"被看作是对研究对象的研究）。

早期的文化研究强调对属于文化的典范作品的专注；现在的文化研究强调有关文化的典范作品。当然，一部具有批判性鉴赏的伟大作品其本身就是伟大的。但是，这里要说明的，不是指它们固有的地位，而是指它们如何在培养规范性审视力下被理解为"重要他者"。如上所述，这种转变早在20世纪70年代初出现，那时要创办《文化研究读物》，发表关键理论和研究论文。这个过程因为立场干预而中断，但是随着20世纪80年代本科课程的增加和90年代越来越多的"读物"和教科书的出版而恢复。虽然文化标准失去了价值，但是文化研究标准得到了越来越多的重视。因此，尽管两种培养型审视力都通过经典作品得以聚焦，但是，从现实到文字的转变是规范性知晓方法的"重要他者"。这个转变是从本体透镜到话语透镜的转变。这里将它们重新描述为：

- 早期的文化研究：知者语码－培养型审视力－本体透镜
- 当前的文化研究：知者语码－培养型审视力－话语透镜。

因此，通过英国文化研究的历史可以看清楚三种主要的知者语码。如表9.1所示，这个场域不仅被不同的审视力所支配，也被不同的透镜所支配。正如伯恩斯坦（Bernstein 2000）关于水平知识结构所讲到的，这些转变是碎片的增加，而不是整合型的包含：原有的本体－培养型审视力没有被社会审视力所包含也没有被取代，这些审视力在这个场域里依然活跃，尽管被最近的话语－培养型审视力边缘化。

因此，该分析可以对伯恩斯坦模型中未形成概念的内容（分割形式）提供进一步理解。

表9.1 英国文化研究中社会关系转变

时期	20世纪50年代末–70年代中期	20世纪70年代中期–80年代	20世纪90年代–至今
专业化语码	知者语码	知者语码	知者语码
社会关系	主体关系–，互动关系+	主体关系+，互动关系–	主体关系–，互动关系+
主导审视力	培养型审视力	社会型审视力	培养型审视力
透镜（知者种类/"重要他者"）	本体透镜（文化作品）	社会透镜（性别、种族、性行为）	话语透镜（文化理论）
主要方法	"左派利维斯"文学批评，大陆派社会学	女权主义、多元文化主义、后殖民主义、酷儿理论	后建构主义、后现代主义、"批判"理论
语码归纳	本体–培养型知者语码	社会知者语码	话语–培养型知者语码

概念化引发的问题是，这样的透镜转变对文化研究是否具体明确？这种组织原则方面的第三层次变化对知识实践是否重要？限于篇幅，我们无法展开广泛讨论，但是一个著名的例子提供了充分的初步证据，那就是"语言学转向"。

"语言学转向"——一种透镜转变

自20世纪60年代初以来，包括人文社科等许多场域里出现了此起彼伏的"语言学转向"或"话语转向"的声音。这些转向起因于战后科学兴起和已知的"人文学科危机"，人文学科坚持通过以语言为中心研究人类社会（Maton 2005b）。温奇（Winch 1958, 1964）效仿后维特根斯坦，认为观点必须从"意义"的角度来理解，将其视为具体"生活形式"中的一部分"语言游戏"。根据温奇，现实不生成、不组织、也不制约语言。相反，语言造就现实。事实上，"真实与非真实之间的区别，以及对现实的认可都归属我们的语言"（Winch 1964: 82）。对人文主义文化观念来说，语言已经是中心。但是，从感知现实的关键手段来看，语言是建构的基础。从这个角度来看，知晓我们如何理解世界的就是了解世界本身。因此，在分析中应该突出话语的作用。这些观点变得很有影响力，社会科学和人文科学场域以各种方式视其作为革命性观点加以宣扬。这些观点的盛行说明了透镜转变，即从本体透镜转向了话语透镜，成为培养型知者语码的基础。从强调研究对象（例如艺术、文学或历史），知识实践转向到强调这些对象的研究或理论（例如艺术批评、文学批评或史学），视这些研究或理论为培养型审视力中"重要他者"（例如Shay 2011）。斯坦纳将这种众所周知的现象描述为"中等文化"的兴起（Steiner 1989: 50）：文化对象由对该对象的评论、注释和讨论所取代。

这些"转向"的影响已在他处有广泛讨论。简单来说，这些讨论强调两种透镜是如何在知识场域里促成培养型审视力和社会性的。但是，两者也可能用不同的方式限制知识建构。本体透镜判断范例时很少重视社会语境和历史语境。从"为自己说话的"作品中找判断标准，认为其地位是不变的、"普世"的、跨越历史的（请参阅第5章）。这样做模糊了培养的积极本质，采纳了"重要他者"的僵化规则，疏远了新的潜在知者。相反，话语透镜可能趋向于理想主义，放弃外在现实，盲目迷恋知识研究，导致观念偏狭；还可能会导致分割主义，限制该场域的发展，使其碎片化。

"语言学转向"说明，透镜转变不排斥文化研究，其结果也不是微不足道。明白这些透镜和其他透镜的影响，需要进一步研究互动关系和主体关系。例如，不同的规范性知者可能会以不同的方式建构知识实践。此外，透镜这个概念也适用于本体关系（各种研究对象）和话语关系（各种研究方法）。尽管如此，这一必要的简短讨论暗示，未来卓有成效的研究可能在于探索不同透镜如何建构这四种关系以及它们建构的知识实践。

结论：4-K模型

答案引发问题。前几章的分析概述了实践分析的一些概念，在不受知者无知影响的情况下克服知识无知。反过来，问题是怎样解释那些共享专业化语码的实践和那些共享审视力的知者语码之间的差异。首先，将认识关系分化为本体关系和话语关系，并把这些关系的模态概念化为洞察，能够深入探讨语料和理论之间的不同关系。将具有相对准确的经验描述能力的实践和经验关系的形式模型区分开来，可以让我们跨过"语法"这个概念。例如，知识语码并不总是相同的，知识语码还使社会现实主义能够充分地描述自己的立场（情境知识语码），该立场与经验主义建模（教义性知识语码）有关，与知识场域的主导结构相联系。考察形成鲜明对比的洞察带来的影响，进一步凸显对概念相关性的明确定义对知识建构是远远不够的，还要探索严格限制知识观的经验现象及其得失。第二，将社会关系分化为主体关系和互动关系，扩展并系统化了对知者语码和审视力的探索（第2、5和8章）。先前的分析表明，知者语码实践并不是完全相同的。这里的分析使形成审视力的组织原则概念化，用来揭示这些差异的基础。

整合概念的发展可以较好地解释专业语码，它构成了实践和实践指向的那部分世界（本体关系）、其他实践（话语关系）、参与者类别（主体关系）以及参与方式（互动关系）之间的关系。如图9.6所示，表示知识实践与已知、知识、知者和知晓之间关系的"4–K模型"可以用于研究知识观。

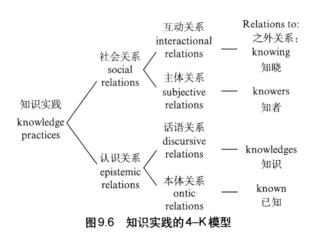

图9.6 知识实践的4–K模型

以这种4–K模型来分析实践基础，专业化语码可以根据洞察和审视力做进一步描写。此外，对培养型审视力的探索提出了洞察和审视力内部差异的问题，导致了它们在不同透镜之间的扩展。如图9.7给出了三个概念精确度：专业语码-洞察与审视力-透镜。换句话说，所有实践都具有洞察和审视力特征，同时，洞察和审视力都具有透镜。我猜想，透镜采用的形式反映了本体/话语的区分，其形式根据它们折射的关系而不同。就社会关系而言，强互动关系有本体透镜或社会透镜，这取决于如何界定规范性知者的类别，它们可能是生物的也可能是社会的，如是性别的还是性取向的、是种族的还是民族的，等等。认识关系的透镜反映出本体关系中的经验对象和技术对象（话语建构）之间的差异，话语关系中的原则和程序之间的差别。这些对未来的实质性研究都很重要。这些概念的阐述适合"伯恩斯坦附录"，期待将来能早日发表。

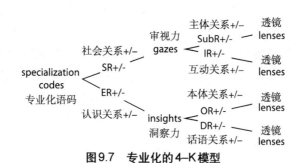

图9.7 专业化的4-K模型

4-K模型对概念精确度的提炼有诸多启示。首先，它强调专业化语码如何提供不只是两分类型。本章为了说明效果，重点介绍对比性洞察和审视力。但是，改变四种关系会产生各种各样的潜在模态（洞察和审视力的类型），以及随着时间的流逝这些模态中出现的变化（图9.3和9.5中拓扑现象）。另外，实践中可能同时出现认识关系和社会关系之间的冲突和转变。这样，概念框架可以适应各种复杂变化。

其次，4-K模型对其他概念有启示。例如，第8章将语义密度和专业化语码结合，区分强认识关系的认识论聚集（EC）和强社会关系的价值论聚集（AC）。我们现在可以以此来区分认识论聚集中的本体聚集和话语聚集，也可以区分价值论聚集中的主观聚集和互动聚集。因此，这个模型提出了有关这些过程性质的问题及对参与者、实践和场域影响的问题。同样，4-K模型可以用于语义重力，以区分重力的本体、话语、主观和互动形式。

第三，4-K模型通过进一步探索社会场域里斗争基础，更深入地了解规范化手段（第3章）。但是，这种概念的细微区别并不一定反映小规模现象。洞察、审视力和透镜的概念化突出显示，一个场域里成员之间共享的东西（专业语码）是激烈斗争的坚实基础。本章讨论的关系冲突和关系转变的例子说明，语码内的冲突和语码之间的冲突程度是一样的激烈，可以代表场域中规范性基础的主要分裂，使参与者的生活和主体的灵魂处于危险中。同样，"语言学转向"的影响遍及各个学科，它能说明透镜转变对知识景观的重要性。

最后，这些例子都说明，不同的洞察、审视力和透镜都有自己的力量和倾向，也说明没有哪一种模态能保证累积式进步。本章开头，总结了前几章的内容，说明了知者关系、知识关系对场域发展的重要性。4-K模型详细说明了这些类别，指出已知、其他知识、知者和知晓的重要性。但是你只需要分析问题–情境所要求的理论，并非每个问题–情境都需要洞察分析、审视力分析和透镜分析。但是，我在本章开头所概述的概念发展所需要的动力，来自于规范化语码理论研究者所提出的问题（第10章）。于是，未来研究的关键问题是要探索什么样的审视力和洞察能实现什么样的解释或机构成就，以及什么时候、什么地方、通过什么方式。通过这些概念的持续研究表明，小的差异可能产生大的影响，如导致社会场域中的激烈斗争和重大转变。细节决定成败。

注释

1. 这些社会学的概念不是哲学术语；本体关系是认识关系的次维度，不是认识论的附属物，也不附属于知晓。
2. "本体的"在这里指实践指向的那部分世界，不是一般存在理论。教义洞察类实践不认可现实不被知晓，只是赋予知识观以微不足道的意义：本体的而非本体论的相对主义。
3. 本章中我用"认识–教育手段"而不是"认识–语义–教育手段"，就像我用专业化而不用语义学。

4. 在现实主义的教育理论中，社会现实主义用批评现实主义观点解释教育现象，这就是情景洞察（Wheelahan 2010; Moore 2013a），斯哥特（Scott 2010）对社会现实主义的同化还原形成了教义洞察。对比二者发现，后者忽视研究对象之间的差异，把社会现实主义重新塑造为哲学（尽管唯一引用的论文题为"构建知识社会学"），将社会现实主义贬为次要的本体论。

5. 虽然定义为"等级知识结构"，但是几乎没有使用继承的框架探讨物理学。使用规范化语码理论进行物理研究的著作，可以查阅林德斯通（Lindstrøm 2010），道伦（Doran 2010）和乔治欧（Georgiou 2014）。

6. 第四章中讨论的定量工具包括"天赋"和"培养型品味"的指标——尝试采集未定型的主体关系和互动关系的影响。有关对工具的前沿研究，参阅 Howard and Maton 2014。

第十章

构建一个现实主义的教育社会学：待续

要做的事情有许多。我们只是刚刚开始。

引言

建构有关知识构建的知识是本书重复讨论的主题。各章节探索了一系列实现累积式进步的可能条件。它们以已有概念为基础并通过讨论多样的实质性问题展开框架，就可能为这些进展建模。这种焦点和形式提出了这样的问题：语码规范理论是如何建立在过往思想的基础上，未来又将如何成为其他思想的基础？两个问题都有被提及：每一个章节都是从已有概念开始，描述它们在新概念中的扩展和整合，并暗示未来的发展方向。本章通过回答语码规范理论从何而来与去向哪里的之外关系，进一步凸显这些问题。

这一章首先介绍语码规范理论如何展开其基本框架。我聚焦伯恩斯坦语码理论的之外关系，讨论本书中提出的概念如何解决过去的问题，发展和整合已有思想，并重新激活已有研究。具体来说，概念重构伯恩斯坦所说的"基本悖论"，阐明了尚未解决的问题如何能够得到解决；整合前面各章的理论发展，可以提供已有概念和新概念之间关系的更完整画面；重新分析在其兴起数十年以前具有影响力的研究，可以展现语码规范理论如何保持与过往研究的关联，并重振过去研究成果的活力。这些都说明，语码规范理论是如何在简练的框架下，发展和整合过去的思想来包含更多的现象和著作，从而保证现存的研究活跃在扩展的认识论社群当中。

第二，这一章展望语码规范理论的发展方向。我们将讨论三个促进要素：由于框架的固有动力，答案本身会提出进一步的问题；对能够检验理论的一系列迅速变化的现象开展实质性研究；接触能够阐明现象新方面的其他研究方法。我在引证大量说明性研究的基础上，运用不断增加的方法并联系多样的手段，讨论研究是如何分析知识、实践和社会场域的永久形态的。我将突出这些尝试向理论提出的一些问题，并分析这些发展呈现的累积式形式。

总之，本章探讨这个框架是如何使累积式和整合性知识发展成为可能。本章结论部分回到本书开始谈及的社会科学"知识悖论"，重申它反复出现的关键主题之一：共同建构教育和知识的批判性、积极的和现实主义阐释所具有的初步性、暂时性和开放性本质。

坚实基础之上的累积式构建

对任何有关知识构建的框架来说，询问它们与已有思想的关系是具有相关性的。语码规范理论受到多种影响的启发，包括社会学、人类学、文化批评、语言学、哲学以及政治理论。然而，它最直接的基础性框架是布迪厄的场域理论和伯恩斯坦的语码理论。虽然这些理论呈现不同的形式，但是语码规范理论与这两种理论的关系不断累积。

第七章讨论了布迪厄的场域理论如何提供培养型社会审视力，而不是大众化社会审视力所需的概念演化。场域理论表明了应该分析的内容：社会场域的自主性、地位的形式和等级、实践的组织原则、资本和习惯等等。然而，它目前的概念不能完全实现场域理论的分析方法。因此，只有那些拥有布迪厄审视力的学者能够进行布迪厄流派的分析。第七章表明，我们需要一个不同的理论模式，它能够创造概念，从而揭示构成实践、习惯、资本和场域的组织原则和生成机制。因此，语码规范理论整合了场域理论提供的培养型审视力，不过用可能实现关联性和现实主义的概念，重新发展了这个框架。在这里，继承性框架和巩固的框架之间的关系不是最接近的、直接的或显性的，因为已有概念不能直接地扩展，且在本书中阐明这些关系会过于冗长。因此，对于语码规范理论如何累积地建立于场域理论，需要一个特别的解读。

相反，伯恩斯坦的语码理论体现了实质性研究的关联性和现实主义概念中的培训型社会审视力。如果说场域理论提供了新的审视力，那么语码理论体现了不同的洞察力。因此，语码理论是语码规范理论的发射基地，理论框架之间的关系是直接而明确的。这些关系是我在这里要重点强调的。语码规范理论主要通过三种方式借鉴伯恩斯坦的语码理论：解决未决问题，扩展和整合概念来解决这些问题，以及让使用继承性概念的研究在成熟的研究方法中保持活跃。我将依次阐明每种发展方式。

解决问题：基本悖论

前一章是从伯恩斯坦的框架所引发的问题展开讨论的，它为解决这些问题提供了新的概念。然而，我不打算重复这些贡献，而是简要讨论伯恩斯坦所规定的"不得不面对和探索的基本悖论"（Bernstein 1977: 110）。伯恩斯坦在他影响深远的论文"关于教育知识的分类和框定"中介绍了这一悖论。这篇论文发表在《知识和控制》的奠基之作"新教育社会学"中（Young 1971），并在《阶级、语码和控制》的第一卷（Bernstein 1971）和第三卷（Bernstein 1977）以及众多文集中都有收录。在这篇论文里，伯恩斯坦提出了"集合语码"（强分类和框定）和"综合语码"（弱分类和框定）的概念。他认为，探索这些语码如何与社会秩序发生联系能够体现矛盾，引起"对秩序问题的疑问"（Bernstein1977: 109）：

> 集合语码保持显性和强大的边界特性，依赖隐性的意识形态基础。综合语码保持隐性和薄弱的边界特性，依赖明确而封闭的意识形态基础。集合语码的意识形态基础是一个浓缩的符号系统，通过其显性的边界维持来交流。它的隐性结构是机械团结。综合语码的意识形态基础**不是**一个浓缩的符号系统，而是一种明晰的口头说明。它**显性**地实现有机团结，通过边界维持的薄弱形式来创造实体（低分离）。但是集合语码机械团结的隐性结构，是通过专业化输出来创建**有机团结**。

　　另一方面，综合语码有机团结的显性结构，则通过**较不专业**化的输出来创建**机械团结**。虽然综合语码的意识形态基础是低分离，但它会达到意识形态是显性的、详尽的和封闭的程度，**同时**进行有效和**隐性**的传播。如果综合语码未做到这一点，那么社会组织和个人层面的秩序会产生很大问题。如果综合语码确实实现了这种社会化，那么机械团结就会是隐性而深入的封闭。这就是必须要面对和探讨的基本悖论。

（Bernstein 1977: 109–110；原文强调）

　　这种"简短而引人寻味……很能让人浮想联翩但尚未成熟"的论点（Atkinson 1985: 153），使用了暗示性和不断变化的术语。尽管如此，它强调了一种"悖论"，即一种事物似乎会产生它的对立面。简而言之，基于机械团结的教育学（这里的凝聚力产生于践行者之间的共同点）创建有机团结（基于不同的专业化践行者之间的相互依赖关系），反之亦然。最简单地说：相似性导致差异性，差异性反过来引起相似性。

　　尽管有必要对这个悖论做深入探索，但是伯恩斯坦没有明确重提它。这从他的文本汇编中可以反映，包括提议"无形教学法的'隐性课程'很可能是可见的教学法"（Bernstein 1977: 143），到恢复整合语码享有强大社交网络的必要性（Bernstein 2000: 11）。其他学者也会对伯恩斯坦的呼吁置之不理。不过，这反映的不是悖论本身的棘手性质，而是回答悖论的可用概念存在局限。语码理论揭示了悖论；面对和探索则需要概念的发展。在这里，我将运用专业化观点再次描述和解决这个悖论。

　　首先，伯恩斯坦的"边界维持特性"指的是教育知识的组织（分类和框定），它可以从认识关系的角度重新概念化。因此，他一开始就区别了两种语码："显性和强大的"认识关系以及"隐性和薄弱的"认识关系。第二，未定义的"意识形态基础"概念可以重新概念化为价值论宇宙学，其性质可以依据社会关系来描写。这样做揭示出，两种语码分别展示了"隐性的"（较弱）社会关系和"显性且封闭的"（较强）社会关系。因此，现在可以把伯恩斯坦开篇的句子理解为对两个专业语码的描述：

> 知识语码（认识关系＋，社会关系－）有较强的认识关系但较弱的社会关系（表达一种隐性价值论宇宙学）。[1]知者语码（认识关系－，社会关系＋）具有较弱的认识关系和较强的社会关系（表达一种显性价值论宇宙学）。

这编码并整合了伯恩斯坦为每个语码所描述的两个特点。这也显示了解决悖论的关键问题。虽然伯恩斯坦通过把分类和框定用于知者身上，聚焦知识的"边界维持特性"和"孤立"，但前面的章节已经表明，社会关系也有边界维持特性和孤立性。

下面，我们重新描述悖论本身，其中伯恩斯坦改写涂尔干的"团结"概念，用以强调整体性、衔接性和相互依存性。伯恩斯坦认为，两种语码都是基于团结的其中一种形式（第一个是隐性地），但会引发另一种。现在这变成了：知识语码隐性地构建在机械团结上，并创建有机团结；而知者语码显性地构建在有机团结上，并创建机械团结。使用新的概念可以解决这个悖论。

知识语码不根据主观特点区分践行者，因此不是显性地基于相似性。此外，由于践行者不能经过学徒训练获得基于性情的审视力，他们可能会在个人属性方面区别不大。不过，践行者们都很相似，因为这些差异与规范化有最小的关联性。例如，"一刀切"的教学让所有的学生都参与同样的活动，却很少考虑个体学生的性情。换句话说，较弱的社会关系产生分割型知者：一种有强惯习界限的水平知者结构，呈现低水平的相互依赖、影响和联系（见第4章和第5章）。因此，知识语码的隐性结构也许类似机械团结。尽管如此，随着践行者在更强大认识关系的基础上，成功灌输基于知识的不同专长，他们（及其所学习的知识）也日益分化。培养内部存在差异但相互关联的层级（教育）知识结构的学徒训练，通常与知识语码相联系，从而能够形成专业化身份、角色、活动和信仰，以及更相互依赖和扩展的社群——有机团结的特性。

相反，知者语码轻视专业化知识（认识关系−）的重要性，强调个人属性（社会关系+）是规范性的基础。它们突出践行者的特点，并与位于层级知者结构顶端的理想知者进行比较。在这里，作为知者的不同个体间的差异和关系是规范化明显的重要部分，如确认经历价值、基于意向和满足个体学习者需求的教育实践。因此，知者语码显性地强调类似于有机团结的特征。然而，他们的目标是通过教授培养型审视力或启发社会型审视力，在新手间产生共同意识（第5章和第9章）。在知识专长方面，践行者的身份、角色、活动和信念的差异相对较小，因为认识关系相对不受重视；然而，他们作为专业知者，共享行动、思考和存在的方式——与机械团结一致的特性。事实上，知者语码保持成功靠的是维持更强大的社会关系，由此培养相似的知者。这是伯恩斯坦秩序悖论问题的关键：必须强调具有差异的意识形态（较强的社会关系），来维持产生相似性的语码（通过这些较强的社会关系）。如果社会关系太弱，知者语码（认识关系−，社会关系+）会偏离得过于接近相对主义者语码（认识关系−，社会关系−），从而因为规范性、关系和身份的基础被侵蚀，秩序"在社会组织和个人层面出现很大问题"（Bernstein 1977: 110）。

因此，相似性和差异性不是自相矛盾，也不是交替状态。它们反映了构成知识语码（认识关系+，社会关系−）和知者语码（认识关系−，社会关系+）的认识关系和社会关系的强度对比效果。通过分析社会关系我们可以发现，这两种语码都能创建伯恩斯坦所谓的"专业化输出"，而这些是通过规范化所基于的关系加以区别的。总之，知识语码强烈限制和控制知识而非知者，从而培养出虽共享培训型审视力（或洞察力），但可能具有不同惯习的知者；知者语码强烈限制和控制知者而不是知识，因此产生有着相似惯习的知者；知者语码如果不强调它们的社会关系，就会遭到削弱。因此，专业化使得悖论能够呈现和探讨。事实上，这个问题帮助促进了形成这些概念的分析。因此，专业化也是面对和探索"基本悖论"时所产生的结果。

扩展和整合概念

"基本悖论"说明了语码规范理论是如何吸收源自涂尔干思想的伯恩斯坦概念。然而，这本身不是累积式发展的一个标志：概念关联所采取的形式是至关重要的。通过运用他的"层级知识结构"模型、概念评价和对语码理论的意见，伯恩斯坦描述了累积式进步所需的形式，所以流传下来的不仅是坚实的基础，而且还有未来的发展蓝图。遵循这些准则，语码规范理论是用以扩展和整合，而不是取代他的理论框架。这不是说语码规范理论是语码理论可以发展或已经发展的唯一方式——该框架蕴含诸多可能性。相反，这只是突出了语码规范理论旨在通过与伯恩斯坦的原则相容的方式发展语码理论。

这些关系可以通过专业化加以阐释。伯恩斯坦（Bernstein 2000: 155）在发展他的理论框架时提出了三个关键的概念性标志："分类/框定""教育手段"和"知识结构"。语码规范理论分别在专业化语码、认识－教育手段和知识－知者结构中拓展和整合了这三个标志（见表10.1）。首先，简单来说，通过使用分类和框定来概念化知识和知者，认识关系和社会关系的分析性区分拓展和整合了专业语码中的概念（第二章和第三章）。第二，"教育手段"是认识－教育手段的核心，它囊括先前由于认识逻辑调控生产场域而产生的复杂问题（第三章）。第三，"知识结构"经过整合形成场域的概念化，即知识－知者结构，它提供对社会场域，尤其是人文和社会科学更广泛的理解（第四章）。此外，有启发性但难懂的概念被系统地概念化，并整合到这个框架：对社会关系形态或者不同审视力而言的"审视力"；对认识关系形态或者洞察力而言的"语法"（第五和第九章）。

专业化的维度是建立在伯恩斯坦概念的坚实基础上，通过解释更多现象提供更广的解释力，并在更综合和系统的框架下提供更大的概念经济。首先，他们使之前复杂难懂的实践得以分析，比如精英语码（认识关系和社会关系都相对强大）和相对主义者语码（认识关系和社会关系都相对薄弱）。先前，对知识分类和框定的独有重视，未能区分精英语码和知识语码（认识关系中的分类和框定都强），同样也不能区分相对主义者语码和知者语码（认识关系中的分类和框定都弱）。通过进一步概念化社会关系，上述这些关系都能够被识别。分析阐释了产生的解释性结果。比如，第四章表明，区分精英语码帮助解释学校资格考试中音乐科目选择率较低这一现象。同样地，第五章表明，忽略知者和相对主义者语码是如何将艺术、人文和许多社会科学的分析问题化：它们更薄弱的认识关系被理解成缺陷（"弱垂直性""弱语法"），导致了这些场域匮缺模型的可能性。通过将社会关系概念化（以及知者结构和价值论宇宙学），这些巩固的概念使对更重视培养知者而非建立显性知识结构的场域有更全面的理解（第五章和第八章）。因此，专业化也可以帮助克服知识-无知，而不必屈服于它。

表10.1　扩展和综合概念

继承性语码概念	语码规范理论（专业化）
教育知识语码：分类+/-，框定+/-	专业化语码：认识关系+/-，社会关系+/-，缩写自：认识关系（分类+/-，框定+/-），社会关系（分类+/-，框定+/-）
教育手段	认识-教育手段
知识结构 • 语法（强/弱） • 审视力	知识-知者结构 • 认识关系：洞察力（本体关系+/-，话语关系+/-） • 社会关系：审视力（主体关系+/-，互动关系+/-）

第二，语码规范理论通过整合先前的不同概念构建的实践分析，使概念经济和概念连贯成为可能。例如，继承性框架将课堂实践概念化为"教育语码"，将知识场域概念化为"知识结构"。在语码规范理论中，这些被概念化为知识-知者结构的教育和知识形式，同时它们的组织原则受到语码规范（专业化语码、语义语码等）的探询，这使得对各个教育场域的实践分析得以综合（第三章）。同样地，如果使用不同的概念（比如理论的"描述语言"和知识场域的"垂直性"/"语法性"）来进行不同层级的分析，那么语码规范是不规则的且对任何层级的分析都是适用的。

正如目前的讨论所阐明的，已有观点和新观点之间的关系呈现多样性。有些继承性概念直接在显性扩展的概念中整合。如表10.1所示，

"分类"和"框定"在认识关系和社会关系中存在，"教育手段"在认识-教育手段中存在，以及"知识结构"在知识-知者结构中存在。其他继承性概念更具暗示性，强调某个问题，但仍需进一步发展。它们所强调的问题接着在定义清晰和可操作的概念中进行整合："语法"由认识关系形态（或洞察力）整合，"审视力"由社会关系形态（或不同审视力）整合。累积式发展有时需要临时的概念，就像维特根斯坦的梯子，一旦爬上去，就可以将其踢掉。然而，即使这样，这些起桥梁作用的概念是现存框架的延伸。例如，第五章用伯恩斯坦的"语法"来区分"知识-语法"和"知者-语法"，作为通往认识关系和社会关系的桥梁，而一旦达到目的，就不再需要这些概念。

因此，伯恩斯坦的概念和语码规范概念之间具有对话性，但代表的不仅仅是一个重释过去概念使其保持活力的"对话"。它们还涉及并超越"思维联合"（Collins 2000），形成概念联合。它们的关系是更直接的、重要的和有机的——"语码理论"不仅仅是在名字上依存在"语码规范理论"之中。伯恩斯坦的概念仍是"真实的存在"（Steiner 1989），它们提供的坚实基础是支持和灵感的源泉。我已尽力使这些关系透明化，但仍然有许多工作要做。第一，伯恩斯坦框架的内容远不止语码规范理论所使用的这些，更不用说这本书所提到的内容。语码规范理论在语码理论的问题和方法中发挥作用，扩展、系统化和整合已有概念，而不是将整个语码理论归入其中。众多需要全面探索的概念仍然存在。第二，语码规范理论所包括的不仅仅是这本书中介绍的两个维度。正如第一章所述，目前为止，语码规范理论包括五个维度；专业化和语义性之外的维度也是累积性地建立于语码理论概念，以包含现象的更多方面。第三，这本书概括出的发展启示有待完全阐释。专业化语码和语义语码与伯恩斯坦后期代表其最新思想重构的"知识结构"研究（Bernstein 2000）有明显关联。然而，对于熟悉其框架本质的学者来说，这些显然不是他们唯一借鉴的概念。如第二章和第三章所示，专业化语码扩展了伯恩斯坦的"教育语码"（Bernstein 1977）；同样，语义重力和语义密度理清并概念化了早期潜在于伯恩斯坦有关精细语码和限制语码研究（Bernstein 1971）中的组织原则。因此，与语码理论的对话以及语码理论的发展都具有相当大的潜力。

整合性研究

理论发展的累积程度不仅仅是概念之间的关系。它还涉及使用这些概念的研究之间的关系。如果新观点使过去的研究发现与新的研究发现不可比，那么它们的创立体现的是分割式发展，表明过去的工作是过时的，并产生受限制的认识群体（第三章）。相反，语码规范理论支持新的研究，也可以重新分析基于基本框架得出的研究发现，它保持过去研究的活力，使其可能重新活跃在研究领域里，从而产生扩展的知识社群。

我们可以用伯恩斯坦强调的研究（Bernstein 2000: 18–20）举一个简单的例子：即霍兰（Holland 1981）针对不同社会阶层背景的儿童所做的编码取向研究。给58个7岁的小学生展示24张学校食堂的食品图片，要求"把你认为可以搭配的图片放在一起。你可以使用所有图片或者只用其中的一部分"（Bernstein 2000: 18–19）。总的来说，学生对照片分组给了两种不同理由。一种是强调学生的个人经历，如"我早餐吃这个""我不喜欢这些食物"；另一种则强调较少个人经历且比较抽象，如"它们来自海洋""它们是蔬菜"。中产阶级的孩子往往首先采用第二种分组形式，当被提示尝试另一种排序时，才会采用第一种形式。相反，工人阶级的孩子往往只选择第一种形式。

伯恩斯坦将研究人员的指令描述为"分类–，框定–"；主要中产阶级的反应是"分类+，框定+"；工薪阶层（和次中产阶级）的反应是"分类–，框定–"。所有这三个都可以用专业化语码重新描述。指令似乎具有知者语码特征（认识关系–，社会关系+）：伯恩斯坦的"分类–，框定–"是指认识关系（因为缺乏指标，特殊客体的专业知识应当被考虑进来），它可以增加相对强大的社会关系，这通过指令中反复提及的"你"得到例证。相对而言，中产阶级的主要反应体现了知识语码：它的基础存在于知识原则中。工人阶级的反应体现的是个性的知者语码：它的基础存在于个体的个人经验。总之，这些反应可被理解为说明了中产阶级孩子的能力，他们能够透过表面的知者语码指令看到学校专业背景下教育研究人员所执行任务的潜在内涵，即要求知识–语码反应。他们作为学生，先提供的是知识–语码反应，当被提示时，再提供的是个性化和经验性的知者-语码反应。工人阶级的孩子只理解了知者语码的表面意义并做出相应反应。前者理解了教育语境所要求的语码；后者没有识别和/或实现这些要求的可能性，提供的是日常生活中普遍存在的语码。这些反应与第六章对高中英语作文的分析产生共鸣，这些作文说明，在面对表面上征求个人偏好的作文任务时，并不是所有的学生都认识到并实现了作为文学专业学生应有的反应，即合乎培养型审视力的判断。

我们运用语义语码还可以进一步把指令重新描写为呈现相对强大的语义重力和相对薄弱的语义密度（语义重力+，语义密度-）：基于具体任务语境的非专业化语言。工人阶级的孩子在他们的反应中呼应了这种语义语码。相反，中产阶级的学生识别出教育环境的潜在内涵是，要求一种进一步提升语义层级的反应（更抽象化和技术化）：他们的主要答案在语义层级下移至更具体、意义聚集更少的观点前（经过提示），展示出更薄弱的语义重力和更强大的语义密度。因此，这些反应有助于揭示来自不同社会阶层背景的孩子所识别和实现的语义层级。正如伯恩斯坦的理论所强调的，语码和阶级之间的关系是高度复杂的，但这也突出了这些概念如何提供更多的洞察力。简而言之，不同的语义层级至少部分地反映了不同程度的社会变数或者是伯恩斯坦所称的与"特殊物质基础"的关系（Bernstein 2000: 19）以及布迪厄（Bourdieu 1984）所说的"必然性距离"的差异。此外，这与成功教育要求下语义层级的语码规范研究相呼应（第六章；Maton 2013）。

虽然比语码规范理论的第一篇文章早发表几十年，这个研究的发现仍然具有活力，且可以与使用语码规范理论的研究相联系。因此，理论的发展并没有废弃已有研究；事实上，它们既允许其研究发现作为新研究的基础，也为进一步的分析提供潜在的可能性。过去的研究依然存在，可以产生扩展的认识群体。这种重新分析是一种最不明显但最富有成效的领域之一，仍有很多内容待发掘。研究拨款和奖学金申请通常关注收集新数据，而现有数据的丰富度仍然不足。目前有大量研究使用场域和语码理论，在教育方面也存在理论完善化不足、有待开发的实质性研究。这些研究如果使用了语码规范理论概念，它们可以有更多的研究发现。

当前和今后的方向

在回顾了与过去的联系之后，未来又会发生什么呢？框架的三个促进因素阐明了现在和未来的方向：第一，理论的内在动力提出亟待发展的问题。第二，实质性研究扩展了框架，回应产生的概念，并阐述超越知识和教育的理论关联性。第三，接触互补的方法能廓清现象的不同方面，这会造成挑战也会促进新思想的诞生。每种关系都在促进语码规范理论朝着激动人心和难以预料的方向发展。

内在动力

随着该框架的展开，它既为现有问题提供答案，同时反过来，通过导向先前无法想象的问题，也指引未来的理论化方向。其中有些涉及伯恩斯坦所称的它们"内部的语言"（Bernstein 2000）。例如，4–K模型（第九章）强调需要为聚集和重力的本体、话语、主体和互动形式建立更清晰的理论。其他问题关涉"外部语言"和实质性研究中的概念。尽管"外部的"这个术语看似表示的是次要的角色，但是这种描述语言对发展来说是重要的促进因素。外部语言提供了理论和数据间的转换方式，其他研究也可以采纳和改写——发展外部语言就是将该框架延伸到新的问题–情境中。此外，它们经常"回应"产生的概念。例如，定量工具的发展强调从拓扑学意义上以及类型学意义上思考语码的必要性（Howard and Maton 2014）。研究的新兴领域强调实践的多种形式，它们要求外部语言，并很可能把这个框架推向新的方向，包括多模态（图像和手势）、数学符号、音乐符号和手工艺品，如实验室设备和美术工具。

理论的发展反过来输入了新鲜血液。"宇宙学分析"（第八章）明析了先前研究的分析方法论；例如，梅顿（Maton 2005b）文中呈现的高等教育研究构成了这样未定型的分析。事实上，在定义规范语码来分析生成性"宇宙学"的组织原则之前，人们可以通过"星群"概念介绍语码规范理论。同样地，"语义波"理论化（第七章，Maton 2013）强调，勾画轮廓不仅是为了语义概念，而是为了所有的语码规范，因此运用诸如专业化轮廓，探索历时变化的潜势会更充分。

另一种内在动力来自语码规范理论的其他维度。自主、密度和时间性将实践更多的组织原则概念化，并揭示规范化手段（第3章）的其他方面。然而，空间和时间局限性限制了对这些维度的探索。自主用于对高等教育中变化的探索（Maton 2005a）。时间性用于分析历史和生物课的学校教育。[2]它们与过去框架的联系及其研究价值才刚刚开始得到探索。例如，自主性语码将形成伯恩斯坦"独立学科（singulars）"和"学科区域（regions）"概念（Bernstein 1990）的原则概念化，从而为尤其是专业教育和职业教育，提供了洞察力。同样地，时间性语码将形成伯恩斯坦"教育身份"概念（Bernstein 2000）的原则概念化，克服了研究中的类型问题（Power 2010）。随着这些维度的探索，语码规范理论的内部和外部语言将面临意想不到的问题。

最精彩的无尽形式

斯坦纳（Steiner 1989: 26）说："次级话语的官僚主义风行影响思想和情感"；我们生活在一个以"间接的帝国主义"为特征的时代。批判剥夺了创造。在社会科学中，这种思考缺乏具体的问题-情境范畴，往往涉及知识谱系和理论纯粹。然而，为了促进知识的发展，思考并不能代替研究。数据改变一切。正如第一章阐述的，语码规范理论在布迪厄看来是一种"理论"："'理论'是研究计划，提倡的是实际执行而不是'理论探讨'"（Bourdieu et al. 1991: 255）。语码规范理论概念产生于实质性研究中，且是为了实质性研究而产生的，这些概念根据研究发现不断进行修正和改进。这种研究实践是语码规范理论发展前进的重要动力。

贯穿全书，这些概念在实质性研究语境中得到发展。然而，这些仅限于教育领域的知识实践，虽然不是唯一地，但大多数聚焦生产场域。这些焦点部分地反映了教育研究的状态。正如第一章所说，恢复知识作为研究的对象，是对困扰该领域的知识-无知问题的重要修正。这也在一定程度上反映了我自己的研究轨迹，从知识场域开始到课程和课堂实践（例如Maton 2013）。尽管如此，语码概念很好地克服了特定语境的重力，而语码规范理论是一种场域活动而不是个人尝试。一系列迅速增长的研究使用语码规范理论探索不受本书讨论的问题-情境影响的研究对象，它们通过接受未来的知识、实践和社会场域，为框架发展开辟了新方向。这里我将简要说明一些（尽管绝不是全部）方向以及它们的意义。[3]

未来知识

尽管这本书主要关注社会科学和人文社科，但越来越多的研究使用语码规范理论来探索自然科学。中学和高校的物理课研究（Lindstrøm 2010; Zhao 2012; Georgiou 2014）、生物课研究（Martin and Maton 2013），以及跨学科和应用科学的研究（Millar 2012; Tan 2013），揭示了语义重力与语义密度的本体和话语形式，以及它们在学徒训练中成功培养学生层级知识和课程结构所扮演的角色。

其他研究超越传统学科来探索专业教育。伯恩斯坦（Bernstein 1990）把这些"学科区域"描写为，在超越学校的实践场域的原则基础上整合"独立学科"。和其他类型一样，"学科区域"和"独立学科"是有价值的第一步，但需要将它们的组织原则概念化（见第七章）。为了探索这些原则，研究采用专业化语码和语义语码来研究众多场域，如商科（Doherty 2010）、设计（Dong 2008; Carvalho et al. 2014; Shay and Steyn 2014）、工程学（Wolff and Luckett 2013）、爵士乐（J.L. Martin 2014）、新闻业（Vorster 2011）、销售（Arbee 2012）、护理（McNamara 2009a，b，2010a，b，c）、硕士学位（Stavrou 2012）、教师教育（Shalem and Slonimsky 2010）和剧场指导（Hay 2012）。这些研究揭示了语码的复杂融合，而语码的融合形成了这些双面场域及其影响，比如，对学生累积式学习能力的影响。实际上，研究的这个方向强调需要更多职业培训研究（参阅 Wheelahan 2010）。理论上，它揭示了专业化和语义性的限制，并指向语码规范理论的其他维度。例如，"语义重力"突出了在理解学科区域时语境依赖的重要性，但是对赋予区域化实践以意义的语境提出问题。正如麦克纳马拉（同上）所阐述的，践行者、实践和原则是在教育领域之内还是之外，其影响可以通过分析自主性语码，从自主维度加以解决（Maton 2005a）。

超越教育强调更多的知识形式。研究表明，非正规学习包括高度隐喻的、暗指的和承载价值论思想的隐性指导，如培养共济会的学徒训练（Poulet 2010，2014）。同样地，对本土知识的研究（O'Brien 2012）需要加深对隐性和象征形式的理解。这种研究表明，虽然"审视力"这个概念（第五章）包含"听觉""味觉""感觉"等不同概念，但是这些不同的模式可能以不同的但未经认可的方式塑造知识实践。此外，它还指出了需要更多研究的领域，包括艺术、技艺和体育教育。这里，发展了伯恩斯坦的语码理论来探索学徒制（Gamble 2001）和"身体教育学"（Evans et al. 2010; Ivinson 2012）的研究，提供了珍贵的和互补的平台。

通过包含未来知识，这些以及其他的研究正在揭示现象的方方面面。例如，采用语码规范理论的研究，强调学生获取更大的语义层级，以及获得生成语义波和在语义重力和语义密度中上下反复移动能力的重要性（第六、七章；Maton 2013）。对不同科目的研究让这些运动的不同方面明朗化。针对本科物理课的研究（Georgiou 2014）显示，不是简单的"越高越好"：学生们可能通过运用过于概括和浓缩的观点，在他们的任务中达到过高的语义层级。这种"伊卡洛斯效应"表明，归纳学科语义结构的一个方面是，获悉适合不同层次教育和不同问题-情境的语义层级。相反地，专业教育研究（Kilpert and Shay 2013）则强调语义层级下行运动的重要性，从而在专业实践中适当选择和制定抽象的原则。因此，通过涉及整个学科谱系，不同研究为阐释现象提供互补视角，同时摆脱了还原论立场，比如对抽象和聚集的价值确认。

广义和狭义的实践

和知识一样，研究包含来自生产、语境重构和再生产场域的未来实践：研究实践，比如写作形式（Hood 2010，2011）、民族志报告（Hood 2014）；课程建设，例如，英语（Macken-Horarik 2011）、历史（Shay 2011）、地理（Firth 2011），社会学（Luckett 2009，2010，2012）；以及自然科学和人文学科（Martin and Maton 2013）和第二语言教学（Sigsgaard 2012）中的教学实践。

研究也关注每个场域内部的各种未来实践，包括学术素养和教育技术。持续的研究探讨众多科目中的"批判性思维"通用学习技能（例如O'Connor et al. 2011）。同样地，研究还探索在线学习（Chen

2010)、移动学习（Carvalho 2010）以及学校一对一电脑课程（Howard and Maton 2011）中使用的数字技术。这些不仅扩展了理论，包含了各种不同形式的技术，还推动了量化工具的革新，以分析大规模政策方案的影响。例如，一项为期4年对学校教育中技术融合的研究，使用制定专业化语码（Howard and Maton 2014）的工具，每年调查80,000名学生和25,000名教师。对语码理论来说，这一步具有重大的方法论意义，且具有混合方法的解释力。研究不同的实践同样对框架提出了新挑战。例如，课堂互动突出了学生如何通过历时的学徒训练获得表现为学科领域的知识构建原则，又是如何把注意力从静态的知识结构转到动态知识构建的过程，如语义波。

我们的框架也是在实践中建构的。教育学的干预把语码规范理论嵌入到移动的学习环境（Carvalho et al. 2014）和课堂实践（Martin and Maton 2013）中。对实践介入的关注促进了通过外部语言激活法实现语码规范理论的新路径。例如，中等教育中的一个干预，采用了语言学"悉尼学派"基于语类的教育法，来进行"语义波"教学（Macnaught et al. 2013）。这种研究说明，激活性语言的发展，将成为框架未来革新的主要源泉。

超越教育

布迪厄的场域理论被视为广泛适用，而伯恩斯坦的语码理论却经常被认为仅限于正规教育。但是语码理论能够解决广泛的社会问题（Moore 2013b），且应用已超越了教育领域（比如Daniels 2010）。这一局面部分是由于伯恩斯坦对教育中心地位的关注。同样地，这本书讨论的重点也是正规教育。然而，大量的研究使用语码规范理论来探索其他领域的实践，包括共济会分会（Poulet 2010，2014）、博物馆（Carvalho 2010）和议会（Siebörger and Adendorff 2011）。这些研究不仅考察非正式的学习，还研究原则上不具"教育性"的实践；例如，梅顿（Maton 2005b）使用语码规范分析建筑设计和建筑布局。

超越教育的研究也提出了新的问题。例如，针对法律场域中青少年司法调解协商会的研究（Martin 2009; Martin et al. 2012），突出了"主流身份"的社会文化意库（如阶级、种族和性别）与个人身份意库之间的关系。研究同样强调，我们迫切需要基于并重新分析现有研究，探讨践行者通过家庭和同辈群体社会化获得的编码取向，例如哈桑考察了监护人–儿童互动话语（Hasan 2009），该研究具有里程碑意义。尽管语码规范理论概念同时避免了知识–无知和知者–无知，且能被用于分析语境语码和践行者的编码取向，但是前面章节中所介绍的具体研究没有讨论后者。从第二种意义上来说，知者需要重新考虑进来，因为对知者性情的研究相对来说长期被语码社会学和社会现实主义忽视。特别地，近年来很少有研究以霍兰的方式（Holland 1981），考察不同的编码取向如何在不同社会群体中分布。而一些探索学生的社会阶级与他们的语义层级之间关系的研究，再一次打开了这个领域（如Vitale 2013），不过对未来研究来说，它仍是一个非常重要的领域。

教育领域之外的研究体现了语码规范理论不止是分析知识的框架。在本书中，知识实践是概念介绍的主要焦点，是克服社会学和教育研究中知识–无知的一部分。然而，语码规范理论比起知识理论，更像是规范性社会学或可能性社会学（见第一章）。它探讨人物、时间、地点和方法的可能性，以及谁能定义这些关于时间、地点、方法的可能性。简单而言，实践的社会场域被理解为充满可能性的动态场域；规范化手段是在场域内产生和分配哪些是/不是可能或规范的方式；立场代表可能性，一些被认可，一些被实现，其他则被隐藏；构成多样性、星群和可能性分布的组织原则是由语码规范提供的；场域的结构是由语码之间的关系决定的；形成立场特征的语码变化体现可能性空间的变化；践行者通过控制规范化手段，合作并争取将他们在场域中的地位和资源最大化。因此，实践涉及规范性的创建、表达和争论，其方式可以动态地造就可能的事物。更具体地说，对于使用语码规范理论作为阐释框架的分析来说，知识只是研究的一个可能对象，而教育只是实践的一个可能社会场域。

密切接触

第三个主要的发展动力包括语码规范理论和其他方法的各种不同接触。首先，研究通常使用另一种方法作为组织框架，而将语码规范理论作为分析框架。许多模型都为特定的问题–情境提供了有价值的洞察力，但却不能使它们的组织原则概念化——它们详述了需要分析的内容，但对分析方法却不加说明。承认这些模型的局限性并不是要去摒弃它们；它们通常致力于对具体实质性主题的研究，开启了理论与语料、描写与解释相结合的研究先河。例如，为了探索中国学生在澳大利亚高等教育中的经历，陈（Chen 2010）借鉴了贝瑞（Berry）的"文化适应"模型，从三个主要焦点进行研究：这些学生带来的"文化遗产"（性情）；他们当前的"主文化"；以及这两者之间的关系。专业化提供了分析这一系列实践组织原则的框架（Chen and Maton 2014）。同样地，梅顿（Maton 2005b）在研究高等教育中的变化时，借鉴了阿切尔的"形态发生序列"（Arcter 1995）来组织结构与机构的迭代，并使用语码规范分析每个迭代的组织原则。

第二，有些研究采用现有模型生成描述语码规范理论概念的外部语言。例如，"语义重力"模型通过改写反思类写作的分类标准（第六章）、布鲁姆（Bloom）的教育目标分类模型（Lindstrøm 2010; Kilpert and Shay 2013）以及凯尔布拉·奥雷吉奥尼（Kerbrat Orecchioni）的语言模型（Richard-Bossez 2012）而制定。这种类型学的最初目的应该弄清；例如，它们起初是知晓模型而不是知识模型。然而，承认这些目的不是要否定它们的价值。一旦适应研究的特殊性，它们能够提供关联语料和理论的有用手段，提高规范性语码的分析效度。

这两种接触——把现有模型用作组织框架或者外部语言——不仅利用已有的和话题敏感的指导原则解决关键问题，而且也使新的研究联系并基于现有的研究。同样地，使用语码规范理论重新分析使用其他方法的研究所取得的结果——正如第六章的介绍，以及拉蒙特和梅顿（Lamont and Maton 2010）对学校音乐课的研究——可以帮助扩展和综合现有的研究工作，促进累积式发展，而不是对研究发现进行分割式置换。

第三，语码规范理论越来越多地与其他方法并用，作为互补的方法探索问题–情境。持续时间最长的接触要数它与系统功能语言学（SFL）之间的联系。韩礼德的语言学和伯恩斯坦的语码社会学之间有悠久的学术交流传统，典型的例子是哈桑（Hasan 2005, 2009）对"语义变异"的研究及"悉尼学派"（Martin 2012a）的语类教学法。[4] 然而，就像马丁（Martin 2011）所强调的，自21世纪头十年的中期起，跨学科合作和跨学科交叉的新阶段已经开始。这个阶段包括上述提及的密切接触：系统功能语言学提出语码规范理论可以分析的问题，系统功能语言学概念则可被用作语码规范理论的外部语言，反之亦然。这些相互作用导致这两种方法都有理论创新。例如，"语义重力"和"语义密度"的概念受社会学研究的影响，这些社会学研究强调阐释精致/限制和水平/层级类型中尚待理论化的组织原则。同时，他们也受使用语码理论的语言学家所激励，这些语言学家包括弗朗西斯·克里斯蒂（Frances Christie）、玛丽麦肯·荷拉里克（Mary Macken-Horarik）、杰夫·威廉姆斯（Geoff Williams）和詹姆斯·马丁（J.R. Martin）。这些概念反过来也引起了系统功能语言学家的思考，例如，通过价值论聚集将专门性理解为纯粹概念性所导致的后果。这样的互动使得双方相互"激发"思想的传统得以继续。

然而，当下合作的特点是第三种密切接触的迅速增长，即在整合性分析中用两种方法探索同样的数据。学者们越来越接受教育研究中的双语现象（比如 Hood 2011; Luckett 2012; J. L. Martin 2013; Martin 2012 b; Matruglio 2013; Matruglio et al. 2013, 2014; Sigsgaard 2012; Zhao 2011）以及教育研究之外的双语现象（比如 Tann 2011, Martin et al. 2012）。这种接触通过各种方法进行不同但互补性的阐述，产生更强的解释力。例如，一项对中学教育的协作研究（Martin and Maton 2013）强调，"语义波"是累积式教学的一个属性，践行者使用语言资源来实现它们。这种接触也是理论进步的源泉。在同一研究中，"培养型审视力"和"价值论宇宙学"概念引起了系统功能语言学对历史课的重新思考（Martin et al. 2010），系统功能语言学对文本分析的坚持则引发了与"语言涂鸦"相当的注释系统，为其提供共享的数据编码语言。这种密切接触可能会令人不安——在每一次与吉姆·马丁（Jim Martin）讨论数据后，我唯一确信的是我对什么都没有把握。尽管如此，这些接触指明了问题-情境中先前没有被注意的方面，对框架提出问题，并为诞生新思想提供助产士。

互补性

密切接触的价值再次证明，没有哪一个单一的框架能够提供解决所有问题的大一统理论。对第九章概述的4-K模型进行改写来研究焦点而不是基础，已经说明了这一点。语码规范理论提供了一个合二为一的框架：概念可以用来探索实践的基础（这是语码规范以及语码和关系的冲突与转变等所关注的问题），或者用来强调实践关注或面向的焦点。将4-K模型应用于解决教育和知识问题的方法焦点，表明了四个关键点。[5]有心理学依据的互动方法通常专注于知晓，比如学习的过程；大多数有社会学和文化研究依据的方法关注知者的之外关系；哲学方法主要挖掘已知的之外关系，以及探索已知或可知的事物；社会现实主义方法主要聚焦知识之间的关系。

这显然是粗线条描绘的一幅草图。尽管如此，它强调了两个重要问题。首先，它反对还原论的主观、互动、话语和本体形式，由此知识实践被视为通过分析"4-K"其中的一个所指，得到详尽讨论。这并不是说，实质性的研究必须包括四个方面的分析，而是防止除了自己之外，对焦点的存在视而不见。例如，大多数教育研究的知识-无知模糊了话语关系的所指；相反，用有色眼镜看待知识，只能看见话语关系，这对社会现实主义来说是危险的。这种无知阻碍了对教育的全面解释。

其次，它强调与语码规范理论具有互补性的方法还有待探索。这涵盖了从渊源类似的框架，诸如玛丽·道格拉斯（Mary-Douglas 1992）关于风险的讨论，到渊源不同的框架，包括后维果斯基活动理论，而丹尼尔斯（Daniels 2001）将这些理论与语码理论进行了卓有成效的整合。未来接触的关键是，探索4-K模型中互补焦点的方法。对学习的心理学探索仍然与对学习内容的社会现实主义分析相脱离，尽管学者如贝赖特（Bereiter 2002），借用波普尔"第三世界"的概念，充分凸显了将知识作为研究对象的重要性。我们仍有很多需要互相学习。坦率地说，他们提出的知识分类学鲜有解释力，而且知晓模型完全与社会现实脱节。因此，与心理学更亲密的接触，代表了我们理解教育未来双赢发展最有前途的来源之一。同样地，与现实主义哲学的碰撞仍需加强。虽然社会现实主义学家阐明了语码社会学和批判现实主义本体论如何可以更有效地合作（Wheelahan 2010; Moore 2013a），但是反方向的运动仍然是受限的。这两种方法都将从更多的对话中受益。尽管对本体论基础的讨论不是成功的和现实主义研究的先决条件，但是它将会提供有价值的元理论指引，来帮助选择可替代的框架。相反，缺乏像语码规范理论这样的解释框架，批判现实主义的信条仍将很大程度上脱离实质性的研究（见第一章）。每种理论都可以提升其他理论的语义层级：朝向本体论的元理论描述或者有助于与经验主义相结合。再次重申，我们还有很多需要互相学习的。

发展的形式

框架的内在动力、实质性研究以及与其他方法的接触，开辟了新的发展途径。这些发展的形式与上面我所描述的方向同等重要。遵循伯恩斯坦描绘的蓝图，语码规范理论目标是在经济和连贯的框架内囊括最大范围的现象。相应地，正如上述研究所阐明的，语码规范理论的每个维度都可以用来分析：

- 不同的实践（课程、教学、评价、研究、态度和信念、课堂互动、身份等等）；
- 在不同的社会场域（遍及各个学科，从中小学到大学机构，以及日常生活的多个场域）；
- 在不同层次（社会结构、教育系统、学科、学校、教室、单个文本、文本中的句子等等）；
- 不同国家背景（包括到目前为止，非洲、亚洲、大洋洲、欧洲、北美和北欧国家）；
- 与其他方法相结合（模型、类型学、系统功能语言学、批判现实主义等等）；
- 使用一系列的方法（包括文献分析、定性访谈和定量调查）。

这种灵活性使差异很大的数据和案例结合在一起。在开辟新途径方面，研究不再将方法分割为特定主题或特定数据的部分。

这个综合性潜力源自框架的语义范围（第七章）。描述的外部语言能够让概念和经验以维持现象不可还原特性的方式发生联系，这些方式限于具体的问题-情境。然而，研究不仅仅是生成越来越多不同类型的知识、实践和社会场域。这种经验论发展方式通常会导致分割主义（如特定知识或实践种类的完全不同的概念），扩大但不是整合框架的实证基础。相反，通过将实践的组织原则分析为语码规范，理论从实证描述开始，不断提升语义层级，最终朝向抽象的、概括的、相互关联的和聚集的概念。外部语言和语码概念相结合，使对多种实质性现象的分析产生联系。

尽管如此，聚集不一定是还原论。描述的内部语言提供了高程度的概念精密度。例如，在专业化语码中："认识关系+/-"是由"本体关系+/-，话语关系+/-"定义；"社会关系"是由"主体关系+/-，互动关系+/-"定义；以及"+/-"由"分类+/-，框定+/-"定义（第九章）。它们可以依次拆分为：

- 认识关系+/-，社会关系+/-
- 认识关系（本体关系+/-，话语关系+/-），社会关系（主体关系+/-，互动关系+/-）
- 认识关系（本体关系[+/-分类，+/-框定]，话语关系[+/-分类，+/-框定]），社会关系（主体关系[+/-分类，+/-框定]，互动关系[+/-分类，+/-框定]）

以一种关系的一个形态为例，"认识关系+"从而指"本体关系的分类相对较强、框定相对较强，以及/或者话语关系的分类相对较强、框定相对较强"。只考虑主要形态，上面的第三行至少涉及256种不同的情况。而这是最小值：语码规范理论中符号"+"和"-"表示相对强度的连续体，而不是二元的类别，并且每一个都提供无限分级能力，由此可以分析变化（↑/↓）。再加上一个层次（这里指"透镜"）和附加的维度，那么理论精密度的可能性变得明显。当然，这种精密度是否需要，取决于问题-情境以及是否精密区分会产生更大的解释力。这里的关键是，在接受新的现象时，经验具体化和理论综合化都没有必要做出牺牲。因此，适当开展探索新知识、新实践、新场域的研究，可以以扩展和整合而不是割裂的方式大胆探索未知世界。

不是结论的结论

本章所探讨的内容只是浅尝辄止。语码规范理论与基础框架、实质性研究以及互补性方法之间的关系还有待说明。只有伯恩斯坦所说的"生产缺陷"必然性防止了无止境的扩展。然而，一章节内容并不是研究的场域，这些问题还需要从其他地方进行探讨（例如Martin and Maton 2013; Maton et al. 2014）。

理论上，通过改进专业化和语义性概念来探索新的问题-情境，仍有许多尚待发现，语码规范理论中的其他维度以及理论以外的更多维度也有待探索，该框架的内在动力还会提出自身的问题。这本书不是语码规范理论的全部，语码规范理论现有的阐述不是故事的结尾。然而，正如伯恩斯坦所指出的（Bernstein 2000: 125），进行中的研究很少被这样讨论，而是批判它未能对所有的问题提供定论。尽管如此，语码规范理论不是一个普适框架；重复阿多诺（Adorno 1951）对黑格尔名言的著名反转，全体即为假。因此，本书的副标题是"教育社会学的现实主义构建"。以前未预料到的问题比比皆是，只有前面的问题有了初步答案，这些问题才能被问及。正如波普尔所说：

> 衡量进步的最好方法，是将新问题与旧问题进行对比。如果取得的进步是伟大的，那么新问题将会具有先前意想不到的特征。问题会更深入，也会更多。我们在知识的海洋里游得越远，对无知的广度看得越清楚。

> (Popper 1994b: 4)

知识建构就像生成一个膨胀的球体：它的表层通过接触未知领域，成长得比球体本身还快。了解未知事物，是知识构建的奖赏之一；这也是为什么研究如此令人兴奋、引人入胜，或是令人沮丧……但绝不单调。

实质上，对教育和知识的了解还有待深入。这本书介绍了实践研究工具箱的两个维度。当将这个框架应用于教育时，其贡献是能够对教育进行综合性描述。我们虽然取得了一些进步，但也只是揭开了面纱的一角。尽管如此，理解教育和知识是理解社会实践的关键。回到这本书开始讨论的"知识悖论"，对社会变革的阐释只有解决了知识-无知，才能获得他们宣称的焦点。卡斯特（Castells 2000）发现"没有令人信服的理由"来改进区分"知识与新闻和娱乐"的简单化和同质化定义（第一章）。这样的本质主义是自我枯竭，因为除非我们更了解知识或信息的形式，以及它们创造、再生产、转换和改变的过程，否则将对"知识社会"或"信息时代"所知很少。此外，在完全教育化的社会，对正规和非正规教育的了解，是把握社会结构、不平等性和实践的关键。教育和知识的社会学不仅仅是一个只研究课堂教学的分支学科。用布迪厄（Bourdieu 1996: 5）的话来讲，教育和知识社会学的现实主义构建建立在权力与规范性的统一理论基础上。没有哪种社会学理论能称得上是社会学，如果它不能从现实主义的角度解释教育和知识，以及更普遍来说，解释可能性和规范性。如果没有这样的解释，我们无法理解这个世界，更不用说让这个世界变得更美好。

此外，社会学也是不够的。还有许多需要通过跨学科接触进行研究，这些交流有可能为教育、社会和实践提供更全面的解释。理查德·霍加特（Richard Hoggart 1970）提供了一个有用的准则：相互对话。语码规范理论表明这要求不止是承诺和善意：真正的对话需要阐明规范性语码，该语码形成我们的不同"游戏规则"并协商之间的语码和关系冲突。只有这样，各部分的分割主义才能被新颖的、尊重的和合理的争论所替代。

后续工作还有很多，但并不意味着不能完成。全体即为假并不意味着我们就要接受分裂或者空守废墟。语码规范理论是批判性理论，它提供了批判不公正社会安排所要求的解释力。然而，语码规范理论也是一个积极的理论，它能提供哪怕是暂时的，但能发展和改进的推测性方案。不同于批判性沉思、宣称信条和框架的理论对比，这是不容易的。用真正的数据和真正的问题来建构真正的知识，需要努力、坚持、耐心和希望。然而，转述本雅明（Benjamin 1919–1922: 356）的话，因为有了不报希望的人，我们才被赋予了希望。仅有批判，只是部分履约；抛弃希望，也抛弃那些没有希望的人。这会阻止未来。"希望是将来时"（Steiner 2011: 21）。如这本书及越来越多学者的研究所示，语码规范理论是进展中的协作研究，其中我们会生产错误但真实的知识。教育社会学的现实主义建构是一个有待继续的任务……

注释

1. 用语码规范理论的术语，可以更准确地描述为"表达认识论宇宙学"（第八章），但在这里我重新定义伯恩斯坦只关注"意识形态基础"的悖论描述。
2. 尽管生成时间性语码的概念名称和定义在后来做过修改，但梅顿（Maton 2005 b），麦克纳马拉（McNamara 2009 a, 2010 b, c）和阿尔比（Arbee 2012）还是用了自主、密度、专业化和时间性术语（见第一章）。
3. 为跟进研究、出版物和活动，请关注 LCT 的网站。
4. 关于为什么语码理论和系统功能语言学的合作如此成功，参看哈桑（Hasan 2005）、马丁（Martin 2011）和马特鲁克尼奥等（Matruglio et al. 2014）。
5. 4–K 模型同时来自实践基础和焦点的分析。后者探求知识实践在什么情况下会使得教育和知识的多种方法成为可能。这里因篇幅原因粗略提及一些方法。

英汉术语表

English terms	汉语术语
"arena of struggle"	"争斗竞技场"
"critical" theory	"批评"理论
"mental revolution"	"精神革命"
"relations to" knowledge	知识"之外关系"
"relations within" knowledge	知识"之内关系"
"scholastic fallacy"	"学究谬误"
"space of possibles"	"可能性空间"
"the fundamental paradox"	"基本悖论"
"relations to"	"之外关系"
"relations within"	"之内关系"
4–K model	4–K 模型
abstraction–condensation chains	抽象–浓缩链
activity theory	活动理论
aesthetic dilemma	审美困境
altitudes	高度
apocalyptic epistemology	启示录认识论
apocalyptic ontology	启示录本体论
arbitrary	任意性
arena	竞技场
associated signifiers	关联符号
Autonomy	自主
autonomy codes	自主性语码
axiological	价值论的
axiological charging	价值论承载
axiological condensation	价值论聚集

axiological cosmologies	价值论宇宙学
axiological power	价值论力量
basis and focus	基础和焦点
binary constellations	二元星群
biological lens	生物透镜
blank gaze	空白型审视力
bondicons	绑定
born gaze	天生型审视力
boundaries and continua	界线和连续性
capital	资本
Cartesian plane	笛卡尔平面
central signifier	中心符号
certainty–complacency spiral	确信－自满螺线
circularity	循环
classification and framing	分类与框定
clusterboosting	星团增长
clusterfucking	星团衰减
clusters	星团
code clash	语码冲突
code match	语码匹配
code shift	语码转化
code sociology	语码社会学
code theory	语码理论
coding orientations	编码取向
collection codes	集合语码
commonsense knowledge	常识性知识
conceptual delicacy	概念精密阶
condensation	聚集
constellations	星群
constructivism	建构主义
constructivist pedagogy	建构主义教育学
constructivist relativism	建构相对主义
cosmological analysis	宇宙学分析

cosmology	宇宙学
critical rationalism	批判理性主义
critical realism	批判现实主义
critical thinking	批评性思维
cultivated gaze	培养型审视力
cultivated knower code	培养型知者语码
cumulative knowledge-building	累积式知识构建
cumulative learning	累积式学习
cumulative modality	累积式模态
cumulative theory	累积式理论
curriculum structure	课程结构
deficit model	匮缺模型
Density	密度
discursive condensation	话语聚集
discursive distance	话语距离
discursive distinction	话语区别
discursive gap	话语差距
discursive gravitation	话语重力
discursive lens	话语透镜
discursive relation	话语关系
discursive turn	话语转向
dispositional distance	性情距离
dispositional distinction	性情差距
distributive logics	分配性逻辑
distributive rules	分配性规则
doctrinal insight	教义洞察
educational knowledge code	教育知识语码
educational knowledge structure	教育知识结构
elaborated code	精细语码
élite code	精英语码
epistemic fallacy	认识谬误
epistemic logics	认识逻辑
epistemic plane	认识平面

epistemic relation clash	认识关系冲突
epistemic relations (ER)	认识关系
epistemic–pedagogic device	认识-教育手段
epistemic–semantic scale	认识-语义层级
epistemic–semantic–pedagogic device	认识-语义-教育手段
epistemological condensation	认识论聚集
epistemological cosmology	认识论宇宙学
epistemological dilemma	认识论困境
essentialism	本质主义
explanatory latitude	解释性纬度
external language	外部语言
external language of enactment	外部语言激活法
external semantic relation	外部语义关系
field	场域
field theory	场域理论
fragmentation	分割
generative mechanism	生成机制
grammatical metaphor	语法隐喻
grammaticality	语法性
gravitation	重力
gaze	审视力
habitus	习惯
hierarchical knower structure	层级知者结构
hierarchical knowledge structure	层级知识结构
horizontal discourse	水平语篇
horizontal knower structure	水平知者结构
horizontal knowledge structure	水平知识结构
ideal knower	理想知者
imaginary alliance	意象联盟
indigenous knowledges	固有知识
insight	洞察
integrated code	综合语码
interactional condensation	互动聚集

interactional gravitation	互动重力
interactional relations (IR)	互动关系
internal language	内部语言
internal semantic relation	内部语义关系
interpretive latitude	说明性纬度
intrinsic grammar	内在语法
judgemental rationality	判断理性
judgemental relativism	判断相对主义
knower code	知者语码
knower insight	知者洞察
knower-blindness	知者-无知
knower-grammar	知者语法
knowledge building	知识建构
knowledge paradox	知识悖论
knowledge society	知识社会
knowledge structure	知识结构
knowledge-aversion	知识背离
knowledge-blindness	知识-无知
knowledge-grammar	知识-语法
knowledge-knower structure	知识-知者结构
languages of legitimation	规范性语言
Legitimation Code Theory (LCT)	语码规范理论
legitimation code	语码规范
Legitimation Device	规范性手段
lens clash	透镜冲突
lens shift	透镜转变
levitation	浮力
lexical density	词汇密度
linguistic turn	语言学转向
logic of practice	实践逻辑
marginal position	边缘地位
mathematical modelling	数学模型
mechanical solidarity	机械团结

methodological essentialism	方法论本质主义
morphogenetic sequence	形态发生序列
objective knowledge	客观知识
ontic condensation	本体关系聚集
ontic gravitation	本体重力
ontic lens	本体透镜
ontic relation (OR)	本体关系
ontic relativism	本体相对主义
ontological policing	本体论管控
ontological realism	本体论现实主义
ontological reductionism	本体论还原主义
ontological substitutionism	本体论替代主义
organic solidarity	有机团结
pedagogic codes	教育语码
pedagogic device	教育手段
polyonymous	多名的
positivism	实证主义
procedural pluralism	程序多元主义
procedural relativism	程序相对主义
production field	生产场域
progressivist pedagogy	革新主义教学法
purist insight	纯粹洞察
rarefaction	稀释
realist sociology	现实主义社会学
recontextualization field	再次语境化场域
recontextualizing logics	再次语境化逻辑
recontextualizing rule	再次语境化规则
region	学科区域
relation clash	关系冲突
relation shift	关系转变
relativist code	相对主义者语码
reproduction field	再生产场域
restricted code	限制语码

space of possibles	可能性空间
Specialization	专业化
specialization code	专业化语码
specialization plane	专业化平面
standpoint theory	立场理论
string theory	弦论
structural functionalism	结构功能主义
subjective condensation	主观聚集
subjective gravitation	主观重力
subjective knowledge	主观知识
subjective relation (SubR)	主体关系
subjectivist doxa	主观主义信条
subjectivist relativism	主观相对主义
substantive research study	实质研究
symbolic control	符号控制
symbolic domination	符号主导
temporal code	时间性语码
Temporality	时间性
trained gaze	培训型审视力
typology	类型学
topology	拓扑学
vertical discourse	垂直语篇
verticality	垂直性

References

Adorno, T.W. (1951) *Minima Moralia*, Frankfurt: Suhrkamp Verlag.

Alexander, J.C. (1995) *Fin de Siècle Social Theory*, London: Verso.

Allen, J.D. (1995) "The use of case studies to teach educational psychology: A comparison with traditional instruction", paper presented at AERA Annual Conference, San Francisco.

Arbee, A. (2012) "Knowledge and knowers in the discipline of Marketing at the University of KwaZulu-Natal", unpublished PhD thesis, University of KwaZulu-Natal, South Africa.

Archer, M. (1995) *Realist Social Theory*, Cambridge: Cambridge University Press.

Archer, M., Bhaskar, R., Collier, A., Lawson, T. and Norrie, A. (1998) (eds) *Critical Realism: Essential readings*, London: Routledge.

Arnold, M. (1869/1935) *Culture and Anarchy*, Cambridge: Cambridge University Press.

Atkinson, P. (1985) *Language, Structure and Reproduction: An introduction to the sociology of Basil Bernstein*, London: Methuen.

Barcan, A. (1993) *Sociological Theory and Educational Reality*, Sydney: UNSW Press.

Barr, R.B. and Tagg, J. (1995) "From teaching to learning: A new paradigm for undergraduate education", *Change* 17(5): 13–25.

Becher, T. and Trowler, P.R. (2001) *Academic Tribes and Territories*, Buckingham: SRHE/OUP.

Bell, D. (1973) *The Coming of Post-Industrial Society*, New York: Basic Books.

—— (1976) *The Cultural Contradictions of Capitalism*, New York: Basic Books.

Beniger, J. (1986) *The Control Revolution*, Cambridge, MA: Harvard University Press.

Benjamin, W. (1919–1922/1996) "Goethe's elective affinities", in M. Bullock and M.W. Jennings (eds) *Selected Writings, Volume 1*, Cambridge: Harvard University Press.

Bennett, S. (2002) "Learning about design in context", unpublished PhD thesis, University of Wollongong, Australia.

Bennett, S., Harper, B. and Hedberg, J. (2002) "Designing real-life cases to support authentic design activities", *Australian Journal of Educational Technology* 18(1): 1–12.

Benson, O. and Stangroom, J. (2006) *Why Truth Matters*, London: Continuum.

Bereiter, C. (2002) *Education and Mind in the Knowledge Age*, Mahwah, NJ: Lawrence Erlbaum.

Berger, P.L. and Luckmann, T. (1966) *The Social Construction of Reality: A treatise in the sociology of knowledge*, Harmondsworth: Penguin.

Berman, M. (2009) *The Politics of Authenticity*, London: Verso.

Bernstein, B. (1971) *Class, Codes and Control, Volume I: Theoretical studies towards a sociology of language*, London: Routledge & Kegan Paul.

—— (1977) *Class, Codes and Control, Volume III: Towards a theory of educational transmissions*, second edition, London: Routledge & Kegan Paul.

—— (1990) *Class, Codes and Control, Volume IV: The structuring of pedagogic discourse*, London: Routledge.

—— (1996) *Pedagogy, Symbolic Control and Identity: Theory, research, critique*, London: Taylor & Francis.

—— (2000) *Pedagogy, Symbolic Control and Identity: Theory, research, critique*, revised edition, Oxford: Rowman & Littlefield.

—— (2001) 'From pedagogies to knowledges', in A. Morais, L. Neves, B. Davies and H. Daniels (eds) *Towards a Sociology of Pedagogy*, New York: Peter Lang.

Bhaskar, R. (1975) *A Realist Theory of Science*, London: Verso.

—— (1989) *Reclaiming Reality*, London: Verso.

—— (1993) *Dialectic: The pulse of freedom*, London: Verso.

Biglan, A. (1973a) "The characteristics of subject matter in different academic areas", *Journal of Applied Psychology* 53(3): 195–203.

—— (1973b) "Relationships between subject matter characteristics and the structure and output of university departments", *Journal of Applied Psychology* 53(3): 204–213.

Bloom, A. (1987) *The Closing of the American Mind*, New York: Simon & Schuster.

Bloom, H. (1973) *Anxiety of Influence*, Oxford, Oxford University Press.

—— (1996) *The Western Canon*, London: Macmillan.

Board of Studies NSW (2006a) *English Stage 6. Higher School Certificate 2006–2006. Prescriptions: Area of Study electives and texts*, Sydney: Board of Studies.

—— (2006b) *Higher School Certificate Examination 2005, English, Paper 1 – Area of Study: Student answers*, Sydney: Board of Studies.

Boghossian, P. (2006) *Fear of Knowledge*, Oxford: Oxford University Press.

Booker, C. (1969) *The Neophiliacs*, London: Collins.

Boudon, R. (1971) *The Uses of Structuralism*, London: Heinemann.

—— (1980) *The Crisis in Sociology*, New York: Columbia University Press.

—— (2008) "How can axiological feelings be explained?", *International Review of Sociology* 18(3): 349–364.

Bourdieu, P. (1977) *Outline of a Theory of Practice*, Cambridge: Cambridge University Press.

—— (1984) *Distinction*, London: Routledge.

—— (1988) *Homo Academicus*, Cambridge: Polity Press.

—— (1991) "The peculiar history of scientific reason", *Sociological Forum* 6(1): 3–26.

—— (1993a) "Concluding remarks: For a sociogenetic understanding of intellectual works", in C. Calhoun, E. LiPuma and M. Postone (eds) *Bourdieu: Critical perspectives*, Cambridge: Polity Press.

—— (1993b) *Sociology in Question*, London: Sage.

—— (1994) *In Other Words*, Cambridge: Polity Press.

—— (1996) *The State Nobility*, Cambridge: Polity Press.

—— (2000) *Pascalian Meditations*, Cambridge: Polity Press.

—— (2004) *Science of Science and Reflexivity*, Cambridge: Polity Press.

Bourdieu, P. and Passeron, J-C. (1977) *Reproduction in Education, Society and Culture*, London: Sage.

Bourdieu, P. and Wacquant, L.J.D. (1992) *An Invitation To Reflexive Sociology*, Cambridge: Polity Press.

Bourdieu, P., Chamboredon, J-C. and Passeron, J-C. (1991) *The Craft of Sociology: Epistemological preliminaries*, Berlin: Walter de Gruyter.

Bourdieu, P. *et al.* (1999) *The Weight of the World*, Cambridge: Polity Press.

Brandes, D. and Ginnis. P. (1986) *A Guide to Student Centred Learning*, Oxford: Blackwell.

Bransford, J.D. and Schwartz, D.L. (1999) "Rethinking transfer: A simple proposal with multiple implications", *Review of Research in Education* 24: 61–100.

Bransford, J.D., Brown, A., and Cocking, R. (eds) (2000) *How People Learn: Mind, brain, experience and school*, Washington: National Academy Press.

Brookes, B.C. (1959a) "The difficulty of interpreting science", *The Listener* LXII: 519–521.

Brookes, B.C. (1959b) "Letter to the editor", *The Listener* LXII: 783–784.

Bruner, J. (1960) *The Process of Education*, Harvard: Harvard University Press.

Brunsdon, C. (1996) "A thief in the night: Stories of feminism in the 1970s at CCCS", in D. Morley and K-H. Chen (eds) *Stuart Hall*, London: Routledge.

Burton, L. (1964) "Film study at a college of art", *Screen Education* 26: 34–43.

Canaan, J.E. and Epstein, D. (1997) (eds) *A Question of Discipline: Pedagogy, power and the teaching of cultural studies*, Boulder, CO: Westview.

Cannon, R. and Newble, D. (2000) *A Handbook for Teachers in Universities and Colleges*, London: Kogan Page.

Carby, H. (1982) "White women listen: Black feminism and the boundaries of sisterhood", in CCCS, University of Birmingham, *The Empire Strikes Back*, London: Hutchinson.

Carey, J. (2005) *What Good Are the Arts?*, London: Faber.

Carvalho, L. (2010) "The sociology of informal learning in/about design", unpublished PhD thesis, University of Sydney, Australia.

Carvalho, L., Dong, A. and Maton, K. (2009) "Legitimating design: A sociology of knowledge account of the field", *Design Studies* 30(5): 483–502.

Carvalho, L., Dong, A. and Maton, K. (2014) "LCT into praxis: Creating an e-learning environment for informal learning", in K. Maton, S. Hood, and S. Shay (eds) *Knowledge-building*, London: Routledge.

Castells, M. (2000) *The Rise of the Network Society: The Information Age, Volume 1*, second edition, Oxford: Blackwell.

CCCS (Centre for Contemporary Cultural Studies) (1964–1981) *Annual Reports*, Birmingham: CCCS.

—— (1968) *Fourth Report, 1966–1967*, Birmingham: CCCS.

—— (1982) *The Empire Strikes Back*, London: Hutchinson.

Chen, R. (2010) "Knowledge and knowers in online learning: Investigating the effects of online flexible learning on student sojourners", unpublished PhD thesis, University of Wollongong, Australia.

Chen, R. and Maton, K. (2014) "LCT and qualitative research: Creating a language of description to analyse constructivist pedagogy", in K. Maton, S. Hood and S. Shay (eds) *Knowledge-building*, London: Routledge.

Chen, R., Maton, K. and Bennett, S. (2011) "Absenting discipline: Constructivist approaches in online learning", in F. Christie and K. Maton (eds) *Disciplinarity*, London: Continuum.

Christie, F. (1999) "The pedagogic device and the teaching of English", in F. Christie (ed.) *Pedagogy and the Shaping of Consciousness: Linguistic and social processes*, London: Continuum.

Christie, F. and Derewianka, B. (2010) *School Discourse: Learning to write across the years of schooling*, London: Continuum.

Christie, F. and Humphrey, S. (2008) "Senior secondary English and its goals: Making sense of 'The Journey'", in L. Unsworth (ed.) *New literacies and the English curriculum*, London: Continuum.

Christie. F. and Macken-Horarik, M. (2007) "Building verticality in subject English", in F. Christie and J. Martin (eds) *Language, Knowledge and Pedagogy*, London: Continuum.

Christie, F. and Martin, J.R. (2007) (eds) *Language, Knowledge and Pedagogy: Functional linguistic and sociological perspectives*, London: Continuum.

Christie, F. and Maton, K. (2011) (eds) *Disciplinarity: Functional linguistic and sociological perspectives*, London: Continuum.

Coase, R. (1999) "Interview with Ronald Coase", *Newsletter of the International Society for New Institutional Economics* 2(1): 3–10.

Colander, D., Holt, R.P.F. and Rosser, J.B. (2004) *The Changing Face of Mainstream Economics*, Ann Arbor, MI: University of Michigan Press.

Collins, R. (2000) *The Sociology of Philosophies*, Cambridge, MA: Harvard University Press.

Daniels, H. (2001) *Vygostky and Pedagogy*, London: Routledge.

—— (2010) "Subject position and identity in changing workplaces", in P. Singh, A. Sadovnik and S. Semel (eds) *Toolkits, Translation Devices, Conceptual Tyrannies*, New York: Peter Lang.

Davies, B. (2010) "Why Bernstein?", in D. Frandji and P. Vitale (eds) *Knowledge, Pedagogy and Society*, London: Routledge.

Davies, P.C.W. and Brown, J. (1988) (eds) *Superstrings: A theory of everything*, Cambridge: Cambridge University Press.

Denby, D. (1996) *The Great Books*, New York: Simon & Schuster.

DfES/QCA (Department for Education and Science/Qualifications & Curriculum Authority) (1999) *The National Curriculum for England: Music*, London: HMSO.

diSessa, A.A. (1993) "Toward an epistemology of physics", *Cognition and Instruction* 10(2/3): 105–225.

Doherty, C. (2008) "Student subsidy of the internationalized curriculum: Knowing, voicing and producing the Other", *Pedagogy, Culture and Society* 16(3): 269–288.

—— (2010) "Doing business: Knowledges in the internationalised business lecture", *Higher Education Research and Development* 29(3): 245–258.

Dong, A. (2008) *The Language of Design: Theory and computation*, London: Springer.

Doran, Y. (2010) "Knowledge and multisemiosis in undergraduate physics", unpublished Honours thesis, University of Sydney, Australia.

Douglas, M. (1970) *Natural Symbols*, London: Barrie & Rockliff.

—— (1975) *Implicit Meanings*, London: Routledge & Kegan Paul.

—— (1992) *Risk and Blame*, London: Routledge.

—— (2000) "Basil Bernstein", *The Guardian,* 27 September, http://www. guardian.co.uk/news/2000/sep/27/guardianobituaries.education

Drucker, P. (1969) *The Age of Discontinuity*, New York: Harper & Row.

Durkheim, E. (1912/1967) *The Elementary Forms of Religious Life*, New York: Free Press.

—— (1938/1977) *The Evolution of Educational Thought: Lectures on the formation and development of secondary education in France*, London: Routledge & Kegan Paul.

Edexcel (2002) *Specification: Edexcel Advanced Subsidiary GCE in Music (8501) and Advanced GCE in Music (9501)*, London: Edexcel Foundation.

Epstein, D. (1997) "The voice of authority: On lecturing in cultural studies", in J.E. Canaan and D. Epstein (eds) *A Question of Discipline*, Boulder, CO: Westview.

Evans, J., Davies, B. and Rich, E. (2010) "Bernstein, body pedagogies and the corporeal device", in G. Ivinson, B. Davies, and B. Fitz (eds) *Knowledge and Identity*, London: Routledge.

Farmelo, G. (2002) (ed.) *It Must Be Beautiful*, London: Granta.

—— (2009) *The Strangest Man*, London: Faber.

Farrington, I. (1991) "Student-centred learning: Rhetoric and reality?", *Journal of Further and Higher Education* 15(3): 16–21.

Field, J. (2006) *Lifelong Learning and the New Educational Order*, Stoke-on-Trent: Trentham Books.

Firth, R. (2011) "Making geography visible as an object of study in the secondary school curriculum", *The Curriculum Journal* 22(3): 289–316.

Foo, Y-W., Taylor, G., Long, J. and Saunders, G. (2009) "Active learning and active participation in higher education", in M. McManus and G. Taylor (eds) *Active Learning and Active Citizenship*, Birmingham: C-SAP.

Frandji, D. and Vitale, P. (eds) (2010) *Knowledge, Pedagogy and Society: International perspectives on Basil Bernstein's sociology of education*, Abingdon: Routledge.

Frankfurt, H. (2006) *On Truth*, New York: Alfred A.Knopf.

Friedman, M. (1999) "Conversation with Milton Friedman", in B. Snowdon and H. Vane (eds) *Conversations with Leading Economists*, Cheltenham: Edward Elgar.

Friedman, T. (2005) *The World is Flat*, London: Penguin.

Fullbrook, E. (2003a) "Two curricula: Chicago vs PAE", in E. Fullbrook (ed.) *The Crisis in Economics – The Post-Autistic Economics Movement*, London: Routledge.

—— (ed.) (2003b) *The Crisis in Economics – The Post-Autistic Economics Movement*, London: Routledge.

—— (ed.) (2007) *Real World Economics: A post-autistic economics reader*, London: Anthem.

Gamble, J. (2001) "Modelling the invisible: The pedagogy of craft apprenticeship", *Studies in Continuing Education* 23(2): 185–200.

Gellner, E. (1959) *Words and Things*, London: Routledge.

—— (1964) "The crisis in the humanities and the mainstream of philosophy", in J.H. Plumb (ed.) *Crisis in the Humanities*, Harmondsworth: Penguin.

—— (1987) *Culture, Identity, and Politics*, Cambridge: Cambridge University Press.

Georgiou, H. (2014) "Putting physics knowledge in the hot seat: The semantics of student understandings of thermodynamics", in K. Maton, S. Hood and S. Shay (eds) *Knowledge-building*, London: Routledge.

Gibbons, M., Limoges, C., Nowotny, H., Schwartzman, S., Scott, P. and Trow M. (1994) *The New Production of Knowledge*, London: Sage.

Gilbert, S.M. (1985) "What do feminist critics want? A postcard from the volcano", in E. Showalter (ed.) *The New Feminist Criticism*, London: Pantheon.

Glashow, S.L. and Bova, B. (1988) *Interactions*, New York: Warner Books.

Goodson, I.F. (1997) *The Changing Curriculum*, London, Falmer Press.

Gorard, S. (2004) "Sceptical or clerical? Theory as a barrier to the combination of research methods", *Journal of Educational Enquiry* 5(1): 1–15.

Gouldner, A.W. (1971) *The Coming Crisis of Western Sociology*, London: Heinemann.

Graff, G. (1992) *Beyond the Culture Wars*, London: W.W. Norton.

Greene, B. (2005) *The Elegant Universe*, London: Vintage.

Grenfell, M. (2004) *Pierre Bourdieu: Agent provocateur*, London: Continuum.

Hall, J.A. and Saunders, M.N.K (1997) "Adopting a student-centred approach to the management of learning: Songs of praise and lessons", in C. Bell, M. Bowden and A. Trott (eds) *Implementing Flexible Learning*, London: Kogan Page.

Hall, S. (1964) "Liberal studies", in P. Whannel and P. Harcourt (eds) *Film Teaching*, London: BFI.

—— (1971) "The Centre – history and intellectual development", *CCCS Sixth Report*, 1969–1971, pp.1–6.

—— (1990) "The emergence of cultural studies and the crisis of the humanities", *October*, 53: 11–23.

—— (1992) "Cultural studies and its theoretical legacies", in L. Grossberg, C. Nelson and P.A. Treichler (eds) *Cultural Studies*, London: Routledge.

Hall, S. and Whannel, P. (1964) *The Popular Arts*, London: Hutchinson.

Halliday, M.A.K. and Martin, J.R. (1993) *Writing Science: Literacy and discursive power*, London: Falmer Press.

Harcourt, P. (1964) "Towards higher education", *Screen Education* 26: 21–30.

Harker, R. and May, S.A. (1993) "Code and habitus: Comparing the accounts of Bernstein and Bourdieu", *British Journal of Sociology of Education* 14(2): 169–178.

Harris, D. (1992) *From Class Struggle to the Politics of Pleasure*, London: Routledge.

Hasan, R. (2005) *Language, Society and Consciousness*, London: Equinox.

—— (2009) *Semantic Variation: Meaning in society and in sociolinguistics*, London: Equinox.

Hattie, J. (2009) *Visible Learning*, London: Routledge.

Hay, C. (2012) "'What is to count as knowledge': The evolving directing programme at the National Institute of Dramatic Art", *Australasian Drama Studies* 60: 194–207.

Herrington, J. and Oliver, R. (2000) "An instructional design framework for authentic learning environments", *Educational Technology, Research & Development* 48(3): 23–26.

Herrington, J., Oliver, R. and Reeves, T.C. (2003) "Patterns of engagement in authentic online learning environments", *Australian Journal of Educational Technology* 19(1): 59–71.

Herrington, J., Reeves, T.C., Oliver, R. and Woo, Y. (2004) "Designing authentic activities in web-based courses", *Journal of Computing in Higher Education* 16(1): 3–29.

Hirsch, E.D. (1987) *Cultural Literacy*, New York: Random House.

Hirst, P.H. (1967) "The logical and psychological aspects of teaching a subject", in R.S. Peters (ed.) *The Concept of Education*, London: Routledge & Kegan Paul.

Hirst, P.H. and Peters, R.S. (1970) *The Logic of Education*, London: Routledge & Kegan Paul.

Hmelo-Silver, C.E., Duncan, R.G. and Chinn, C.A. (2007) "Scaffolding and achievement in problem-based and inquiry-learning: A response to Kirschner, Sweller and Clark (2006)", *Educational Psychologist* 42(2): 99–107.

Hoffman, P. (1998) *The Man Who Loved Only Numbers*, London: Fourth Estate.

Hoggart, R. (1957) *The Uses of Literacy*, London: Chatto & Windus.

—— (1963) "Schools of English and contemporary society", *The Use of English* 15(2): 75–81.

—— (1970) *Speaking To Each Other*. London: Chatto & Windus.

—— (1982) *An English Temper*, London: Chatto & Windus.

—— (2005) *Promises to Keep: Thoughts in old age*, London: Continuum.

Hoggart. R. and Williams, R. (1960) "Working class attitudes", *New Left Review* 1: 26–30.

Holland, J. (1981) "Social class and changes in the orientations to meanings", *Sociology* 15(1): 1–18.

Hood, S. (2010) *Appraising Research: Evaluation in academic writing*, London: Palgrave.

—— (2011) "Writing discipline: Comparing inscriptions of knowledge and knowers in academic writing", in F. Christie and K. Maton (eds) *Disciplinarity*, London: Continuum.

—— (2014) "Ethnographies on the move, stories on the rise: An LCT perspective on method in the humanities", in K. Maton, S. Hood and S. Shay (eds) *Knowledgebuilding*, London: Routledge.

Howard, S. and Maton, K. (2011) "Theorising knowledge practices: A missing piece of the educational technology puzzle", *Research in Learning Technology* 19(3): 191–206.

—— (2014) "LCT and quantitative research: Evolving an instrument for mixedmethods studies", in K. Maton, S. Hood and S. Shay (eds) *Knowledge-building*, London: Routledge.

Hughes, R. (1993) *Culture of Complaint*, Oxford: Oxford University Press.

Ivinson, G. (2012) "The body and pedagogy: Beyond absent, moving bodies in pedagogic practice", *British Journal of Sociology of Education* 33(4): 489–506.

Ivinson, G., Davies, B. and Fitz, J. (eds) (2011) *Knowledge and Identity: Concepts and applications in Bernstein's sociology*, London: Routledge.

Jenkins, R. (1992) *Pierre Bourdieu*, London: Routledge.

Jenks, C. (ed.) (1977) *Rationality, Education and the Social Organization of Knowledge*, London: Routledge & Kegan Paul.

Johnson, R. (1983) "What is cultural studies anyway?", *CCCS Stencilled Occasional Paper*, 74.

—— (1997) "Teaching without guarantees: Cultural studies, pedagogy and identity", in J.E. Canaan and D. Epstein (eds) *A Question of Discipline*, Boulder, CO: Westview.

Jonassen, D.H. and Land, S.M. (2000) "Preface", in D.H. Jonassen and S.M Land (eds) *Theoretical Foundations of Learning Environments*, London: Lawrence Erlbaum.

Kant, I. (1790/1951) *Critique of Judgment*, New York: Hafner.

Kenny, M. (1995) *The First New Left*, London: Lawrence & Wishart.

Kermode, F. (1983) *The Classic*, London: Harvard University Press.

Kernan, A. (1990) *The Death of Literature*, London: Yale University Press.

Kilpert, L. and Shay, S. (2013) "Kindling fires: Examining the potential for cumulative learning in a Journalism curriculum", *Teaching in Higher Education* 18(1): 40–52.

Kirschner, P.A., Sweller, J. and Clark, R.E. (2006) "Why minimal guidance during instruction does not work: An analysis of the failure of constructivist, discovery, problem-based, experiential, and inquiry-based teaching", *Educational Psychologist* 41(2): 75–86.

Kitching, G. (2008) *The Trouble With Theory*, Sydney: Allen & Unwin.

Kitses, J. (1964) "Screen education and social studies", *Screen Education* 22: 19–27.

Knight, R. (1962) "Film and television study in a training college", *Screen Education* 20: 7–18.

Kolb, D.A. (1981) "Learning styles and disciplinary differences", in A. Chickering (ed.) *The Modern American College*, San Francisco: Jossey-Bass.

Krathwohl, D.R. (2002) "A revision of Bloom's taxonomy: An overview", *Theory into Practice* 41(4): 212–218.

Kuhn, T.S. (1962) *The Structure of Scientific Revolutions*, Chicago: Chicago University Press.

——(1968) *The Essential Tension*, Chicago: University of Chicago Press.

Kundera, M. (1984) *The Unbearable Lightness of Being*, London: Faber.

——(2000) *The Art of the Novel*, New York: HarperCollins.

Lamont, A. and Maton, K. (2008) "Choosing music: Exploratory studies into the low uptake of music GCSE", *British Journal of Music Education* 25(3): 267–282.

—— (2010) "Unpopular music: Beliefs and behaviours towards music in education", in R. Wright (ed.) *Sociology and Music Education*, London: Ashgate.

Lamont, A., Hargreaves, D.J., Marshall, N.A. and Tarrant, M. (2003) "Young people's music in and out of school", *British Journal of Music Education* 20(3): 1–13.

Lang, I. and Canning, R. (2010) "The use of citations in educational research: The instance of the concept of 'situated learning'", *Journal of Further and Higher Education* 34(2): 291–301.

Lave, J. and Wenger, E. (1991) *Situated Learning: Legitimate peripheral participation*, Cambridge: Cambridge University Press.

Lawson, T. (2006) "The nature of heterodox economics", *Cambridge Journal of Economics* 30: 483–505.

Lea, S.J., Stephenson, D. and Troy, J. (2003) "'Higher education students' attitudes to student centred learning: Beyond 'educational bulimia'", *Studies in Higher Education* 28(3): 321–334.

Leavis, F.R. (1962) *Two Cultures: The significance of C.P. Snow*, London: Chatto & Windus.

Lee, H.D.P. (1955) "The position of Classics in schools", *Universities Quarterly* 9(2): 135–144.

Lemert, C. (1995) *Sociology after the Crisis*, Boulder, CO: Westview.

Lindstrøm, C. (2010) "Link maps and map meetings: A theoretical and experimental case for stronger scaffolding in first year university physics education", unpublished PhD thesis, University of Sydney, Australia.

Lipsey, R.G. (2001) "Successes and failures in the transformation of economics", *Journal of Economic Methodology* 8(2): 169–202.

LiPuma, E. (1993) "Culture and the concept of culture in a theory of practice", in C. Calhoun, E. LiPuma and M. Postone (eds) *Bourdieu: Critical perspectives*, Cambridge: Polity Press.

Lonka, K. and Aloha, K. (1995) "Activating instruction: How to foster study and thinking skills in higher education", *European Journal of Psychology of Education* 10(4): 351–368.

Lorde, A. (1984) *Sister Outsider*, Trumansburg, NY: Crossing Press.

Luckett, K. (2009) "The relationship between knowledge structure and curriculum: A case study in sociology", *Studies in Higher Education* 34(4): 441–453.

—— (2010) "Knowledge claims and code of legitimation: Implications for curriculum recontextualisation in South African higher education", *Africanus* 40(1): 4–18.

—— (2012) "Disciplinarity in question: Comparing knowledge and knower codes in sociology", *Research Papers in Education* 27(1): 19–40.

McGuigan, J. (1997) (ed.) *Cultural Methodologies*, London: Sage.

Macken-Horarik, M. (2011) "Building a knowledge structure for English: Reflections on the challenges of coherence, cumulative learning, portability and face validity", *The Australian Journal of Education* 55(3): 197–213.

Mackerness, E.D. (1960) "Ignorant armies", *The Universities Review* 33(1): 14–17.

MacKnight, V. (2011) "Ideal knowing: Logics of knowledge in primary school curricula", *British Journal of Sociology of Education* 32(5): 717–728.

McNamara, M.S. (2009a) "Academic leadership in nursing: Legitimating the discipline in contested spaces", *Journal of Nursing Management* 17(4): 484–493.

—— (2009b) "Nursing academics' languages of legitimation: A discourse analysis", *International Journal of Nursing Studies* 46: 1566–1579.

—— (2010a) "Lost in transition? A discursive analysis of academic nursing in Ireland", *Nursing Science Quarterly* 23(3): 249–256.

—— (2010b) "Where is nursing in academic nursing? Disciplinary discourses, identities and clinical practice: A critical perspective from Ireland", *Journal of Clinical Nursing* 19(5–6): 766–774.

—— (2010c) "What lies beneath? The underlying principles structuring the field of academic nursing in Ireland", *Journal of Professional Nursing* 26(6): 377–384.

Macnaught, L., Matruglio, E., Maton, K. and Martin, J.R. (2013) "Jointly constructing semantic waves: Implications for teacher training", *Linguistics and Education* 24(1): 50–63.

McRobbie, A. (1997) (ed.) *Back To Reality?*, Manchester: Manchester University Press.

Mainds, R. (1965) "Sixth form", *Screen Education Yearbook 1965*, pp. 99–102.

Martin, J.L. (2013) "On notes and knowers: The representation, evaluation and legitimation of jazz", unpublished PhD thesis, University of Adelaide, Australia.

—— (2014) "Musicality and musicianship: Specialisation in jazz studies", in K. Maton, S. Hood and S. Shay (eds) *Knowledge-building*, London: Routledge.

Martin, J.R. (1992) "Theme, method of development and existentiality: The price of reply", *Occasional Papers in Systemic Linguistics* 6: 147–183.

—— (2009) "Realisation, instantiation and individuation: Some thoughts on identity in youth justice conferencing", *Documentação de Estudos em Linguistica Teorica e Aplicada* 25: 549–583.

—— (2011) "Bridging troubled waters: Interdisciplinarity and what makes it stick", in F. Christie and K. Maton (eds) *Disciplinarity*, London: Continuum.

—— (2012a) 'Grammar meets genre: Reflections on the "Sydney School", *Language in Education: The collected works of J.R. Martin, Volume 7*, Shanghai: Shanghai Jiao Tong University Press.

—— (2012b) "Heart from darkness: Apocalypse Ron", *Revista Canaria de Estudios Ingleses* 65: 67–100.

—— (2013) "Embedded literacy: Knowledge as meaning", *Linguistics and Education* 24(1): 23–37.

Martin, J.R. and Maton, K. (eds) (2013) *Linguistics and Education: Special issue on cumulative knowledge-building in secondary schooling* 24(1): 1–74.

Martin, J.R. and Stenglin, M. (2006) "Materialising reconciliation: Negotiating difference in a post-colonial exhibition", in T. Royce and W. Bowcher (eds) *New Directions in the Analysis of Multimodal Discourse*, Mahwah, NJ: Lawrence Erlbaum.

Martin, J.R. and White, P.R.R. (2005) *The Language of Evaluation: Appraisal in English*, Basingstoke: Palgrave Macmillan.

Martin, J.R., Maton, K. and Matruglio, E. (2010) "Historical cosmologies: Epistemology and axiology in Australian secondary school history", *Revista Signos* 43(74): 433–463.

Martin, J.R., Zappavigna, M. and Dwyer, P. (2012) "Beyond redemption: Choice and consequence in Youth Justice Conferencing", in F. Yan and J.J. Webster (eds) *Developing Systemic Functional Linguistics*, London: Equinox.

Masuda, Y. (1981) *The Information Society as Post-Industrial Society*, Washington: World Future Society.

Maton, K. (1998) "Recovering pedagogic discourse", paper presented at Knowledge, Identity and Pedagogy Conference, University of Southampton.

—— (2000a) "Recovering pedagogic discourse: A Bernsteinian approach to the sociology of educational knowledge", *Linguistics and Education* 11(1): 79–98.

—— (2000b) "Languages of legitimation: The structuring significance for intellectual fields of strategic knowledge claims", *British Journal of Sociology of Education* 21(2): 147–167.

—— (2002) "Popes, kings and cultural studies: Placing the commitment to nondisciplinarity in historical context", in S. Herbrechter (ed.) *Cultural Studies*, Amsterdam: Rodopi.

—— (2003) "Reflexivity, relationism and research: Pierre Bourdieu and the epistemic conditions of social scientific knowledge", *Space & Culture* 6(1): 52–65.

—— (2004) "The wrong kind of knower: Education, expansion and the epistemic device", in J. Muller, B. Davies, and A. Morais (eds) *Reading Bernstein, Researching Bernstein*, London: RoutledgeFalmer.

—— (2005a) "A question of autonomy: Bourdieu's field approach and policy in higher education", *Journal of Education Policy* 20(6): 687–704.

—— (2005b) "The field of higher education: A sociology of reproduction, transformation, change and the conditions of emergence for cultural studies", unpublished PhD thesis, University of Cambridge.

—— (2006) "On knowledge structures and knower structures", in R. Moore, M. Arnot, J. Beck and H. Daniels (eds) *Knowledge, Power and Educational Reform*, London: Routledge.

—— (2007) "Knowledge–knower structures in intellectual and educational fields", in F. Christie and J.R. Martin (eds) *Language, Knowledge and Pedagogy*, London, Continuum.

—— (2008) "Knowledge-building: How can we create powerful and influential ideas?", paper presented at Disciplinarity, Knowledge & Language: An international symposium, University of Sydney, Australia.

—— (2009) "Cumulative and segmented learning: Exploring the role of curriculum structures in knowledge-building", *British Journal of Sociology of Education* 30(1): 43–57.

—— (2010a) Progress and canons in the arts and humanities: Knowers and gazes, in K. Maton and R. Moore (eds) *Social Realism, Knowledge and the Sociology of Education*, London, Continuum.

—— (2010b) "Last night we dreamt that somebody loved us: Smiths fans and me in the late 1980s", in S. Campbell and C. Coulter (eds) *Why Pamper Life's Complexities? Essays on The Smiths*, Manchester: Manchester University Press.

—— (2012) "Habitus", in M. Grenfell (ed.) *Pierre Bourdieu: Key concepts*, revised edition, London, Acumen.

—— (2013) "Making semantic waves: A key to cumulative knowledge-building", *Linguistics and Education* 24(1): 8–22.

Maton, K. and Moore, R. (2010a) "Coalitions of the mind", in K. Maton and R. Moore (eds) *Social Realism, Knowledge and the Sociology of Education*, London: Continuum.

—— (eds) (2010b) *Social Realism, Knowledge and the Sociology of Education: Coalitions of the mind*, London: Continuum.

Maton, K., Hood, S. and Shay, S. (eds) (2014) *Knowledge-building: Educational studies in Legitimation Code Theory*, London: Routledge.

Matruglio, E. (2013) "Negotiating interpersonal stance: The development of literacy in the senior high school years", unpublished PhD thesis, University of Technology, Sydney, Australia.

Matruglio, E., Maton, K. and Martin, J.R. (2013) "Time travel: The role of temporality in enabling semantic waves in secondary school teaching", *Linguistics and Education* 24(1): 38–49.

Matruglio, E., Maton, K. and Martin, J.R. (2014) "LCT and systemic functional linguistics: Complementary approaches for greater explanatory power", in K. Maton, S. Hood and S. Shay (eds) *Knowledge-building*, London: Routledge.

Matthews, M.R. (2000) "Appraising constructivism in science and mathematics education", in D.C. Phillips (ed.) *Constructivism in Education*, Chicago: University of Chicago Press.

Matthiessen, C. and Martin, J.R. (1991) "A response to Huddleston's review of Halliday's *Introduction to Functional Grammar*", *Occasional Papers in Systemic Linguistics* 5: 5–74.

Mayer, R.E. (2004) "Should there be a three-strikes rule against pure discovery learning?", *American Psychologist* 59(1): 14–19.

Merton, R. (1957) *Social Theory and Social Structure*, Glencoe: Free Press.

Millar, V. (2012) "The structuring of knowledge for interdisciplinary teaching in higher education", unpublished PhD thesis, University of Melbourne, Australia.

Mills, C.W. (1959) *The Sociological Imagination*, Oxford: Oxford University Press.

Milner, A. (1994) *Contemporary Cultural Theory*, London: UCL Press.

Montaigne, M. de (1580/2003) *The Complete Essays*, London: Penguin.

Moore, R. (2000) "For knowledge: Tradition, progressivism and progress in education–reconstructing the curriculum debate", *Cambridge Journal of Education* 30(1): 17–36.

—— (2009) *Towards the Sociology of Truth*, London: Continuum.

—— (2010) "Knowledge structures and the canon: A preference for judgements", in K. Maton and R. Moore (eds) *Social Realism, Knowledge and the Sociology of Education*, London: Continuum.

—— (2013a) "Social realism and the problem of knowledge in the sociology of education", *British Journal of Sociology of Education*, 34(3): 333–353.

—— (2013b) *Basil Bernstein: The thinker and the field*, London: Routledge.

Moore, R. and Maton, K. (2001) "Founding the sociology of knowledge: Basil Bernstein, intellectual fields and the epistemic device", in A. Morais, I. Neves, B. Davies and H. Daniels (eds) *Towards a Sociology of Pedagogy*, New York: Peter Lang.

Moore, R. and Muller, J. (1999) "The discourse of 'voice' and the problem of knowledge and identity in the sociology of education", *British Journal of Sociology of Education* 20(2): 189–206.

Moore, R., Arnot, M., Beck, J. and Daniels, H. (eds) (2006) *Knowledge, Power and Educational Reform: Applying the sociology of Basil Bernstein*, London: Routledge.

Morais, A. and Neves, I. (2001) "Pedagogic social contexts: Studies for a sociology of learning", in A. Morais , I. Neves, B. Davies and H. Daniels (eds) *Towards a Sociology of Pedagogy*, New York: Peter Lang.

Morais, A., Neves, I. and Pires, D. (2004) "The what and the how of teaching and learning", in J. Muller, B. Davies and A. Morais (eds) *Reading Bernstein, Researching Bernstein*, London: Routledge.

Morais, A., Neves, I., Davies, B. and Daniels, H. (eds) (2001) *Towards a Sociology of Pedagogy: The contribution of Basil Bernstein to research*, New York: Peter Lang.

Morley, D. (1992) *Television, Audiences and Cultural Studies*, London: Routledge.

Morris, M. (1959) "The two cultures and the scientific revolution", *Marxism Today* 3(12): 374–380.

Morrissey, L. (2005) (ed.) *Debating the Canon*, New York: Palgrave Macmillan.

Moss, G. (2001) "Bernstein's languages of description: Some generative principles", *International Journal of Social Research Methodology* 4(1): 17–19.

Muller, J. (2000) *Reclaiming Knowledge: Social theory, curriculum and education policy*, London: RoutledgeFalmer.

—— (2006) "On the shoulders of giants: Verticality of knowledge and the school curriculum", in R. Moore, M. Arnot, J. Beck and H. Daniels (eds) *Knowledge, Power and Educational Reform*, London: Routledge.

—— (2007) "On splitting hairs: Hierarchy, knowledge and the school curriculum", in F. Christie and J. Martin (eds) *Language, Knowledge and Pedagogy*, London: Continuum.

—— (2009) "Forms of knowledge and curriculum coherence", *Journal of Education and Work* 22(3): 205–226.

—— (2012) "Every picture tells a story: Epistemological access and knowledge", paper presented at Knowledge and Curriculum in Higher Education Symposium, University of Cape Town, South Africa.

Muller, J., Davies, B. and Morais, A. (eds) (2004) *Reading Bernstein, Researching Bernstein*, London: Routledge.

Nash, R. (2001) "The real Bourdieu: Falsity, euphemism and truth in theories of reproduction", *ACE Papers* Jan: 54–71.

National Union of Teachers (1960) *Popular Culture and Personal Responsibility*, London: NUT.

Neves, I. and Morais, A. (2001) "Texts and contexts in educational systems: Studies of recontextualising spaces", in A. Morais , I. Neves, B. Davies and H. Daniels (eds) *Towards a Sociology of Pedagogy*, New York: Peter Lang.

Nelson, C. and Gaonkar, D.P. (1996) (eds) *Disciplinarity and Dissent in Cultural Studies*, London: Routledge.

Newsom Report (1963) *Half Our Future*, London: HMSO.

Nietzsche (1873/1954) "On truth and lies in an extra-moral sense", in W. Kaufmann (ed.) *The Portable Nieztsche*, New York: Viking.

Nietzsche, F. (1968) *The Will to Power*, New York: Vintage

O'Brien, R. (2012) "Native title and the politics of place and space", paper presented at Theorising Indigenous Sociology Workshop, Sydney.

O'Connor, T., McNamara, M., Ahern, A., MacRuairc, G. and O'Donnell, D. (2011) "Critical thinking in nursing education", paper presented at Third International Nursing and Midwifery Conference, National University of Ireland, Galway.

O'Neill, G. and McMahon, T. (2005) "Student-centred learning: What does it mean for students and lecturers?", in G. O'Neill, S. Moore and B. McMullin (eds) *Emerging Issues in the Practice of University Learning and Teaching*, Dublin: AISHE.

Osborne, P. (1997) "Friendly fire: The hoaxing of Social Text", *Radical Philosophy* 81: 54–56.

Parson, T.S. (1954) *Essays in Sociological Theory*, Glencoe: Free Press.

Peters, R.S. (1967) (ed.) *The Concept of Education*, London: Routledge & Kegan Paul.

Pickering, M (1997) *History, Experience and Cultural Studies*, London: Macmillan.

Plumb, J.H. (1964a) (ed.) *Crisis in the Humanities*, Harmondsworth: Penguin.

—— (1964b) "The historian's dilemma", in J.H. Plumb (ed.) *Crisis in the Humanities*, Harmondsworth: Penguin.

Popper, K. (1957) *The Poverty of Historicism*, London: Routledge & Kegan Paul.

—— (1959) *The Logic of Scientific Discovery*, London: Hutchinson.

—— (1979) *Objective Knowledge: An evolutionary approach*, Oxford, Oxford University Press.

—— (1994a) *Knowledge and the Body–Mind Problem: In defence of interaction*, London: Routledge.

—— (1994b) *The Myth of the Framework: In defence of science and rationality*, London: Routledge.

—— (2003a) *The Open Society and its Enemies, Volume 1: The spell of Plato*, Abingdon: Routledge.

—— (2003b) *The Open Society and its Enemies, Volume 2: Hegel and Marx*, Abingdon: Routledge.

Porat, M. (1977) *The Information Economy*, Washington: US Dept of Commerce.

Poster, M. (1990) *The Mode of Information*, Chicago: University of Chicago Press.

Poulet, C. (2010) "Recognising and revealing knowers: An enhanced Bernsteinian analysis of masonic recruitment and apprenticeship", *British Journal of Sociology of Education* 31(6): 793–812.

—— (2011) "L'apprentissage d'une pratique democratique: L'exemple de la prise de parole en Franc-maçonnerie" unpublished PhD thesis, University of Provence, France.

—— (2014) "Knowledge and knowers in tacit pedagogic contexts: The case of Freemasonry in France", in K. Maton, S. Hood and S. Shay (eds) *Knowledgebuilding*, London: Routledge.

Power, S. (2010) "Bernstein and empirical research", in P. Singh, A. Sadovnik and S. Semel (eds) *Toolkits, Translation Devices, Conceptual Tyrannies*, New York: Peter Lang.

Prendergast, G.P. (1994) "Student-centred learning in the large class setting", *Journal of Further and Higher Education* 18(3): 48–62.

QCA (Qualifications & Curriculum Authority) (2005) *GCSE Subject Criteria for Music*, London: QCA.

Rata, E. (2012) *The Politics of Knowledge in Education*, London: Routledge.

Reay, D. (1995) "'They employ cleaners to do that': Habitus in the primary classroom", *British Journal of Sociology of Education* 16(3): 353–371.

—— (2004) "'It's all becoming a habitus': Beyond the habitual use of habitus in educational research", *British Journal of Sociology of Education* 25(4): 431–444.

Reeves, T.C., Herrington, J. and Oliver, R. (2005) "Design research: A socially responsible approach to instructional technology research in higher education", *Computing in Higher Education* 16(2): 97–116.

Richard-Bossez, A. (2012) "Formes de savoirs et différenciations scolaires à l'école maternelle", paper presented at Seventh International Basil Bernstein Symposium, University of Provence, France.

Rose, D. and Martin, J.R. (2012) *Learning to Write, Reading to Learn: Genre, knowledge and pedagogy in the Sydney School*, London: Equinox.

Rosenberg, H. (1962) *The Tradition of the New*, London: Thames & Hudson.

—— (1970) *The Tradition of the New*, second edition, London: Paladin.

Ross, T. (2000) *The Making of the English Literary Canon*, Montreal: McGill-Queen's University Press.

Salomon, G. and Perkins, D.N. (1989) "Rocky roads to transfer: Rethinking mechanism of a neglected phenomenon", *Educational Psychologist* 24(2): 113–142.

Sargent, J.R. (1964) "Economics: The world-be, may-be science", in J.H. Plumb (ed.) *Crisis in the Humanities*, Harmondsworth: Penguin.

Scardamalia, M. and Bereiter, C. (2006) "Knowledge building: Theory, pedagogy, and technology", in K. Sawyer (ed.) *Cambridge Handbook of the Learning Sciences*, Cambridge: Cambridge University Press.

Schmidt, H.G., Loyens, S.M.M., Van Gog, T. and Paas, F. (2007) "Problem-based learning is compatible with human cognitive architecture: Commentary on Kirschner, Sweller, and Clark (2006)", *Educational Psychologist* 42(2): 91–97.

Scott, D. (2010) *Education, Epistemology and Critical Realism*, London: Routledge.

Sennett, R. (2006) *The Culture of the New Capitalism*, London: Yale University Press.

Shalem, Y. and Slonimsky, L. (2010) "Seeing epistemic order: Construction and transmission of evaluative criteria", *British Journal of Sociology of Education* 31(6): 755–778.

Shay, S. (2011) "Curriculum formation: A case study from History", *Studies in Higher Education* 36(3): 315–329.

—— (2013) "Conceptualizing curriculum differentiation in higher education: A sociology of knowledge point of view", *British Journal of Sociology of Education*, 34(4): 563–82.

Shay, S. and Steyn, D. (2014) "Enabling knowledge progression in vocational curricula: Design as a case study", in K. Maton, S. Hood and S. Shay (eds) *Knowledge-building*, London: Routledge.

Showalter, E. (1977) *A Literature of Their Own*, Princeton, NJ: Princeton University Press.

—— (1989) "A criticism of our own: Autonomy and assimilation in Afro-American and feminist literary theory", in R. Cohen (ed.) *The Future of Literary Theory*, London: Routledge.

Shulman, L.S. (1986) "Those who understand: Knowledge growth in teaching", *Educational Researcher* 15(2): 4–31.

Siebörger, I. and Adendorff, R. (2011) "Spatial negotation as recontextualisation in the Parliament of the Republic of South Africa", paper presented at Mobility, Language, Literacy conference, University of Cape Town, South Africa.

Sigsgaard, A-V.M. (2012) "Who has the knowledge if not the primary knower? Using exchange structure analysis to cast light on particular pedagogic practices in teaching Danish as a Second Language and History", in Knox, J. (ed.) *To Boldly Proceed*, Sydney: ISFC.

Singh, P. (1993) "Institutional discourse and practice: A case study of the social construction of technological competence in the primary classroom", *British Journal of Sociology of Education* 14(1): 39–58.

—— (2002) "Pedagogising knowledge: Bernstein's theory of the pedagogic device", *British Journal of Sociology of Education* 23(4): 571–582.

Singh, P., Sadovnik, A. and Semel, S. (eds) (2010) *Toolkits, Translation Devices, Conceptual Tyrannies: Essays on Basil Bernstein's sociology of knowledge*, New York: Peter Lang.

Smolin, L. (2006) *The Trouble with Physics*, London: Penguin.

Snow, C.P. (1959) *The Two Cultures and the Scientific Revolution*, Cambridge: Cambridge University Press.

—— (1964) *The Two Cultures and a Second Look*, Cambridge: Cambridge University Press.

Stavrou, S. (2012) "Réforme de l'université et transformations curriculaires: des activités de recontextualisation aux effets sur les savoirs – Les universités françaises et le cas des masters en sciences humaines et sociales", unpublished PhD thesis, University of Provence, France.

Steele, T. (1997) *The Emergence of Cultural Studies*, London: Lawrence & Wishart.

Stehr, N. (1994) *Knowledge Societies*, London: Sage.

Steiner, G. (1989) *Real Presences*, London: Faber.

—— (2011) *The Poetry of Thought*, New York: New Directions.

Strassman, D. (1994) "Feminist thought and economics; or, what do the Visigoths know?", *American Economic Review, Papers and Proceedings*: 153–158.

Swartz, D. (1997) *Culture and Power*, London: University of Chicago Press.

Tan, M. (2013) "Knowledge, truth, and schooling for social change: Social realism and environmental education in science classrooms", unpublished PhD thesis, Ontario Institute for Studies in Education, University of Toronto, Canada

Tann, K. (2011) "Semogenesis of a nation: An iconography of Japanese identity", unpublished PhD thesis, University of Sydney, Australia

Taylor, I., Walton, P. and Young, J. (1973) *The New Criminology*, London: Routledge & Kegan Paul.

Thompson, E.P. (1963) *The Making of the English Working Class*, Harmondsworth: Penguin.

Thornton, S. and Gelder, K. (1996) (eds) *The Subcultures Reader*, London: Routledge.

Tobias, S. and Duffy, T.M. (eds) (2009) *Constructivist Instruction*, Abingdon: Routledge.

Touraine, A. (1971) *The Post-Industrial Society*, New York: Random Books.

Turner, G. (1990) *British Cultural Studies*, London: Unwin Hyman.

Tyler, W. (2001) "Crosswired: Hypertext, critical theory, and pedagogic discourse", in A. Morais, L. Neves, B. Davies and H. Daniels (eds) *Towards a Sociology of Pedagogy*, New York: Peter Lang.

University of Birmingham (1964–1974) *Report of the Vice-Chancellor and Principal for the Calendar Year*, Birmingham: University of Birmingham.

—— (1975–1989) *Annual Reports and Accounts*, Birmingham: University of Birmingham.

Villani, A. (1999) *La guêpe et l'orchidée*, Paris: Belin.

Vitale, P. (2013) "Seeing beyond the local context: The understandings of slavery and the slave trade of students in Reunion Island schools", *International Studies in Sociology of Education*, 23(4).

von Glasersfeld, E. (1995) *Radical Constructivism: A way of knowing and learning*, Washington, DC: Falmer Press.

von Hallberg, R. (1984) (ed.) *Canons*, Chicago: University of Chicago Press.

Vorster, J. (2011) "Disciplinary shifts in higher education", in G. Ivinson, B. Davies and J. Fitz (eds) *Knowledge and Identity*, London: Routledge.

Watson, J.G. (1977) "Letter to the Editor: Cultural studies and English studies", *Times Higher Education Supplement*, 29 July (301): 5.

Wheelahan, L. (2010) *Why Knowledge Matters in Curriculum: A social realist argument*, London: Routledge.

Wilczek, F. (2002) "A piece of magic: The Dirac equation", in G. Farmelo (ed.) *It Must Be Beautiful*, London: Granta.

Williams, G. (2001) "Literacy pedagogy prior to schooling: Relations between social positioning and semantic variation", in A. Morais, L. Neves, B. Davies and H. Daniels (eds) *Towards a Sociology of Pedagogy*, New York: Peter Lang.

Williams, R. (1958) *Culture and Society: 1780–1950*, Harmondsworth: Penguin.

—— (1961) *The Long Revolution*, London: Chatto & Windus.

—— (1968) "Different sides of the wall", *The Guardian*, 26 September.

—— (1989) *The Politics of Modernism*, London: Verso.

Willis, P. (1977) *Learning to Labour: How working-class kids get working-class jobs*, London: Saxon House.

Winch, P. (1958) *The Idea of a Social Science and its Relation to Philosophy*, London: Routledge & Kegan Paul.

—— (1964) "Understanding a primitive society", *American Philosophical Quarterly* I: 307–324.

Wolff, K. and Luckett, K. (2013) "Integrating multidisciplinary engineering knowledge", *Teaching in Higher Education* 18(1): 78–92.

Women's Studies Group, CCCS (1978) *Women Take Issue*, London: Hutchinson.

Wright, H.K. (1998) "Dare we de-centre Birmingham? Troubling the 'origin' and trajectories of cultural studies", *European Journal of Cultural Studies* 1(1): 33–56.

Young, M.F.D. (1971) (ed.) *Knowledge and Control: New directions for the sociology of education*, London: Routledge & Kegan Paul.

—— (2000) "Rescuing the sociology of knowledge from the extremes of voice discourse", *British Journal of Sociology of Education* 21(4): 523–536.

—— (2008) *Bringing Knowledge Back In: From social constructivism to social realism*, London: Routledge.

Young, M.F.D. and Muller, J. (2007) "Truth and truthfulness in the sociology of educational knowledge", *Theory and Research in Education* 5(2): 173–201.

Zhao, Q. (2012) "Knowledge building in physics textbooks in primary and secondary schools", unpublished PhD thesis, Xiamen University, China.

译后语

2013年7月，我参加了在澳大利亚悉尼科技大学举办的第40届国际系统功能语言学会议。在《马丁文集》（王振华主编，八卷本）的新书发布会上，我结识了Karl Maton博士。他个头不高，不胖不瘦，戴一顶礼帽，手提一个装满材料的棕色皮制公文包。发布会后，我们相约到楼外街边的台阶上抽烟（我当时还没有戒烟）。他很健谈，寒暄两句后，就开始滔滔不绝地介绍他的学术研究，尤其是LCT (Legitimation Code Theory)。大约过了二十多分钟，分会场发言就要开始了，这种独白式的对话才结束。整个谈话过程中，他谈得津津有味，我听得认认真真，只是LCT到底是什么东西，我当时似懂非懂。后来，他通过电子邮件给我发来了几篇他的近作，我通过学习才对LCT有了进一步的了解。

2014年12月，上海交通大学马丁适用语言学研究中心召开了中心成立以来第一次国际会议。会议名称为"适用语言学与学术语篇研究"。经Jim Martin教授推荐，我们邀请了当时任职于悉尼大学社会学系的Karl Maton博士，并安排他做大会主旨发言。会议期间，我采访了Karl Maton。原计划一个半小时结束，但没想到，实际采访进行了近3个小时。他对每一个问题都给出了十分详尽的回答。在采访结束后的谈话过程中，他有意让我翻译他的新作：*Knowledge and Knowers: Towards a Realist Sociology of Education*。尽管具有挑战性，我还是欣然应允了。

2015年上半年，我召集了中心主要成员和我指导的在读博士研究生，讨论翻译该书的事宜。经讨论，决定组建由我负责、田华静和石春煦两位在读博士（现均已毕业）参与的翻译团队。具体分工是，田华静负责第3、4、5、6、7章的翻译，石春煦负责第2、8、9、10章的翻译，我本人负责第1章以及通稿和其他事宜。翻译工作历时近两年，于2017年3月完成了初稿。然后，我们召集中心成员包括在读的硕、博士研究生对初稿进行讨论。又经过一年的修改和沉淀，于2018年6月将稿件寄给了出版社。排校厂套版后，我们通过认真通读译稿，发现部分章节的译文有问题，于是我们邀请了在读博士生方硕瑜同学对这些章节进行了修正或重译。

译事不易，学术著述翻译更难。翻译学术著作不像教科书里讲的增补、省略，直译、意译，或者形式对等、动态对等那么简单。学术著作的翻译不仅考量译者的原语和译入语的语言素养，诸如语言传递的概念意义、表达的人际意义以及语言的谋篇布局功能，更考量译者的专业水平，诸如专业术语的准确性、语言表达的学科性、学科语言的规范性。除此之外，它还要考量译文的可读性。

我们在翻译这本书的过程中，反复推敲了Legitimation Code Theory的译法。这是个很专业的名称。专业名称负载很多信息，诸如内涵和外延。一般认为专业名称所指主要是外延（Kripke就持这种观点）。但是，这种专业名称的形成除了有中心词，还有修饰语。这样一来，它就有了内涵，具有了描写性。另外，专业名称具有专业性。专业不同或学科不同，同样的词汇会有不同的含义，如当hearing出现在司法领域里时，它指的不是"听见"，而是"听审"或"听证会"。还有，因文化或表达习惯的不同，同样一个意思的表达方式或认知方式会不同，如"限高"的意思在汉语中是对某个空间的高度的限制，强调的是高度，并且这种高度是可以测量，如"限高2米"。但是，在英语中"限高"的表达是low clearance，指某个空间从上往下的净空，这里的clearance是 free space的意思。对Legitimation Code Theory的汉语译文，国内学者先前在发表的著述里基本上都用了"合法化语码理论"。应该说这是个不错的翻译，但也引起一些争议。有人说，"合法化"会让人觉得与法律有关。但是，查看英汉字典，legitimation一词的汉语译文确实是"合法化"。也有人认为，"合法化语码理论"会让人感觉"语码"是"合法"的。还有的人认为，既然有"合法"的语码，当然也有"不合法"的语码。其实，该书中使用的legitimation一词的含义是指，**在不同的领域里要使用符合该领域特征的语言**。因此，我们把它翻译为**"语码规范理论"**。

感谢在翻译过程中给我们提供各种帮助的马丁适用语言学研究中心的老师和同学。感谢复旦大学朱永生教授对翻译本书的关心和支持。感谢在英国伯明翰大学访学的吴启竞博士为本书译文的初校。更感谢外语教学与研究出版社的领导和责编付出的辛勤劳动。

我们在翻译本书的过程中付出了大量的时间和精力，查找了不少文献，做了多次校正。但是，因专业水平所限，译文中肯定存在不足。欢迎大家批评指正。

王振华

2019年7月